■杭州市拱墅区创建第二批浙江省公共文化服务示范区制度设计成果
■杭州市文创人才队伍建设项目
■文化部2015—2016年度国家公共文化服务体系制度设计立项课题

Research on Coordination Mechanism
of Public Cultural Service

公共文化服务协调机制研究

以浙江拱墅"三联模式"为样本

阮可 郭怡◎著

浙江大学出版社
ZHEJIANG UNIVERSITY PRESS

图书在版编目(CIP)数据

公共文化服务协调机制研究：以浙江拱墅"三联模式"
为样本/阮可等著. —杭州：浙江大学出版社，2015.12
ISBN 978-7-308-15149-8

Ⅰ.①公… Ⅱ.①阮… Ⅲ.①区(城市)—公共管理
—文化工作—研究—杭州市 Ⅳ.①G127.551

中国版本图书馆 CIP 数据核字(2015)第 223862 号

公共文化服务协调机制研究：以浙江拱墅"三联模式"为样本
阮·可 郭 怡 著

责任编辑	卢 川
责任校对	杨利军 王文舟
封面设计	周 灵
出版发行	浙江大学出版社
	（杭州市天目山路 148 号 邮政编码 310007）
	（网址：http://www.zjupress.com）
排 版	浙江时代出版服务有限公司
印 刷	杭州杭新印务有限公司
开 本	710mm×1000mm 1/16
印 张	19.25
字 数	350 千
版 印 次	2015 年 12 月第 1 版 2015 年 12 月第 1 次印刷
书 号	ISBN 978-7-308-15149-8
定 价	58.00 元

前　言

　　中共十八届五中全会指出,实现"十三五"发展目标,应贯彻"创新、协调、绿色、开放、共享"的发展理念。推进现代公共文化服务体系建设,同样要以新的发展理念引领文化建设,在创新发展中激发文化创新活力,在协调发展中推动文化协调均衡发展,在绿色发展中充分发挥文化的重要作用,在开放发展中提高文化竞争力和影响力,在共享发展中实现文化共享。

　　公共文化服务协调机制是现代文化治理的重要制度创新。2015年1月,中办、国办正式印发《关于加快构建现代公共文化服务体系的意见》,强调创新公共文化管理体制和运行机制,建立公共文化服务体系建设协调机制。协调机制本质上是对现有公共文化管理体制的改革,在不改变现有的体制下,建立部门职责明确、分工协作、目标清晰、统筹有力、运转有效的工作机制,健全领导、组织、执行、督察、考评、奖惩等一系列制度,实现"大文化"协同建设的格局。

　　公共文化服务协调机制需要顶层设计,也需要实践探索,杭州市拱墅区"三联模式"是县域推进协调机制的成功范式。针对文化服务领域的多头管理、条块分割、效能不高等问题,拱墅区以"三联模式"为抓手,通过"文化联盟"、"文化联姻"、"文化联群"努力突破体制障碍,盘活文化存量,撬动文化增量,整合全区文化资源,从体制"内循环"向社会"大循环"转变,改变长期以来文化部门"单兵突进"办文化的局面。

　　2013年,拱墅区以全省第一名的评审成绩入围浙江省第二批公共文化服务示范区创建单位。在创建中,拱墅区积极破解制约文化发展的"人"、"财"、"物"等难点问题,形成系列的制度保障,如《创新公共文化服务"三联模式"推进省级公共文化服务服务示范区建设的实施意见》、《关于引导和鼓励社会力量兴办公共文化的实施办法》、《关于政府向社会力量购买服务的实施意见》、《群众文体团队扶持办法(试行)》、《公共文化服务场馆引进社会力量的招募制度》等10多项政策,并颁布区级《基本公共文化服务标准》和全国第1个《文化志愿服务管理规范》。2015年创建验收顺利通过。拱墅区的制度设计获得国家公共文化服务体系建设专家委员会委员的高度评价,专家认为,拱墅的"三联模式"体现了政府治理创新的要求,是公共文化服务协调机制在基层落实生根的生动样本,为各县(市、区)推进文化事业提供了可借鉴的经验。

公共文化服务协调机制的目标是实现公共文化服务的全社会共建共享,需要在实践中不断完善,需要进一步推动政府规划和部门协调、资源集约集成的利用、"文化+"产业的协同、文化与科技的融合等,从而提升公共文化服务均等化水平和服务效能,提高人民群众参与度和满意度,构建区域文化发展新格局。

著　者

二〇一五年十二月

目 录

第一章　基于现代公共文化服务的协调机制

　　建设覆盖城乡的公共文化服务体系是我国文化建设的重要工作。党的十八届三中全会将公共文化服务的理念再次升级,提出构建现代公共文化服务体系。现代公共文化服务体系,需要从体制机制的完善、社会参与度的提升、服务效能的提高等方面进行全方位建设。[1] 2015年1月14日,中共中央办公厅、国务院办公厅发布《关于加快构建现代公共文化服务体系的意见》。作为构建现代公共文化服务体系关键性的制度设计,意见明确提出建立公共文化服务体系建设协调机制,完善党委领导、政府管理、部门协同、权责明确、统筹推进的公共文化服务体系建设管理制度,探索整合基层公共文化服务资源的方式和途径,实现共建共享,提升综合效益。[2] 梳理国内外跨部门协调模式的理论与实践,有助于进一步完善职能与效能相统一的公共文化服务协调机制。

第一节　国外协调机制模式的探索

一、跨部门协调机制的理论演进

　　自从凡德范(Van de Ven)等学者提出复杂社会问题需要各种组织共同应

---

[1] 《公共文化:管理机制如何理顺》,《人民日报》2013年12月5日。
[2] 新华网:《中共中央办公厅、国务院办公厅印发〈关于加快构建现代公共文化服务体系的意见〉》,2015年1月14日,http://news.xinhuanet.com/2015-01/14/c_1113996899.htm。

对这一观点之后,①组织间协调与合作问题得到了学术界的积极回应。亨利·法约尔认为,管理职能包括计划、组织、指挥、协调和控制五个要素,协调是其中重要的一个环节。②"协调"从语义上是指正确处理组织内外各种关系,为组织正常运转创造良好的条件和环境,促进组织目标的实现。协调不是结果,而是一个动态的过程,是利益相关人为他们的共同未来承担决策责任的过程。③ 熊德平教授通过梳理相关理论,将"协调"定义为:在尊重客观规律,把握系统相互关系原理的基础上,为实现系统演进的总体目标,通过建立有效的运行机制,综合运用各种手段、方法和力量,依靠科学的组织和管理,使系统间的相互关系达成理想状态的过程。④

"机制"一词原指机器的构造和工作原理,后被用来借指系统中各构成要素之间较为稳定的相互联系和相互作用。在任何一个系统中,机制都起着联结的作用,是一种有机联系,意味着不同主体之间的互动关系。⑤ 在管理学中,管理机制是指系统内各子系统、各要素之间相互作用、相互联系、相互制约的形式及其运动原则和内在的、本质的工作方式。⑥ 完善的协调管理机制,不仅可以确保合作的协调活动更加规范化、制度化,而且还提高了合作组织的工作效率和敏捷度,降低了由于协调困难而导致的诸多风险。

跨部门协调是指在公共管理过程中政府部门之间建立相互协作和主动配合的良好关系,以有效利用各种资源实现共同预期目标的活动。而部门间协调机制就是指在上级部门的引导下,各部门基于某种共识,为达成预期目标而形成的合作制度及过程。⑦ 在跨部门协调机制中,一个或更多的部门直接参与到非国家利益相关者的集体决策过程中,该过程可以是正式的、一致取向的、商议式的。复杂社会问题的解决依赖于由政府、企业与社会组织等行为者

---

① VAN DE VEN, ANDREW H, "On the Nature, Formation, and Maintenance of Relations among Organizations," *Academy of Management Review*, Vol. 1, No. 4, 1976, pp. 24-36.

② [法]亨利·法约尔:《工业管理与一般管理》,周安华等译,中国社会科学出版社1982年版,第5页。

③ Thomson, Ann Marie and James L. Perry. Collaboration process: Inside the black box. *Public Administration Review*, Vol. 66, No. 1, 2006, pp. 20-33.

④ 熊德平:《农村金融与农村经济协调发展研究》,社会科学文献出版社2009年版,第86页。

⑤ 褚添有、马寅辉:《区域政府协调合作机制:一个概念性框架》,《中州学刊》2012年第5期,第17页。

⑥ 张青山、游明忠:《企业动态联盟的协调机制》,《中国管理科学》2003年第2期,第96—100页。

⑦ 李积万:《我国政府部门间协调机制的探讨》,《汕头大学学报》(人文社会科学版)2008年第6期,第62页。

相互依赖构成的合作网络，[①]解决社会问题需要不同的知识、技术等异质性资源，需要跨越政府部门之间、政府与市场之间、政府与社会之间的边界。多种服务供给机制之间相互嵌入，联合行动，能够弥补彼此间的不足，相互增效，提高合作网络的联合生产能力，创造全新价值。[②] 跨部门协调是政府运作的重要环节，当部门间产生利益冲突或者出现单个部门无法承担的公共事务时，一般可以通过水平式、垂直式或两者并用的三类部门间协调机制来解决。[③]

阿格拉诺夫（Agranoff）和麦圭尔（McGuire）把"协调"视为在政府组织间进行管理的基本描述符号，"它描述了在多组织安排中的促进和运行过程，以解决单个组织不能解决或者不易解决的问题。协作性公共管理的基本特征是纵向和横向活动的复杂耦合，其中仅有一些结合可以被认为是协作的，但是所有的结合都是多方参与的"[④]。Ansell 和 Gash 认为，协作治理是一个或更多的公共机构直接和非国家利益相关者一起，参与集体决策过程的一种治理安排，它是非正式的、共识导向和协商的，目的是为了制定或实施公共政策，或者管理公共项目或资产。[⑤] 希克斯教授则把跨界合作划分为四个层次：政策制定中的协同或政策协同；项目管理中的协同或项目协同；服务供给（包括管制）中的协同；面向个体的服务协同，即几个部门围绕特定客户的需求与偏好，协同提供综合而又个性化的服务。[⑥]

协作性结构可以在政府运作的各种制度和体制环境，即在纵向政府各个层级和公私部门中组织互动的横向环境中产生。一个公共管理者可能同时涉及跨政府边界、组织边界和部门边界，且负有正式的契约责任，从而很难区分

① Stoker G. Governance as theory: five propositions. *International Social Science Journal*, Vol. 50, No. 155, 1998, pp. 17-28.

② McGuire M. Collaborative public management: Assessing what we know and how we know it. *Public Administration Review*, Vol. 66, No. 1, 2006, pp. 33-43.

③ 乔小明：《大部制改革中政府部门间协调机制的研究》，《云南师范大学学报（自然科学版）》2010 年第 4 期，第 75 页。

④ ［美］罗伯特·阿格拉诺夫、迈克尔·麦圭尔：《协作性公共管理：地方政府新战略》，李玲玲、鄞益奋译，北京大学出版社 2007 年版，第 3—39 页。

⑤ Ansell C and Gash A. Collaborative governance in theory and practice. *Journal of Public Administration Research and Theory*, Vol. 18, No. 4, 2008, p. 543.

⑥ Perri 6. Joined-Up Government in the Western World in Comparative Perspective: A Preliminary Literature Review and Exploration. *Journal of Public Administration Research and Theory*, Vol. 14, No. 1, 2004, pp. 103-138.

不同环境中的边界,因此,划分协作性公共管理的结构类型就具有重要的意义。[①] Mandell 和 Steelman 根据西方国家治理实践的经验总结了实践中协作性公共管理的基本结构类型及功能特征(见表 1.1)。相比较而言,网络结构正成为协作性公共管理的代表性结构类型。网络结构为多种机构和组织的交互联系和协同运作提供了一个很好的平台,在解决复杂性问题和公共服务供给方面显示出了强大的优势。

表 1.1　协作性公共管理的基本结构类型及功能特征

	问题导向:共享与个体[a]	对目标的承诺:共同与分离[b]	联系强度:松散与紧密[c]	努力宽度:狭隘与综合[d]	目的复杂性[e]	努力范围:现状或变化[f]
间歇性协调	个体	分离	弱联系,个体独立	狭隘	信息共享	维持现状
临时性工作组	个体	分离或共同	次强联系,相互依赖	狭隘	问题有限协同解决	维持现状
长期或经常性的协调	两者都有	分离或共同	次强联系,相互依赖	狭隘	问题有限协同解决	维持现状
联盟	两者都有	分离或共同	强联系,相互依赖	狭隘	次全面协同	维持现状
网络结构	共享	共同	强联系,相互依赖	综合	全面协同	系统变化

注:a.由背景、价值系统和组织间安排中的成员感知所形成;b.程序理性;c.依赖或相互依赖的程度;d.成员感知和包括制度安排的形成及其连续性产生的信任影响;e.从资源的共享或交换到问题的协同解决;f.参与者对努力中的承诺和赌注程度的看法。

资料来源:Myrna P. Mandell and Toddi A. Steelman. Understanding What Can Be Accomplished through Interorganizational Innovations: The Importance of Typologies, Context, and Management Strategies. *Public Management Review*, Vol. 5, No. 2, 2003, pp. 197-224.

政府部门的协调运转是政府管理研究的永恒主题。20 世纪 80 年代至今,"动荡不安和相互连通是大多数公共组织环境的共同特点"。[②] 政府处理公共事务的大背景是一个充满不确定性因素的组织环境。由于单个政府部门职能较狭窄,其社会动员能力和资源整合能力相对有限;加之政府部门的职能

---

① 周志忍、蒋敏娟:《中国政府跨部门协同机制探析——一个叙事与诊断框架》,《公共行政评论》2013 年第 1 期,第 93 页。

② [美]海尔·G.瑞尼:《理解和管理公共组织》,王孙禺、达飞译,清华大学出版社 2002 年版,第 90 页。

和分工都相对稳定,在面对变化较大的行政环境时,往往表现出一定的惰性和滞后性。[①] 在这种情况下,除了有些公共事务可以由单个的职能部门直接处理外,诸多公共事务往往需要若干相关部门的支持和协作。当今社会已经迈入一个全球化、网络化的时代,不管是政府组织、私人组织还是第三部门,都越来越多地追求双赢或者多赢局面,这使得合作与协调逐渐成为这个时代的主旋律。[②]

表 1.2　四种政府组织协调模式比较分析

模式 项目	科层式协调	协作式协调	网络式协调	整体性协调
变迁时间	20世纪20年代 至70年代	20世纪80年代 初期至90年代	20世纪90年代 初期至今	20世纪90年代 中期至今
变迁时期	科层治理时期	竞争治理时期	网络治理时期	整体性治理时期
国家范式	行政国家	合同制国家	合作式国家	有效国家
关键挑战	政策规则和责任 (合理性和合法性)	由于松懈(无效益)导致国家/ 行政失败	由于责任界定困难导致国家/ 行政失败	由于复杂性(无效用)导致国家/ 行政失败
理论途径	官僚主义	管理主义	治理主义	整体性治理主义
组织结构	科层制、部门模式	科层制、代理结构	松散型网络结构	整体性网络结构
政府角色	全能角色	领导者、发包者	角色不定	角色不定
政府目标	效率	经济、效率、效益	经济、效能	效能
协调手段	法律、制度、 官僚组织	市场手段、合同	契约、市场	以协商为主,包括 法律、制度、市场、 政治权威
治理机制	权力、权利	价格认同	认同、信息、 共同参与	认同、信息 和资金
跨域关系	管理关系	契约关系	一般性协作关系	整体性协作关系

　　资料来源:曾凡军:《基于整体性治理的政府组织协调机制研究》,武汉大学出版社2013年版,第49页。

---

　　① 乔小明:《大部制改革中政府部门间协调机制的研究》,《云南师范大学学报(自然科学版)》2010年第4期,第74页。

　　② 秦长江:《协作性公共管理:国外公共行政理论的新发展》,《上海行政学院学报》2010年第1期,第103页。

从协调的历史演进逻辑看,可将公共治理中的协调模式分为四种,即科层式协调、协作式协调、网络式协调和整体性协调(见表1.2)。其中科层治理时期的协调模式为科层式协调,竞争治理时期的协调模式为协作式协调,网络治理时期的协调模式为网络式协调,整体性治理时期的协调模式为整体性治理。

传统官僚制是一种政府本位的管理模式,新公共管理则转向顾客至上、程序便民、绩效导向等理念,在较大程度地体现了"公民本位"思想,但由于其"顾客"隐喻,具有较大的局限性。"整体政府"坚持民主行政的价值取向,克服了"顾客"隐喻的缺陷,把服务对象分为用户、纳税人和公民三大类,以解决人民的生活问题作为核心关怀,真正确立了公民本位,形成了一个以公民为中心的协作性公共管理分析框架(见图1.1)。

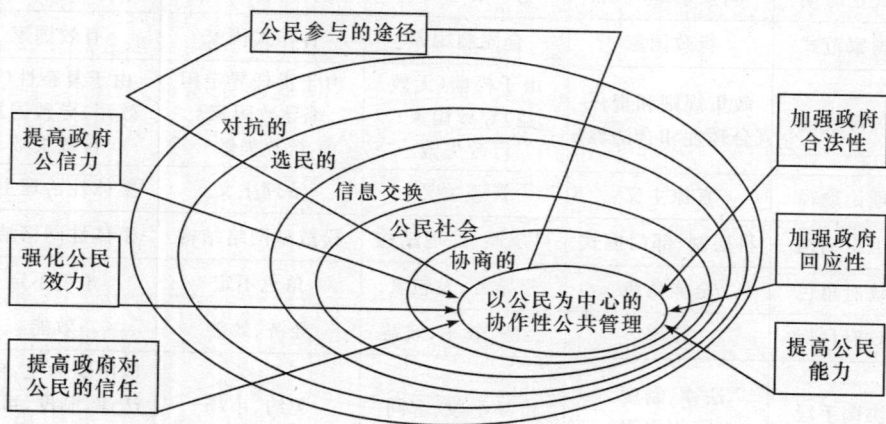

图 1.1 以公民为中心的协作性公共管理分析框架

资料来源:Cooper T L, Bryer T A, Meek J W. Citizen-centered collaborative public management. *Public Administration Review*, Vol. 66, No. 1, 2006, pp. 76-88.

"整体政府"所展现的是一种通过横向和纵向协调的思想与行动以实现预期利益的政府治理模式。其主要目标之一就是更好地处理那些涉及不同公共部门、不同行政层级和政策范围的棘手问题,以解决视野狭隘、各自为政的部门主义问题。[①] 整体政府理论认为,协调是克服碎片化问题的首要阶段,也是整合的先前作业。协调阶段着重相关组织对整体型治理所具备的资讯、认知

---

① 麻宝斌、仇赟:《大部制前景下中国中央政府部门间行政协调机制研究》,《云南行政学院学报》2009年第3期,第51页。

与决定,并将两个以上分立领域中的个体联结,使其认知彼此相互联结的事实,并朝向签订协定或相互同意方向发展,借此避免过度碎片化或造成负面外部性问题。整合阶段则着重执行、完成及采取实际行动,将政策规划中目标与手段冲突缓和的结果加以实践,并建立无缝隙计划。① 以"整体政府"为代表的跨部门协同理论回应了全球化背景下公共治理问题日趋复杂的现实,克服了新公共管理机构碎片化的弊端,用跨界性、协作性和聚合性的组织结构取代以往的分散性、独立性和多样性结构,为组织结构创新指明了方向。②

二、跨部门协调机制的域外实践

以分工为基础、条块为格局的分割管理模式导致行政业务流程被分割为若干环节,横跨多个部门,行政流程割裂开来,使一个完整的流程消失在具有不同职能的部门和人员之中。当问题相互关联、不能被单独处理时,就会导致效率障碍。③ 现代社会的快速发展使得对跨部门协调、无缝隙和更具创新性的服务供给模式的需求逐渐增多,以等级制和法定权威为基础的传统的官僚协调模式已然不能满足这种需求,许多国家的中央政府开始引进以主动创新为基础的网络协调模式来实现协调,并在不同的方案和项目中实现服务产出的最大化。"将当代政府结构视为'多元化组织'网络或者'松散耦合式'的组织体系,而不是命令和控制的等级结构的看法已经是司空见惯的了。这个背景下的协调涉及对差异性的管理和多样性的包容。"④

发端于 20 世纪 70 年代末期的新公共管理改革在有效提高公共部门行政效率的同时也产生了机构裂化和公共服务碎片化的实践局限性。于是,20 世纪 90 年代中后期,英国、美国、澳大利亚、新西兰和加拿大等国从解决新公共管理模式的实践局限性出发,又开始了以协同政府(Joined-up Government)、整体政府(Holistic Government)、网络化治理(Governing by Network)、无缝隙政府(Seamless Government)、协作性公共管理(Collaborative Public Man-

---

① Perri 6, Diana Leat, Kimberly Seltzer and Gerry Stoker. *Towards Holistic Governance*:*The New Reform Agenda*, York: Palgrave, 2002, pp. 212-213.

② 孙迎春:《发达国家整体政府跨部门协同机制研究》,国家行政学院出版社 2014 年版,第 72 页。

③ [法]皮埃尔·卡兰默:《破碎的民主:试论治理的革命》,高凌瀚译,上海三联书店 2005 年版,第 1—5 页。

④ Martin Painter, *Steering the Modern State*:*Changes in Central Coordination in Three Australian State Governments*, Sydney: University of Sydney Press, 1987, p. 9.

agement)、协作型政府(Collaborative Government)和协作治理(Collaborative Governance)为主要内容,进行超越新公共管理的第二轮改革。这些改革都主张整体化理念,强调从重组政府机构、整合政策制定与执行、提供回应性的公共服务和提高公共服务的质量、建立信息时代的政府治理机制和重视公共服务的价值、再造行政流程和促进资源共享等方面实施协作性公共管理。[1] 从跨部门协调的实际操作过程来看,不同国家所选择的不同路径使它们在共性之下又呈现出了一定的国别特色(见表1.3)。[2]

表 1.3 各国"整体政府"的实践比较

国 别	"联合"的主要范围与方式	"联合"的基本做法与特色
英 国	中央与地方之间;部门之间;公共组织、私人组织与志愿组织之间	通过公共部门改革、提供优质的公共服务来推动联合;制定跨组织边界的政策等
澳大利亚	联邦与州政府之间;官方提供跨国的同类服务之间;公共与私人部门之间的伙伴关系	联合的方式主要是自上而下的;具有长期的效能和测量措施;伙伴关系的理念深入人心
加拿大	联邦政府与地方政府之间;跨部门之间	通过效能目标来协调联合方式,并证明是富有成效的
荷 兰	中央政府与地方各级政府之间;政府各部门之间;社会团体之间	通过效能目标来改善协调与合作,实施横向交汇的反馈
新西兰	国家与地方之间;各部门之间	运用策略优先和中心目标来实现联合;通过制定公共预算来实现横向交汇的政策;精简机构以实现部门间的联合
瑞 典	内阁、区域和地方当局之间	通过协商、妥协实现联合
美 国	联邦政府与地方各级政府之间;公共部门、私人部门、志愿部门之间	州政府在很多领域具有独立的权力和分担责任;横向交汇的效能目标主要通过资金刺激和立法体系来实现

资料来源:Ling T. Delivering joined-up government in the UK: dimensions, issues and problems. *Public administration*, Vol. 80, No. 4, 2002, pp. 615-642.

英国布莱尔政府在 1997 年创立了第一个跨部门组织——社会排斥小组。此后,绩效与创新小组、妇女与平等小组、区域协调小组等相继成立,这种跨部

---

[1] 吕志奎、孟庆国:《公共管理转型:协作性公共管理的兴起》,《学术研究》2010 年第 12 期,第 31 页。
[2] 孙迎春:《国外政府跨部门协同机制及其对中国的启示》,《行政管理改革》2013 年第 10 期,第 64 页。

门组织既涉及政策制定领域,也存在于执行领域,其主要任务是针对某一个特定问题打破组织壁垒,将不同的部门资源整合起来,实现跨部门的合作。[1]1999 年,布莱尔政府推出了《现代政府议程》(The Modernizing Government agenda),为英国提供了一个以"协同政府"为主题的现代化政府革新框架。协同政府是指项目、政策或机构的组织安排之间的一致性,这种一致性可以促使机构之间进行协作。[2]

当前,多数发达国家都把可持续发展作为国家战略,重视加强部门间环境应急联动机制建设,整合各方应急资源,防范突发事件应急处置和救援中的次生环境问题。英国的做法较为典型,通过在相关部门间建立环境应急联动机制,较好解决了应急处置救援过程中次生环境突发事件的问题。在英国,突发事件一般由地方政府负责组织应急处置救援,消防部门负责第一时间达到现场实施处置救援,卫生部门负责受伤人员的紧急救治,环保部门给予环保方面的专业协助和支持。如图 1.2 所示,地方政府的应急处置救援指挥分为金、银、铜三级,金牌级指挥主要负责从战略上进行指挥,可以直接向首相报告;银牌级指挥主要从战术上进行指挥,负责协调沟通、资源调配、处置救援方案制定等工作,向金牌级指挥报告;铜牌级指挥负责现场具体处置救援措施的实施。发生重大突发事件,需要国家协调处置的,中央政府才会采取应急处置救援措施,相关指挥机构包括内阁紧急应对小组、国民紧急事务委员会、国民紧急事务秘书处和各政府部门等。

独立的议事协调机构是加拿大政府跨部门协作成功运行的组织实体,这些独立机构的特点以及运行方式更是其成功的法宝。[3]在加拿大跨部门环境治理中普遍采用理事会协调机制。其中加拿大环境部长理事会(简称 CCME)最为典型。加拿大环境部长理事会创立于 1961 年,是为推动环境治理跨部门合作而专门设立的机构。它由联邦、10 个省和 3 个大区的共 14 位环境部长组成,每年召开两次会议讨论环境问题,并就相应对策进行磋商。CCME 各成员之间的关系完全平等,包括联邦环境部长在内的 14 位成员每年轮流当值

---

① 曹丽媛:《西方国家中央政府部际协调机制研究及启示》,《浙江师范大学学报》(社会科学版)2011 年第 5 期,第 93 页。

② Perri 6. Joined-up government in the western world in comparative perspective: A preliminary literature review and exploration. *Journal of Public Administration Research and Theory*, Vol. 14, No 1, 2004, pp. 103-138.

③ 李海峰:《论加拿大政府部门间协作的经验及其启示》,《经济与社会发展》2011 年第 2 期,第 52 页。

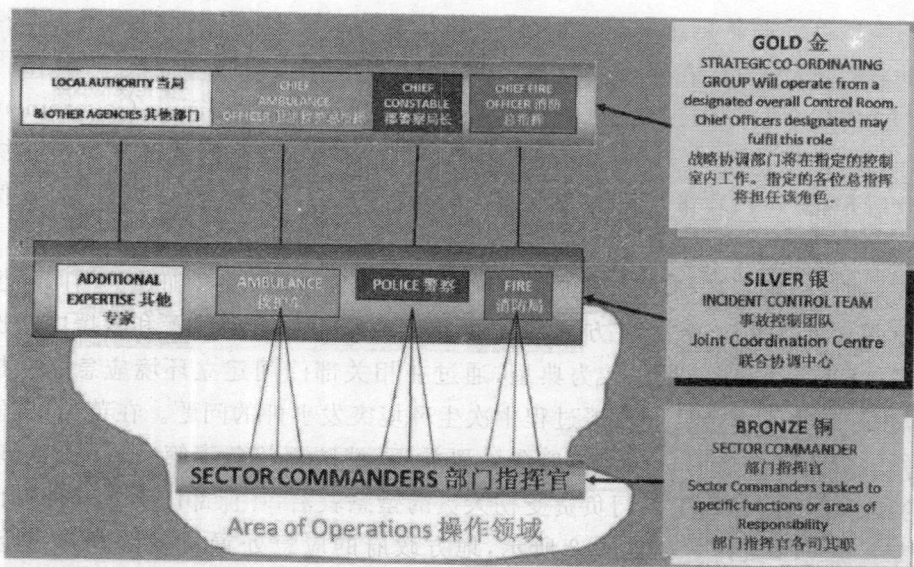

图 1.2　英国应急处置救援指挥体系

资料来源:2012 年环境保护部和公安部赴英国"环境保护与消防应急救援联动机制建设"培训资料。

理事会主席。CCME 拥有秘书处、管理委员会等日常工作机构,它们完全中立,为成员和下设的各种专门委员会提供服务。CCME 的主要职能有四个方面:作为对话机构,对重大环境事件进行磋商;作为决策机构,采用政治协议的方式通过相应环境政策;作为论坛平台,分享环境领域的信息和研究进展;作为协会组织,制定环境领域的原则、规章和标准等。理事会的议题、议程、协议等内容全部向社会公开,通过不断磋商和妥协,消除理事会各方的分歧,而且受到民众、党派和各社会团体的强大监督,达成的协议一般能得到有效落实。[①]

　　加拿大环境与可持续发展的跨部门合作,不仅注重政府间、政府内部机构间的合作,而且让各类非政府环保组织参与其中。这些机构有的面向所在地区,有的面向全国,有的甚至在全球范围内开展合作活动。目前,主要的环境非政府组织网络包括加拿大环境网,代表遍布加拿大的超过 800 个环境非政府组织;气候变化行动网,有 40 个关注气候变化的环境非政府组织;加拿大大自然网,处在发展中的一个有 360 个基于社区的自然主义者组织及其各省的

---

① 王玉明、邓卫文:《加拿大环境治理中的跨部门合作及其借鉴》,《岭南学刊》2010 年第 5 期,第 117 页。

分支机构组成的网络。政府不仅通过政策参与、税收惠免、无偿资助、合同服务等方式来培育非政府环保机构，还注重对非政府机构的资源进行协调和整合。例如，马尼托巴省教育部为了向青少年推广环境可持续发展知识理念，专门建立了一个"可持续发展教育工作协调小组"来整合非政府环保机构。[①]

与欧美国家全面、系统、连续、激进的改革相比，日本的行政改革尽管具有非连续性、渐进性和零碎性的特点，但或多或少也是以"整体政府"为取向的。从某种程度上讲，重塑一个整合的、协调的、行动一致的政府是 20 世纪 90 年代日本行政改革的一个重要目标。在重组大部门制的基础上，日本还配套建立了三个层次的中央省厅间协调机制：一是在首相的直接领导下，由内阁官房主导的部门协调，为最高协调机制。改革后的内阁官房由原来的综合协调部门变为一个综合战略部门，其综合战略能力得以强化，从而明确了其在决策层面的整合与协调功能。二是由首相就特定政策问题任命的"特命内阁大臣"主持召开相关阁僚联合会议，协调省厅间的问题。三是省厅部门间的直接协调机制。日本明确规定了各省厅在制定政策时必须与有关省厅进行协商，并详细规定了有关协商的程序。一般特定政策问题由该政策的主要负责部门拥有协调权，其他部门参与、配合。通过建立自上而下的多层次的中央省厅间协调机制，最大程度上保证了不同层级对应不同协调方式和内容，提高了协调的针对性。[②]

始于 1984 年的新西兰政府改革，几乎涉及所有公共部门的组织、过程、角色等方面。改革者主张在政府公共部门广泛采用私营部门成功的管理方法和竞争机制，重视公共服务的产出，强调文官对社会公众的响应力和政治敏锐性，倡导在人员录用、任期、工资及其他人事行政环节上实行更加灵活、富有成效的绩效管理。[③] 改革主要是通过私有化重建公共部门，即重建并压缩中央政府的服务机构引入竞争，通过市场机制并让私人部门承包公共服务以绩效考核和测评的方式提高效率。[④] 改革要点在于"强调管理而非政策强调产出而非投入强化组织及管理的'分权'偏好私人所有、合同出租和公共服务的竞

---

① 张伟：《加拿大环境治理中的协调机制》，《学习时报》2004 年 3 月 25 日。

② 蒋敏娟：《整体政府改革：日本的实践经验及启示》，《中共浙江省委党校学报》2011 年第 6 期，第 87—89 页。

③ 金太军：《新公共管理：当代西方公共行政的新趋势》，《国外社会科学》1997 年第 5 期，第 21—25 页。

④ Minogue M, *Changing the State: Concepts and Practice in the Reform of the Public Sector*, Cheltenham: Edward Elgar Publishing, 2000, p. 17.

争"①。具言之,"新西兰模式"包括三项基本内容:一是使许多由公共组织履行的政府职能商业化;二是区分可商业化与不可商业化的政府活动,并将交易活动转移到公共公司;三是改变政府人力资源的管理政策通过引人合同制、绩效工资制和产出控制等。

澳大利亚管理咨询委员会(Management Advisory Committee,简称MAC)对各国"整体政府"的改革实践与经验进行理论提升,形成了一种最佳实践的"整体政府"模式。这一最佳实践的"整体政府"模式包括文化与哲学、新的工作方式、新的责任和激励机制以及制定政策、设计方案和提供服务的新方式四个方面(见图1.3)。

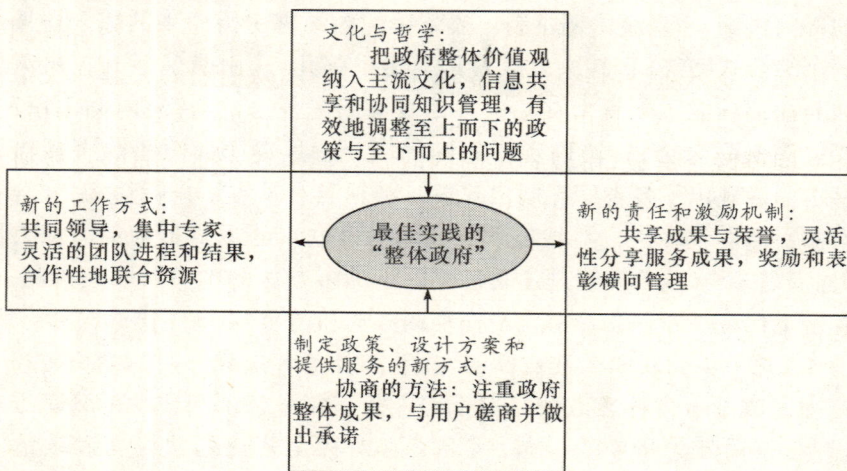

图1.3　最佳实践的"整体政府"模式

资料来源:曾维和:《"整体政府"论——西方政府改革的新趋向》,《国外社会科学》2009年第2期,第110页。

整体政府信息化治理改革既是对组织分化的一种回应,也是全面改善系统内主体多元、机制多样、权力分散等"碎片化"制度的有效途径。确立信息管理与服务的整体政策和治理结构,既是顶层设计的需要,也是政策执行与公共服务的基础和保障。为了鼓励和支持各部门在提高效率和效力的创新模式中共享知识、技能和资源,澳大利亚政府信息化治理呈现出一种系统全面的套餐

① Boston J, *Reshaping The State*: *New Zealand's Bureaucratic Revolution*, Oxford: Oxford University Press, 1991, pp. 9-10.

文化,不仅搭建了两个实际运行的技术平台,还有国家级的电子政府总体框架、国家级政府协同协议制定框架和国家级标准制定框架,体现了国家治理的总体架构原则和建设治理能力的发展目标,符合整体政府跨部门宏观决策协同的高度和广度要求,是比较典型的国家治理协同案例。澳大利亚政府的信息化协同套餐一共包含 5 个方面(见图 1.4):(1)Govdex,该平台为政府机构提供了一个安全的、私人网站为主的互通空间;(2)GovShare,该平台是政府部门共享和重复使用信息的通讯网站;(3)澳大利亚(电子)政府体制(Australian Government Architecture,AGA);(4)国家协同框架(National Collaboration Framework,NCF);(5)国家标准框架(National Standards Framework,NSF)。

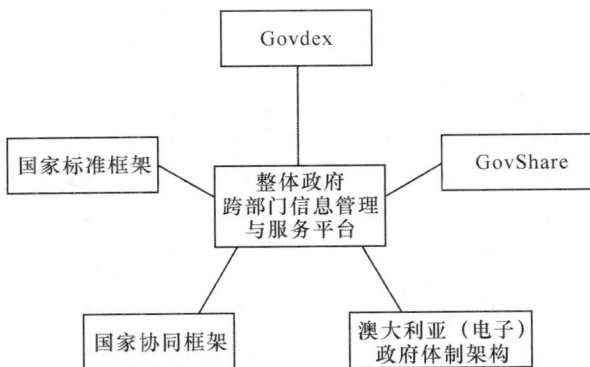

图 1.4　澳大利亚整体政府跨部门信息管理与服务机制

资料来源:孙迎春:《澳大利亚整体政府信息化治理》,《中国行政管理》2014 年第 9 期,第 115 页。

　　发端于 1997 年英国行政现代化进程的整体政府跨部门协同改革,顺应了经济全球化和政治民主化潮流,认为公共行政的最佳目标不是"小政府",而是"好政府"。改革的方式已经不是政府从各领域的全面撤退,而是选择适当的作用领域,不仅要肯定新公共管理改革所倡导的效率价值,也要关注民主价值和公共利益,希望通过协调、整合等手段促进公共服务主体之间的协同合作,在广泛应用信息和网络技术的基础上,建立起跨组织、跨部门、跨机构的治理结构,通过打造合力来实现协同各方的共赢。[①] 无论是协同政府还是整体政府,其目标都是通过消除不同政策之间的矛盾和张力,直接有效地提高公共政

----

① 孙迎春:《澳大利亚整体政府改革与跨部门协同机制》,《中国行政管理》2013 年第 11 期,第 94 页。

策的效能;通过消除不同项目之间的重叠与冲突,充分利用各种资源;在政策部门不同的利益主体之间加强合作、传递优秀理念,从而形成协同的工作方式;以公民需求为导向,不断提供无缝隙而不是碎片化的服务。①

第二节　协调机制的国内地方实践

一、中国政府部门间协调机制的探索

政府机构改革是一个统筹兼顾、利益博弈的过程,需要循序渐进,部门职能交叉重叠的现象也不可能随着机构改革而完全消除,如何建立健全部门间的协调配合机制,包括权限冲突协调机制,是建设服务型政府的重要一环。②传统中央集权管理主要体现为部门管理与条条专政。一方面,中央政府内部部门众多,部门封闭色彩浓厚;另一方面,自上而下中央政府每个部门都有对口的"条条",这样本来作为统一整体的部门系统的地方实际上被分解,陷入相互隔离的局面。部门管理与条条专政导致无论是中央政府还是地方政府部门间都很难有效地沟通交流,政府部门间关系难以处理。③当下中国府际之间、部门之间各自为政、职责僵化等问题成为阻碍政府管理和服务水平不断提高的重要原因。而现代社会公共危机频发,公共事务的错综复杂、各要素密切关联以及部门专业化分工等,使诸多事务的管理也需要政府各部门间的广泛协作。④

改革开放以来,伴随着社会主义市场经济体制的不断完善和行政机构的逐步调整,我国形成了较为完整的宏观调控部门体系框架,宏观调控的部门分工得到初步明确。我国现行宏观调控部门体系是在 2008 年国务院机构改革以及政府职能转变的基础之上形成的,总体上形成了以国家发改委、财政部和中国人民银行三大综合经济部门为核心,商务部、工信部、农业部、环保部、国土资

---

① 孙迎春:《国外政府跨部门合作机制的探索与研究》,《中国行政管理》2010 年第 7 期,第 102 页。

② 金国坤:《论服务型政府部门间的协调配合机制》,《法治论丛·上海政法学院学报》2008 年第 6 期,第 22 页。

③ 高轩:《我国政府部门间关系构建的协同学探析》,《河南师范大学学报》(哲学社会科学版)2014 年第 1 期,第 57 页。

④ 赖静萍、刘晖:《制度化与有效性的平衡——领导小组与政府部门协调机制研究》,《中国行政管理》2011 年第 8 期,第 22 页。

源部和国家统计局等专业职能部门为补充的较为完整的宏观调控主体体系。[①]

1994 年我国农村扶贫第一个纲领性文件——《国家"八七"扶贫攻坚计划》确立了农村扶贫工作的基本格局,随后在实践中不断完善,通过《中国农村扶贫开发纲要(2001—2010)》和《中国农村扶贫开发纲要(2011—2020)》两个纲领性文件形成了具有中国特色的农村扶贫的大格局。专项扶贫、行业扶贫、社会扶贫构成了我国扶贫"三位一体"的扶贫工作格局(见图 1.5)。

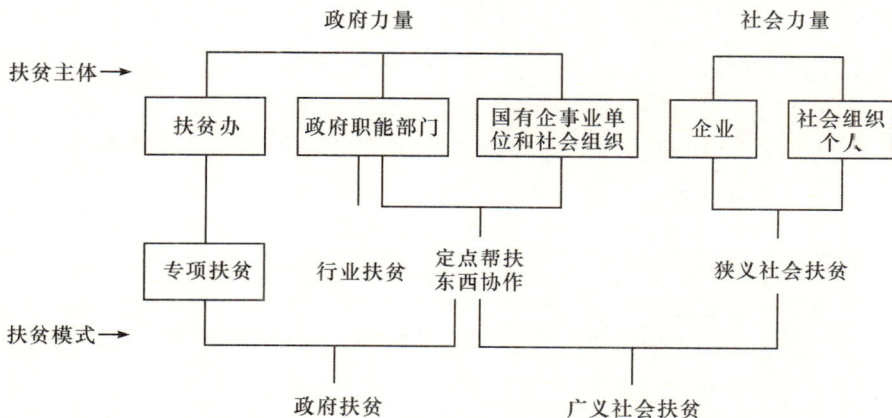

图 1.5　中国农村扶贫工作格局

资料来源:陈忠言:《中国农村扶贫中的跨部门协同机制分析》,《宁夏社会科学》2014 年第 4 期,第 20 页。

旅游业是涉及面广、关联度高的功能性产业。实施旅游发展国家战略不仅是旅游部门的事情,也涉及发展改革、财政、金融、国土、建设、商务、交通、文化、体育、林业、农业、工业、环保等众多部门和外交、外宣等领域,各相关部门必须积极参与、密切协作、形成合力。[②] 旅游活动链条很长,涉及食住行游购娱等一系列环节,因此建立旅游综合协调机制来统筹旅游业发展是许多国家共同的做法。从中国的情况看,在国家层面,中国旅游业发展之初的 1978 年,中央就成立了旅游工作领导小组;1986 年,国务院又重新成立了旅游协调领导小组;1988 年,国务院撤销了旅游协调领导小组,成立了旅游事业委员会;

[①] 国家发改委经济研究所课题组:《专题报告四:我国宏观调控部门协调的现状、存在问题及其对策建议》,《经济研究参考》2014 年第 7 期,第 61 页。

[②] 国务院研究室课题组:《新时期中国旅旅游业发展战略研究报告》,中国旅游出版社 2009 年版,第 49—50、69—70 页。

国家旅游事业委员会在国务院清理非常设机构中被撤销以后,为解决假日旅游迅猛发展带来的一系列问题;1999年,国务院又成立了由14个部委组成的全国假日旅游部际协调会议。进入21世纪后,为贯彻落实《中华人民共和国旅游法》,加强部门间协调配合,促进我国旅游业持续健康发展。2014年9月,国务院同意建立国务院旅游工作部际联席会议制度(见表1.4),全国假日旅游部际协调会议职能并入国务院旅游工作部际联席会议。[①] 该联席会议的协调工作主要呈现"会议决策"、"协调共享"、"专门委托"三大特点:"一是会议由国务院副总理级的召集人进行协调,各部委之间执行,有利于会议的决策信息在横向部门之间的沟通。二是联席会议制度将365天进行信息的通报和会议简报的传送,有利于各部门之间协调共享。三是针对专门问题,联席会议将指定专门的部门进行牵头协调,而不是由传统的旅游局来负责。"[②]

表1.4 国务院旅游工作部际联席会议制度

主要职能	在国务院领导下,统筹协调全国旅游工作。对全国旅游工作进行宏观指导;提出促进旅游业改革发展的方针政策;协调解决旅游业改革发展中的重大问题;研究旅游业改革发展中的其他重要工作;完成国务院交办的其他事项。
成员单位	联席会议由国家旅游局、中央宣传部、外交部、国家发展改革委、教育部、公安部、财政部、国土资源部、环境保护部、住房城乡建设部、交通运输部、农业部、商务部、文化部、国家卫生计生委、国家工商总局、国家质检总局、国家新闻出版广电总局、国家安全监管总局、国家食品药品监管总局、国家统计局、国家林业局、中国气象局、中国铁路局、中国民航局、国家文物局、国家中医药局、国务院扶贫办共28个部门组成,国家旅游局为牵头单位。
工作规则	联席会议根据工作需要定期或不定期召开会议,由召集人或召集人委托的副召集人主持。成员单位根据工作需要可以提出召开会议的建议。在全体会议之前,召开联络员会议,研究讨论联席会议议题和需提交联席会议议定的事项及其他有关事项。联席会议以会议纪要形式明确会议议定事项,印发有关方面并抄报国务院,重大事项按程序报批。
工作要求	各成员单位要按照职责分工,主动研究旅游工作中的重大问题,认真落实联席会议议定事项。要互通信息,相互支持,密切配合,充分发挥联席会议作用,形成高效运行的长效工作机制。联席会议办公室要及时向各成员单位通报有关情况。

资料来源:《国务院关于同意建立国务院旅游工作部际联席会议制度的批复》(国函〔2014〕117号)。

---

① 人民网:《国务院建立旅游工作部际联席会议制度由28部门组成》,2014年9月15日,http://travel.people.com.cn/n/2014/0915/c41570-25664809.html。

② 人民网:《专家解读旅游工作部际联席会议制度:假日办撤销是趋势》,2014年9月16日,http://travel.people.com.cn/n/2014/0916/c41570-25672809.html。

至于省(区、市)层面,多数地方政府通过成立类似旅游产业领导小组的机构来行使综合协调职能。如成都市建立了由市旅游局、市发改委、市投促委等职能部门为成员的"大旅游"综合协调联席会议制度,每季度召开全市旅游产业发展联席会议,并建立了跨旅游、卫生、物价、工商、安监、交通等部门的旅游咨询投诉统一受理服务和监管平台,实行跨部门联合执法。① 此外,通过赋予旅游管理部门更多综合协调职能的方式也正在引起各地的关注。如海南为推动旅游业发展,专门成立了旅游发展委员会,并明确赋予其"统筹协调全省旅游业发展"、"牵头组织推进国际旅游岛建设,统筹全省旅游要素国际化改造"等职能。目前,北京、重庆等地也正在积极争取用旅游发展委员会替代旅游局,以便更好地统筹当地旅游业发展。② 总的来看,国家层面、地方层面的专项旅游协调机制在推动具体工作中不同程度地发挥了作用。

在环保领域,全国环境保护部际联席会议制度是我国跨部门环境管理的重要手段。该制度是环境保护的部际协调机制,会议的成员由国家发改委、国家环保部等各部委的主要负责人组成,主要通过定期联席会议的形式行使职权,通报主要环保工作,协调重大环境问题和履行国际环境条约,从而承担环境保护的部际协调职能。地方主要省市也建有环境保护联席会议制度,一般由政府相关领导主持,环境保护行政主管部门发起,其他各部门的负责人参与,就当地的环境保护、宣传、治理等工作进行探讨和协商。除联席会议制度之外,各地方根据自身情况设有多种形式的协调方式,如昆明市建立了环境保护执法协调机制,成立了公安局环境保护分局、检察院环境资源检察处和中级人民法院环境保护审判庭,公检法与环保部门的联动,大大提高了环保部门执法的有效性;武汉市建立了社区居民自治和部门联动的新型管理机制,由环保、工商、民政、城管等部门共同参与,通过"居民听证"有效解决了社区餐饮油烟、噪声污染等环境问题。③

政府社会管理机制创新的最终目标是打破条块分割和部门各自为政的壁垒,调整功能并整合资源,以有效提供服务,及时化解矛盾。在城市基层混合性服务供给上,浙江省宁波市 81890 社会服务平台开展跨越公共部门、私人部

---

① 四川旅游政务网:《成都市旅游局多措并举构建"大旅游"协调机制》,2015 年 4 月 16 日,http://www.scta.gov.cn/sclyj/lydt/szdt/c3/system/2015/04/16/000607717.html.

② 曾博伟:《旅游综合协调机制的建立与完善(上)》,《中国旅游报》2010 年 12 月 31 日.

③ 刘洋、万玉秋、缪旭波等:《关于我国跨部门环境管理协调机制的构建研究》,《环境科学与技术》2010 年第 10 期,第 201 页.

门和第三部门的协作,实施行政化、市场化和社会化三种相互嵌入、协同增效的服务供给机制。宁波市的实践,解决了基层社会混合性服务供给的难题,验证了跨越政府、市场和社会组织边界的协同治理不仅在理论上是可能的,而且在实践上也是可行的。① 上海市闵行区充分利用信息化和大数据时代的技术优势,有效整合了城市应急管理和社会综合治理各职能部门的资源和力量,构建了以城市管理、执法、服务为一体的城乡统筹、覆盖全区、联通共享的城市综合管理"大联动"信息平台(见图 1.6)。"大联动"机制有效提升了辖区政府职能与社会公众需求的契合度,公民对社会事务的参与意识和认同感不断增强,寓社会管理于公共服务的新型管理模式效果初步显现。

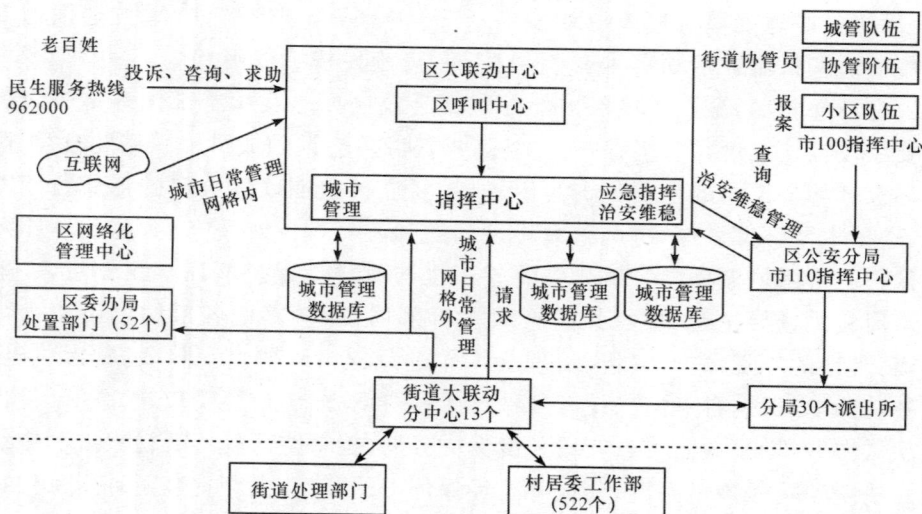

图 1.6　上海市闵行区城市综合管理大联动信息平台示意

资料来源:刘兰华:《以信息化为平台的基层政府社会管理机制创新——上海市闵行区"大联动"机制的探索与启示》,《中州学刊》2014 年第 10 期,第 74 页。

除了部际协调,由于地方政府发展经济的自主权不断增强,寻求区域合作治理的自发性和积极性也随之提高。② 区域性公共物品的提供必须跨越彼此的行政边界,所有跨区域问题的解决必须以完整的区域为单位,只有相互交流

---

① 杨文欢:《跨部门合作:政府、市场与社会协同增效的机制——以宁波市 81890 社会服务平台为例》,《北京城市学院学报》2014 年第 2 期,第 53 页。
② 麻宝斌等:《公共治理理论与实践》,社会科学文献出版社 2013 年版,第 168 页。

和合作共治,才能有效地解决跨区域公共物品供给的可行性问题。[1] 伴随着全球化、区域一体化、市场无界化以及社会信息化的进程,我国区域间协同治理议题逐步提上议事日程。为便于京津冀区域政府间大气治理政策制定的协调,《京津冀及周边地区落实大气污染防治行动计划实施细则》明确提出成立京津冀及周边地区大气污染防治协作机制,由区域内各省(区、市)人民政府和国务院有关部门参加,研究协调解决区域内突出环境问题,并组织实施环评会商、联合执法、信息共享、预警应急等大气污染防治措施。[2] 目前,京津冀区域政府间政策协调组织结构已初步构建,即京津冀及周边地区大气污染防治协作小组(见图 1.7)。

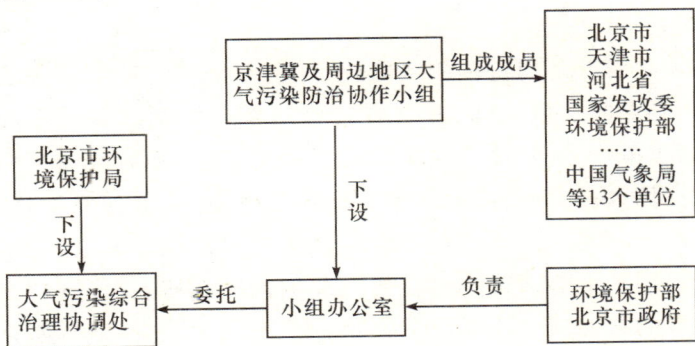

图 1.7 京津冀及周边地区大气污染防治协作小组构成及运行

资料来源:赵新峰、袁宗威:《京津冀区域政府间大气污染治理政策协调问题研究》,《中国行政管理》2014 年第 11 期,第 20 页。

在区域合作深入发展的同时,我国地方政府治理形态正在从行政区行政、区域行政向区域治理转变。[3] 国内区域经济一体化的进程实际上就是地方政府间行政权力的协调过程,是行政权力再配置的过程。[4] 作为区域一体化的先行者,长江三角洲是我国城市群最为密集的区域之一。为了解决行政区划带来的条块分割和恶性竞争问题,长江三角洲探索出了"3 层次+1 制度"的政府协调模式和治理体系。所谓的"3 层次"是指长三角地区从省到市再到各市

---

① 丁永健、鄢雯:《跨区域基础设施建设的政府间协调机制研究——以铁路为例》,《改革与战略》2011 年第 4 期,第 127 页。

② 《关于印发〈京津冀及周边地区落实大气污染防治行动计划实施细则〉的通知》,环发〔2013〕104 号。

③ 锁利铭:《地方政府区域治理边界与合作协调机制》,《社会科学研究》2014 年第 4 期,第 48 页。

④ 彭彦强:《区域经济一体化、地方政府合作与行政权协调》,《经济体制改革》2009 年第 6 期,第 138 页。

的政府部门的三个层次的联席会议：长三角地区每年召开一次副省（市）长级别的"沪苏浙经济合作与发展座谈会"，商讨三省市的区域规划及合作意向；同时，长三角地区每年还会举行一次市长级别的"长江三角洲城市经济协调会"，来落实省级联席会议做出的决议；第三个层面的联席会议是各城市具体政府部门之间的协调会，各城市的交通、环保、旅游、金融等部门针对具体领域的合作进行协调。[①] 所谓"1制度"是指"专项合作制度"：有些区域性公共问题，如跨市的基础设施建设、环境治理等依靠单个城市难以解决，通过"专项合作制度"针对具体的问题成立专题组解决这些跨区域问题。[②] 由于区域一体化进程中经常出现需要不同城市合作才能解决的区域性公共问题，因此这种"专项合作制度"得到了广泛运用。

发达国家政府跨部门协调的实践提示我们，跨部门协调需要有效的领导力，需要建立必要的行政文化，开发并实施跨部门协调的最佳实践和领导艺术；需要提高决策能力，建设有效的沟通和反馈渠道，拓宽跨部门协调决策的参与范围，及时解决跨部门协调中潜在的各种问题；需要信息通讯、网络管理等各种创新技术，搭建公开、透明、便民、利民的政府管理和服务平台。[③] 面对经济社会发展的新形势、新任务，与西方发达国家相比，我国现行行政管理体制中不相适应的方面依然显得十分突出：第一，资源配置不合理，造成重复浪费和低效使用。第二，部门协调不顺畅，增加行政成本和管理难度。第三，职能设计不科学，导致争功诿过和争权卸责。[④] 第四，部门之间信息资源严重封闭，"信息孤岛"现象相对突出。[⑤] "部门决策"的政策决策机制，使政策决策受制于部门利益，是造成部门主义、政出多门、责任推诿等政治现象的机制性动

---

① 王枫云：《和谐共进中的政府协调：长三角城市群的实证研究》，中山大学出版社 2009 年版，第 34 页。

② 王学栋、杨军：《国内外区域发展中政府协调机制建设的经验与借鉴》，《科学与管理》2013 年第 5 期，第 11 页。

③ 孙迎春：《国外政府跨部门协同机制及其对中国的启示》，《行政管理改革》2013 年第 10 期，第 67 页。

④ 周功满、陈国权：《"专委会制度"：富阳创新部门间协调配合机制》，《中国行政管理》2009 年第 11 期，第 71 页。

⑤ 政府部门间"信息孤岛"具体体现在两个方面：一是纵向层级间的信息不流通，表现为组织机构实行家长制，"一把手"官位思想严重，在这种权利分配不平等下，通过设租以及暗箱操作获取利益并且受传统思想的影响，提前拥有信息是一种权力权威的象征，如果共享了，就是对自己权威的一种损害。二是横向部门之间的信息不流通，这主要是因为信息共享意识淡薄导致政府虽然掌握了大量的信息财富但并没有将各种信息作为整体来看待，只是在信息资源的使用上进行了收集和整理，没有开发出信息资源的价值，未使其社会经济效益发挥出来。参见吴佳喆：《FEA 模型视角下政府信息资源共享的协调机制初探》，《电子政务》2011 年第 9 期，第 73 页。

因。在这种部门占主导的决策机制中,政府部际协调依然还在很大程度上依赖于外源的制度约束,带有明显的被动性与表面性。而"伙伴关系"的机制调整空间则被"部门决策"的政策决策机制所挤压。① 尽管我国从中央到基层都在加快建立健全政府部门间协调机制,但是按照"加快政府职能转变,深化政府机构改革,加强依法行政和制度建设"的要求,在实施部门间协调配合工作方面仍缺乏具有约束力的长效机制。同时,在跨部门协调机构设立和责任运行方面普遍存在规范化和制度化滞后问题:管理细节化和精致化不足,导致协调机制运行不畅,影响了政府的整体绩效;而绩效问责机制缺乏跨部门绩效评估和评估结果的刚性问责,又降低了通过跨部门合作提高绩效的积极性和主动性。② 特别是涉及多部门的常态监管事项协调能力相对欠缺,难以形成对食品安全、环境保护、安全生产等群众关切问题的监管合力,往往还发生相互等待观望、扯皮推诿、自守门户、消极怠工甚至是不配合、不协助等现象,部门间协调配合长效机制仍需不断健全。③

二、文化部门的协调机制实践

"十二五"以来,促进公共文化资源整合是公共文化服务体系建设中一个老生常谈的问题,同时也是一个长期悬而未决的难题。文化整合的实质意义是通过组织和协调,把全社会彼此相关但却彼此分离的文化资源整合成一个推进社会建设步伐的大的文化系统。④ 鉴于此,建立公共文化服务体系建设协调机制,是构建现代公共文化服务体系的必然要求,是加快政府机构改革和职能转变的必然要求,亦是加强改革的协同性、提升公共文化服务效能的必然要求,⑤充分体现了现代公共文化服务体系开放性、多元性、创新性特点,有利于提高公共文化服务的覆盖水平和服务供给能力,更好地履行公共文化服务的责任和使命。⑥

文化部门的协调工作机制已经在一些具体领域率先启动。为适应新时期

---

① 张翔:《新中国"部际协调"六十年:过程、困境与对策探索》,《云南社会科学》2012年第4期,第68页。

② 孙迎春:《国外政府跨部门协同机制及其对中国的启示》,《行政管理改革》2013年第10期,第66页。

③ 李勇、王喆:《市政府部门间协调配合机制研究》,《机构与行政》2013年第3期,第25页。

④ 左艳荣:《资源整合:推动公共文化建设的当务之急》,《中国文化报》2015年4月18日。

⑤ 《20个部门合力推动公共文化事业发展 国家公共文化服务体系建设协调组成立》,《中国文化报》2014年3月20日。

⑥ 《协同推进、融合发展,努力构建现代公共文化服务体系——文化部部长蔡武就成立国家公共文化服务体系建设协调组答记者问》,《中国文化报》2014年4月1日。

对外文化工作的迅猛发展,推动中华文化有计划、可持续的"走出去",文化部全面建立和启动了三个跨部门工作协调机制,即对外文化工作部际联席会议制度、国内国外沟通协调机制、文化部与地方文化外事工作协调机制。三个机制的建立,被认为是近年对外文化工作的显著突破,是文化部加强整合文化资源、形成合力、彼此相辅相成的具体举措。通过三个机制的建立和运作,中央部门之间、中央和地方、政府和民间、国内和国外的文化资源将得到有效统筹和协调,形成"一盘棋"的对外文化工作大格局,以切实转变在对外文化工作方面各部门各自为政的局面,统一行动步伐,扎实有效地落实党和国家赋予的重要任务,形成真正合力,有计划、有步骤、有成效地推动中华文化"走出去"。①

建立公共文化服务体系协调机制是全面深化文化体制改革,构建现代公共文化服务体系的一项重要任务。协调机制的建立,已成为推动现代公共文化服务体系发展的必然趋势。2014 年 3 月 19 日,报经中央文化体制改革和发展工作领导小组批准,文化部牵头成立了国家公共文化服务体系建设协调组,并召开了第一次全体会议,这标志着国家层面的公共文化服务协调机制正式运转。② 协调组将制定公共文化服务基本保障标准、技术标准和评价标准,在 3—5 年内逐步建立起较为完善的基本公共文化服务标准体系框架,实现各级政府保障责任和义务的标准化,公共文化设施建设、管理和服务的标准化,工作评价的标准化。③ 2014 年 4 月 25 日,文化部向全国各省、自治区、直辖市文化厅(局)、新疆生产建设兵团文化广播电视局印发《公共文化服务体系建设协调机制工作方案》,明确要求各地结合实际参照执行。

目前,我国基层各地也正根据实际,建立相应的协调机制,充分调动各部门的积极性,形成多个管理部门优势互补的协调并举态势。山东省、四川省、广东省、江西省、吉林省、黑龙江省、西藏自治区等已经建立起省级层面的公共文化服务体系建设协调组,并陆续出台公共文化服务体系建设协调组议事规则。

2014 年 8 月 29 日,山东省政府召开了全省现代公共文化服务体系建设

---

① 《对外文化工作三个协调机制力促"一盘棋"工作大格局》,《中国文化报》2010 年 1 月 14 日。

② 中央政府门户网站:《文化部牵头成立国家公共文化服务体系建设协调组》,2014 年 3 月 20 日,http://www.gov.cn/xinwen/2014-03/20/content_2642361.htm。

③ 人民网:《国家公共文化服务体系建设协调组今天成立》,2014 年 3 月 19 日,http://culture.people.com.cn/n/2014/0319/c1013-24682122.html。

工作会议,会上宣布建立全省公共文化服务体系协调机制。[①] 参照国家公共文化服务体系建设协调组模式,山东省的协调机制由省文化厅、省委宣传部、省编办、省文明办等23个部门组成,将按照"分工协作,共建共享""科学规划,服务基层""循序渐进,完善体系""重点突破,整体推进"原则推进工作。山东省公共文化服务体系建设协调机制目前的主要工作包括协调推进全省公共文化服务法规、政策、标准的制定、实施和考核,建立稳定的公共文化服务保障机制,推动基层公共文化资源共建共享,统筹实施公共文化服务重大工程,加强各级各类公共文化服务队伍建设,促进公共文化服务均等化标准化发展,在全省整体创建国家公共文化服务标准化试点。[②]

广东省公共文化服务体系建设协调组经广东省文化体制改革专项小组批准,于2014年12月29日正式成立。协调组由广东省文化厅牵头,联合省委宣传部、省编办、省发改委、省经信委等19个单位组成。其主要职责包括协调推进重大公共文化政策、规划以及公共文化服务标准的制定和实施;协调建立稳定的公共文化服务投入保障机制;统筹促进基层文化设施和文化项目的建设与管理;协调推进公共文化服务重点惠民项目和公共文化人才队伍建设;建立健全公共文化服务体系监督评估机制;通报、讨论、审核公共文化服务体系建设政策制定中需要协调组协调的重要事项。[③] 协调组在第一次会议上通过了《广东省公共文化服务体系建设协调组成员单位职责分工和议事规则》和《广东省公共文化服务体系建设协调组2015年工作要点》。[④]

近年来,浙江省以完善机制、加强制度建设和提升队伍素质为抓手,将公共文化服务体系建设作为加快文化强省建设的重要内容,先后颁布了《浙江省公共图书馆管理办法》《浙江省文化馆管理办法》,制定《浙江省乡镇综合文化站评估定级标准》,在全国率先并连续5次开展乡镇综合文化站评估定级工作。[⑤] 2015年3月,为加强有关部门的统筹协调,整合资源,形成合力,浙江省

---

① 人民网:《山东:多项并举建立健全现代公共文化服务体系》,2014年9月5日,http://sd.people.com.cn/n/2014/0905/c166192-22224830.html。

② 中国新闻网:《山东建立公共文化服务体系建设协调机制》,2014年9月1日,http://www.chinanews.com/cul/2014/09-01/6551224.shtml。

③ 《广东成立公共文化服务体系建设协调组》,《中国文化报》,2014年12月31日。

④ 广东新闻网:《广东省成立公共文化服务体系建设协调组》,2014年12月19日,http://www.gd.chinanews.com/2014/2014-12-29/2/339526.shtml。

⑤ 杭州市广电新闻出版局网站:《公共文化服务体系建设的浙江模式》,2014年8月8日,http://www.hzwh.gov.cn/ggfw/whrd/201408/t20140808_503269.html。

成立了公共文化服务体系建设协调组。协调组在省文化体制改革领导小组领导下工作,主要由省文化厅、省委宣传部、省编办、省文明办、省发改委等 24 个部门组成。协调组由省文化厅厅长担任召集人,各成员单位一名分管厅级领导和一名有关处室负责人分别为协调组成员和联络员。协调组办公室设在省文化厅,主要负责征集需要协调组讨论决定的重要议题,贯彻落实协调组研究决定的各项决策和部署,以及相关日常工作。

比较具有代表性的基层案例如:鄂尔多斯市以保障广大人民群众基本文化权益为出发点,以政府为主导,吸引社会力量,拓宽公共文化服务渠道,不断提高公共文化服务体系建设能力和服务能力。调动各种社会力量参与文化建设的积极性和创造力,加强公共文化服务协调机制建设,形成全社会共建、全民共享的局面。在鄂尔多斯市,市、旗(区)、苏木乡镇三级政府均成立了公共文化服务体系建设工作领导小组,全市上下形成了政府统一领导、相关部门分工负责、社会团体积极参与的工作推进机制。各级党委、政府将公共文化服务建设纳入经济社会发展总体规划,纳入重要议事日程,纳入干部考评体系,纳入文化惠民工程,为公共文化服务工作提供了组织保障。制定了《公共文化服务体系建设工程方案》、《公共文化服务体系建设任务分解方案》等一系列配套政策,市政府与各旗区政府签订了工作目标责任书,建立了公共文化考核和绩效评估指标体系,严格实行重点工作任务和项目包扶责任制,做到任务明确、责任到人,保障了公共文化服务建设有序推进。①

对于有效的政府治理而言,合作已经成为必然的选择。这既源于政府自身能力的局限性,也是重构当代社会治理秩序的需要。从更广泛的意义上看,在公共文化事业管理中,因为合作的引入而引起的变革,既包括要求实现纵向层级之间、横向区域之间的政府间合作关系,也包括形成政府与其外部环境(尤其是与企业和非营利组织)之间的伙伴关系,甚至还包括宏观层面上的国家间合作和微观层面上的政府与公民的合作。② 我们今天正生活在一个涉及许多组织和群体或这些组织和群体有责任解决公共问题的权力共享的世界里,需要有不同的组织——公共部门、私人部门和第三部门协作提供高质量的

① 旺楚格:《加强公共文化服务标准化均等化和协调机制建设》,《鄂尔多斯文化》2014 年第 1 期,第 17—18 页。

② 余亚梅、唐贤兴:《政府部门间合作与中国公共管理的变革——对"运动式治理"的再解释》,《江西社会科学》2012 年第 9 期,第 176 页。

公共服务和协同解决复杂性社会问题。[①] 现代公共文化服务体系建设的一大趋势就是以各种灵活的制度安排,建立民主决策机制,逐步提高社会力量在公共文化事业中的参与程度,从而不断提升公共文化决策的专业化与民主化水平。[②] 通过建立协调机制来解决公共文化服务多头管理、资源分散的问题,其本质就是通过体制机制改革释放活力和效能,就是向体制和机制创新要生产力。[③]

① Thomas B. Lawrence, Cynthia Hardy and Nelson Phillips. The institutional effects of interorganizational collaboration: the emergency of proto-institutions. *Academy of Management Journal*, Vol. 45, No. 1, 2002, pp. 281-290.

② 曹爱军、杨平:《公共文化服务的理论与实践》,科学出版社 2011 年版,第 39 页。

③ 李国新:《推动现代公共文化服务体系建设 建立协调机制是重中之重》,《中国文化报》2014 年 7 月 30 日。

《公共文化服务体系建设协调机制工作方案》

文化部公共文化司

（2014年5月）

为贯彻落实党的十八届三中全会精神，根据全国宣传思想工作会议要求和中央领导指示精神，文化部、中宣部、中央编办、中央文明办、国家发展改革委、教育部、科技部、国家民委、财政部、人力资源社会保障部、质检总局、新闻出版广电总局、体育总局、国家文物局、国务院扶贫办、全国总工会、共青团中央、全国妇联、中国残联、中国科协、国家标准委等部门，成立公共文化服务体系建设协调机制，共同推动公共文化服务体系建设。

协调机制工作方案如下：

一、主要目标

围绕"构建现代公共文化服务体系"的总目标，建立部门职责明确、分工协作、目标清晰、统筹有力、运转有效的公共文化服务协调机制，建立健全领导、组织、执行、督察、考评、奖惩等一系列制度。实现以下具体目标：在管理体制上，明确层级职责，解决政府规划和部门协调问题；在资源利用上，集约集成，优势互补，共建共享；在科技创新上，推进文化与科技融合，提升公共文化服务科技水平；在队伍建设上，配齐人员，专兼结合，综合使用，注重发挥志愿者作用；在经费保障上，统筹管理和使用，依据规划，策划和实施工程项目；在服务管理上，统一标准，加强规范，提高质量，良性运行；确保全国公共文化服务均等化程度和服务效能显著提升，人民群众的参与度和满意度明显提高。

二、基本原则

（一）分工协作，共建共享。着眼于发挥现代公共文化服务体系的开放性、多元性、创新性特点，根据不同部门的职能分工和资源优势，在分工协作的基础上，在文化体制改革、重大文化政策、文化惠民工程、服务机制创新、部门和社会资源整合等方面实现统筹协调，共建共享，努力实现政策制定协同化、资源配置最优化、服务管理集约化的目标，发挥公共文化政策和资源的综合效益。

（二）科学规划，服务基层。根据政府行政层级特点，建立不同层级的协调机制，设定不同的协调任务和目标。在中央和省级层面，重在加强顶层设计，发挥各部门作用，协调推进制定统一的公共文化服务体系专项规划、标准以及出台重大改革措施和重大文化政策。在市县和城乡基层，重在强化地方党委政府的统筹责任，建立统一的公共文化服务综合平台，整合基层文化项目、工程、资源，形成合力，加大面向基层的公共文化服务力度。

（三）循序渐进，完善体系。协调机制建设应从易到难、由简入繁、分类部署、稳步推进。立足于现有的文化馆体系、图书馆体系、博物馆体系、数字文化服务体系、新闻出版服务体系、广播电视服务体系和农村电影放映体系等，进一步拓展服务外延，丰富服务内涵，创新服务机制。要通过具体工作的推进，逐步深化部门合作关系，创新运行管理机制，推动融合发展，努力形成完整、有力、高效的服务体系。

（四）重点突破，整体推进。要根据当前中央交办的重大任务，针对当前亟待解决的重大问题，研究提出协调机制的优先议题，制定规划和时间表、路线图，努力实现重点突破。在此基础上，逐步统筹和整合宣传文化系统和社会相关资源，并通过具体增量项目的开展，带动各相关部门和领域融入公共文化服务体系建设，形成整体推进格局。

三、主要任务

（一）协调重大公共文化服务法律法规和政策规划的制定、实施和考核。一是配合全国人大教科文卫委员会，共同推进公共文化服务保障法立法进程。二是协调推进公共文化服务体系建设规划编制工作。将文化、新闻出版广电等相关工作纳入公共文化服务体系建设专项规划之中，统一部署，同步推进。三是研究提出公共文化体制改革政策，推动公共图书馆、博物馆、文化馆、公益性出版单位等公共文化机构建立法人治理结构等。

（二）协调推进基本公共文化服务标准制定、实施和考核。从国家基本公共文化服务保障标准、建设管理和服务标准、评价标准等三个方面，研究制定国家基本公共文化服务重要标准，完善标准体系。以协调机制为平台，建立健全基层公共文化服务体系监督评估机制。制定公共文化服务评估考核标准，并对公共文化服务体系建设规划编制和实施进行指导、验收和考核，同时将各类标准作为评估考核公共文化服务的重要依据。发布年度基本公共文化服务水平监测和评价报告。

（三）协调建立稳定的公共文化服务投入保障机制。进一步落实政府主导责任，充分发挥财政资金作用，加大对公共文化建设的支持力度。按照国务院机构职能转变动员电视电话会议关于简政放权的要求，试点推进基层公共文化专项经费统筹，整合、规范公共文化专项转移支付项目，扩大一般性转移支付，为地方政府更好地履行公共文化服务职能提供财力保障。

（四）统筹推进基层文化设施和文化项目的建设与管理。制定出台推进公共文化设施和资源共建共享的具体政策。进一步发挥市县基层政府在基本公共文化服务方面的统筹作用，整合县、乡公共文化设施资源，完善建设布局，提高服务效能。以实施各类公共文化设施互联互通为切入点，统筹县图书馆、文化馆（总馆）、乡镇（社区）综合文化站图书室（分馆）、村（居委）图书流通点和农家书屋及其他基层公共文化设施的资源配置，实现县域范围内以基层为重点的一体运行。整合基层公共服务设施，建设综合性文化服务中心和农民文化广场。

（五）协调推进公共文化服务重大惠民项目。在中央和省级层面，协调编制项目发展规划，提出相互衔接、密切联系的建设标准和发展目标。在市、县和城乡基层重点研究建立统一的基层公共文化服务平台，做好各项重大文化惠民项目在基层的统筹实施和资源整合工作。对村村通、文化共享工程、农家书屋等已有重大惠民项目，进一步加大实施力度，推进融合发展，使其更好地继续发挥作用。重点以推进全国公共数字文化服务为契机，深化"广播电视户户通"、"文化信息资源共享工程"、"数字农家书屋"融合发展、进村入户。深入推进文化与科技融合，组织开展公共文化主题科技示范。研究实施面向农村未成年人的文化项目。对新设项目，强调在协调机制的统一框架下统筹安排。

（六）协调推进公共文化人才队伍建设。加强各级各类公共文化队伍特别是城市街道和社区、农村乡镇的文化队伍建设。落实对行政村（居委）等基层自治组织文化管理员的补贴。建立县域城乡公共文化人员队伍建设的统筹机制，稳步提高基层公共文化队伍的素质和服务质量。

（七）协调推进公共文化服务社会化。研究引入竞争机制，推动公共文化服务社会化的具体政策措施。鼓励社会力量、社会资本参与公共文化服务体系建设，培育文化非营利组织。广泛动员社会各方面力量，积极支持和参与各种形式的文化志愿服务。

（八）统筹推进公共文化服务体系建设重大事项。近期重点推进三项工作：一是推动下发关于加快构建现代公共文化服务体系的有关文件。以协调机制为依托,研究起草文件,明确构建现代公共文化服务体系的指导思想、目标任务、方针原则和具体措施。二是以贫困地区为重点,加快推进公共文化服务体系均等化进程。根据中央要求,针对贫困地区公共文化建设现状,深入调研,摸清基础数据,开展试点,策划具体项目。三是进一步推进公共文化机构免费开放,在目前已经实行免费开放的博物馆、纪念馆、文化馆(站)、公共图书馆、美术馆的基础上,继续推动将工人文化宫、青少年宫、妇女儿童活动中心、科技馆、青少年活动中心等公共文化服务设施纳入免费开放范畴。

第二章 公共文化服务协调机制：
内涵、主要任务和意义

　　"十三五"时期，我国公共文化建设将处于大有作为的重要战略机遇期。从中央到地方，各级政府在这样一段继往开来、布局谋篇的关键时期，当务之急是切实把握构建现代公共文化服务体系的发展契机，系统规划设计公共文化资源整合的目标、任务、路径和路线图，以彻底解决这一制约公共文化服务体系建设的根本性问题，夯实发展根基。为了进一步促进公共文化资源的整合与开发，各级政府需要树立公共文化理念，坚持社会化驱动策略，对文化系统及全社会资源从组织体系、经费机制、资源配置、人员保障等方面进行深度整合，统筹推动跨部门、跨行政层级、跨区域组织体系共建共享、互联互通。①

第一节 公共文化服务协调机制的内涵

　　服务型政府服务的基本内容是提供公共产品和公共服务，其宗旨是为民兴利，促进社会稳定发展。目前，政府部门割据、职能交叉现象还在一定程度上存在，有事情要么抢着管，要么都不管，导致跨部门政府服务无法联动。②因此，建设公共服务型政府既要改变过去政府部门过多、分工过细、效率低下等弊端，使政府组成部门控制在适当的、合理的范围内，又要在对政府职能和

---

　　① 左艳荣：《资源整合：推动公共文化建设的当务之急》，《中国文化报》2015 年 4 月 18 日。
　　② 孟祥君：《构建服务型政府的路径选择》，《学术交流》2007 年第 2 期，第 39—44 页。

机构进行重组的同时进行创新，促进部门之间的协调与合作。① 打造服务型政府就是要进一步理顺政民关系、政企关系、政社关系，以协商、沟通的制度化为突破口，形成公共事务共同参与、共管共治的多中心治理机制。② 依法推进政府机构改革，理顺部门职责关系，建立健全部门协调配合机制，是建设服务型政府的重要基础。

　　跨部门合作的起因缘于专业化分工所带来的碎片化，但应当明确的是，之所以需要合作，就是为了互补，是借对方有而自己没有的资源来达成目标，实现合作双方的"共赢"。因此，合作的基础是各个部门职能的清晰划分而且没有交叉重叠。如果各个部门之间职能有重复，利益有冲突，就基本上失去了合作的可能。③ 在理论层面，由于关注焦点的不同，国外学者关于政府跨部门合作的研究成果形成各不相同的理论主张，大体上形成了四种观点："分工—协调"论、"结构—功能"论、"无缝隙政府"与"伙伴关系"论、"整体政府"论。④

　　而在实践层面，从结构的角度看，跨部门合作可以分为等级制和协商制两种形式。⑤ 等级制跨部门合作可以分成三种类型：第一种类型是积极采取自上而下的方式强力推动整体政府改革，如英国布莱尔政府的做法。第二种类型是强化或恢复中央权力，横向上促进中央各部门与专业机构的团结协作，纵向上强调中央政府对下属机构的控制。第三种类型是由首相或内阁建立新的组织机构以加强部门之间的合作，如新内阁/部委委员会，部际/部内或局际合作机构，府际委员会，核心机构，联合小组，高层网络组织，特别工作小组，跨部门计划或项目等。⑥ 协商式整体政府改革依据的是组织之间的差异性，它认为公共机构本身具有内在差异，不同机构拥有不同的组织架构，承担不同的角色职能，存在不同的利益追求。协商合作可能伴有领导职务或政府职能的重新调整，跨机构合作可以通过松散而系统化的协商予以实现。其中，下层组织

　　① 裴蓓：《建设服务型政府路径探讨》，《理论导刊》2007 年第 8 期，第 15—16 页。

　　② 燕继荣：《服务型政府建设：政府再造七项战略》，中国人民大学出版社 2009 年版，第 380 页。

　　③ 孙迎春：《国外政府跨部门合作机制的探索与研究》，《中国行政管理》2010 年第 7 期，第 102 页。

　　④ 张翔：《国外"政府部门间关系"研究：历史预置、理论主张与分析视角》，《社会主义研究》2012 年第 1 期，第 143 页。

　　⑤ March J G, Olson J P. Organizing political life: What administrative reorganization tells us about government. *American Political Science Review*, Vol. 77, No. 2, 1983, pp. 281-296.

　　⑥ Gregory R. All the king's horses and all the king's men: Putting New Zealand's public sector back together again. *International Public Management Review*, Vol. 4, No. 2, 2003, pp. 41-58; Halligan J, Adams J. Security, capacity and post-market reforms: Public management change in 2003. *Australian Journal of Public Administration*, Vol. 63, No. 1, 2004, pp. 85-93.

之间通过协同合作提供无缝隙服务或各级政府与社会的网络化治理模式,都在悄然替代注重程序的官僚体制。①

面对全球化和风险社会的压力以及民众对政府服务质量的更高期望,自20世纪90年代中后期以来,英国、澳大利亚和新西兰等国家在多元化公共管理思想指引下率先进行了政府改革运动。这轮改革的重点是从结构性分权、机构裁减和设立单一职能的机构转向"整体政府"(Whole of Government,WOG)。此后,加拿大、美国等国家的地方政府也进行了类似的政府改革探索。"整体政府"已成为当代西方国家政府改革的新趋向。②

整体政府和跨部门协调改革运动的目标是为了解决公民最感焦虑的复杂性问题和政府服务管理的碎片化问题,试图利用新的文化理念、工作方式、激励机制以及服务模式,最大可能地提升政府决策和服务供应的整体效力。③其核心是通过制度化、经常化和有效的"跨界"合作以增进公共价值,具体包括三种跨界协同:不同层级政府之间的"上下"协同,同一层级不同政府之间以及同一政府不同部门之间的"左右"协同,政府与企业和非政府组织间的"内外"合作。④

"整体政府"意味着这样一种政府改革的治理模式,即在公共政策与公共服务的过程中,采用交互的、协作的和一体化的管理方式与技术,促使各种公共管理主体(政府、社会组织、私人组织,以及政府内部各层级与各部门等)在共同的管理活动中协调一致,达到功能整合,并有效利用稀缺资源,为公民提供无缝隙服务的思想和行动的总和。提供优质的公共服务是"整体政府"的根本目的,政府机构功能的"整合"(integration)是其精神实质,各种方式的"联合"或"协同"(joined-up)、"协调"(coordination)则是其功能在管理上发挥作用的基本特征。⑤ 我国台湾地区的学者彭锦鹏从行政学发展的视角比较了传统官僚制、新公共管理和整体政府三种范式的基本内容(见表2.1),并指出"整体政府"在概念层次、组织层次、技术层次、人事行政层次等方面都产生了

---

① Considine M, Lewis J M. Bureaucracy, network, or enterprise? Comparing models of governance in Australia, Britain, the Netherlands, and New Zealand. *Public Administration Review*, Vol. 63, No. 2, 2003, pp. 131-140.

② 曾维和:《"整体政府"——西方政府改革的新趋向》,《学术界》2008年第3期,第285页。

③ 孙迎春:《国外政府跨部门协同机制及其对中国的启示》,《行政管理改革》2013年第10期,第64页。

④ 孙迎春:《发达国家整体政府跨部门协同机制研究》,国家行政学院出版社2014年版,第1页。

⑤ 曾维和:《"整体政府"论——西方政府改革的新趋向》,《国外社会科学》2009年第2期,第108页。

革命性的变动,是一种具有典范架构意义的行政学理论。

表 2.1　公共行政的三种范式比较

	传统官僚制	新公共管理	整体政府
时期	1980 年以前	1980 年—2000 年	2000 年以后
管理理念	公共部门形态管理	私有部门形态管理	公私合伙和中央地方整合
运作原则	政府实行功能性分工	政府功能部分整合	政府整合型运作
组织形态	层级节制	直接专业管理	网络式服务
核心关怀	依法行政	作业标准与绩效指标	解决人民生活问题
成果验证	注重输入	产出控制	注重结果
权力运作	集中权力	单位分权	扩大授权
财务运用	公务预算	竞争	整合型预算
文官规范	法律规范	纪律与节约	公务伦理与价值
运作资源	大量运用人力	大量利用资讯科技	线上治理
政府服务项目	政府提供各和服务	强化中央政府掌舵能力	政策整合解决人民生活事件
时代特性	政府运作的改进	政府引入竞争机制	政府制度与人民需求等高度整合

资料来源:彭锦鹏:《全观型治理:理论与制度化策略》,《政治科学论丛》2005 年第 23 期,第 61—99 页。

　　通过多元主体之间的平等、沟通、协商与协力,整体政府和跨部门协调实现对于优良治理绩效的追求,它改变了中央政府和地方政府的指挥命令关系,打破了行政区划的地理分割与刚性限制,超越了政府和市场的简单划分,弥合了国家与社会的分野疏离,是政府、企业、非营利组织等多主体参与的伙伴关系的建立和跨域治理的实现。[①] 借鉴西方国家的成功经验,结合我国的现实国情和区域现状,对于我国的跨域治理模式区分为中央政府主导模式、平行区域协调模式和多元驱动网络模式。这三种模式体现了不同阶段、不同驱使动力下的跨域治理,在治理主体、治理组织、治理类型、治理范围、协作伙伴类型方面都呈现出互不相同以及不断演进的特征(见表 2.2)。跨域治理模式作为多元主体协作治理实现的制度架构,要想使其高效运行还需要一套系统的制

---

① 张成福、李昊城、边晓慧:《跨域治理:模式、机制与困境》,《中国行政管理》2012 年第 3 期,第 103 页。

度设计加以保障,涉及治理意向的快速达成、治理过程的顺利开展、治理结果的科学评价以及治理行为的永续性经营。跨域治理作为一种治理模式的创新,在西方发达国家被广泛采用并展现了良好的治理绩效,但是跨域治理同样不是一种"完美制度",不可避免地存在制度局限,需要我们理性反思、积极面对并努力实现超越。

表 2.2　跨域治理模式

跨域治理模式	中央政府主导模式	平行区域协调模式	多元驱动网络模式
治理阶段	短期阶段	中期阶段	长期阶段
治理动力	政策驱动	利益驱动	议题驱动
治理主体	中央政府主导平行政府主体第三部门有限参与	中央政府指导平行政府主导第三部门广泛参与	中央政府监督平行政府参与第三部门深入参与
治理组织	派出机构组织	核心职能组织	综合职能组织
治理类型	政府间府际协作	政府间府际协作公私部门协作	政府、企业、非政府组织全方位合作
治理范围	区域规划、流域治理等合作性框架	经济发展、公共服务等实质性合作	公共危机、战略管理等区域协同发展
协作伙伴类型	资源共享	共同生产联合投资	协力合作

资料来源:张成福、李昊城、边晓慧:《跨域治理:模式、机制与困境》,《中国行政管理》2012年第 3 期,第 105 页。

数字时代背景下的社会治理强调信息技术的革新在公共治理中的作用,并将这些改革和进步广泛应用于公共服务中,从而更好地为公民服务。[①] 信息系统也是整体政府进行整体性运作,提供整合性公共服务的一个重要组成部分。现代信息技术是整体政府发挥作用的技术支撑。希克斯教授以新信息技术为基础,构建了一个整体政府的整合信息系统模型(见图 2.1)。这个模型实质上是一个以公民为中心,基于日常生活事务需要进行整合服务的公共服务信息系统。这个系统的基本原理就是通过信息技术把政府的各个层级与各个部分有机地整合起来,根据民众的需求提供整合服务。"整体政府"的精神实质是通过"整合"和"协调"将各个公共管理主体连接在一个整体架构中,从而为公民提供更加无缝的公共服务。因此,作为一种重要的公共服务,公共

---

① Dunleavy P, Margetts H, Bastow S, *Digital Era Governance*: *IT Corporations*, *the State*, *and E-Government*, Oxford: Oxford University Press, 2008, p. 217.

信息服务的供给也必须基于一个整体性的信息管理架构。[①]

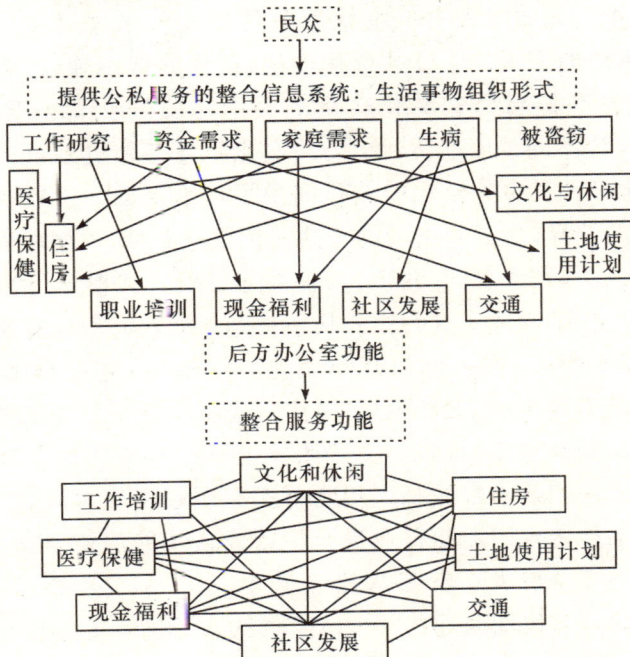

图 2.1 整体政府的整合服务信息系统

资料来源：曾维和：《后新公共管理时代的跨部门协同——评希克斯的整体政府理论》，《社会科学》2012 年第 5 期，第 41 页。

当代西方政府改革的组织创新呈现了一个从"企业家政府"到"整体政府"的发展逻辑，其组织创新的方法从经济学的企业化方法转向社会科学的结构功能主义方法。"企业家政府"组织模式通过企业化方法解决了传统官僚制组织模式过度集权所形成的结构僵化、效率低下的弊端，创新了一种分散化、独立化的组织结构，提高了行政效率，同时也产生了新的协调和合作问题。"整体政府"组织模式则通过结构功能主义方法加强组织机构间的协调和合作，实现了组织权力的适度集中，既有效地克服了"企业家政府"的限度，也体现了向

[①] 陈美：《面向整体政府的政府信息管理研究——以澳大利亚为例》，《中国行政管理》2014 年第 3 期，第 122 页。

官僚制组织模式更高程度的"回归"。①

西方学者把文化政策及公共文化服务的研究置于政府改革的大背景之下,探讨了改革的理论基础。公共选择理论、新公共管理理论、新公共服务理论以及治理理论等都对公共文化政策的制定与公共文化的管理产生了影响。② 这四种理论不同程度地传达出公共文化服务多种机制设计与选择的信号,为公共文化管理及服务模式的选择提供了理论基础。世界各国由于历史和文化等因素的差异,形成了不同的公共文化服务制度,主要可以分为三种模式。第一种是以法国、意大利、西班牙、葡萄牙、巴西、阿根廷、俄罗斯、日本等为代表的"政府主导"模式。这种模式从中央到地方政府均设有文化行政管理部门,地方隶属于中央,中央部门规定文化发展框架,制定整体发展目标。③第二种是以美国为代表的"市场主导"模式。政府对公共文化服务产品的提供主要通过市场机制来实现,对各类文化团体主要在政策法规上进行调节。比如美国对艺术机构和艺术家的私人捐赠等实行免税等优惠,以实现对文化事业的支持。对某种艺术门类和行业进行拨款或扶持的法律条文很少,对任何类型的文化资助完全取决于公司、基金会和个人。④ 第三种是以英国、澳大利亚等为代表的政府与民间共建的"分权化"模式。通过设置一级非政府的公共机构作为中介,使政府与民间保持"一臂之距"。三种公共文化服务模式的共同点是,即各国除政府部门外,都有大量的非政府组织和非营利组织,参与公共文化服务管理。发达国家的经验表明,建立公共服务型文化行政管理体制,形成政府与社会共同治理结构,是保障公共文化服务得以完善提供的一般模式。⑤

"一臂之距"原则(Arm's Length Principle)具有"垂直"和"水平"两种分权向度。所谓"垂直分权"涉及中央政府与其所属行政部门和各级地方政府的纵向分权关系:即一方面,中央政府将文化政策制定和实施的主要权力以及部分文化拨款的责任交给其所属的文化相关部门;另一方面,它还要求各级地方政府行使相应的权力或承担相关的责任。"水平分权"是指各级政府与文化方面

---

① 曾维和:《从"企业家政府"到"整体政府"——当代西方政府改革组织创新的逻辑及方法》,《华中科技大学学报》(社会科学版)2008 年第 5 期,第 61 页。
② 李景源、陈威:《中国公共文化服务发展报告(2007)》,社会科学文献出版社 2007 年版,第 80—83 页。
③ 赵迎芳:《国外公共文化服务体系建设及其对山东的启示》,《东岳论丛》2014 年第 4 期,第 185 页。
④ 王列生、郭全中、肖庆:《国家公共文化服务体系论》,文化艺术出版社 2009 年版,第 227—228 页。
⑤ 毛少莹:《发达国家的公共文化管理与服务》,《特区实践与理论》2007 年第 2 期,第 51 页。

的非政府公共组织的横向分权关系。这类组织是介乎政府与具体文化单位之间的一级中介机构。① 英国文化管理奉行"一臂之距"原则，具体表现为中央政府在其与接受拨款的文化艺术团体和机构之间，设置了一级非政府的公共机构作为中介，负责提供政策咨询、文化拨款的分配等协调事务。英国还提出艺术应在全国范围内发展的原则，对财政资源的地理和艺术形式的合理配置进行重估，调整国家、地区和地方的分配比例，以支持艺术在全国范围内的发展。② 以上措施促进了英国文化资源的合理分配和权力向地方、民间机构的必要分散。除英国以外，加拿大、澳大利亚、芬兰、瑞典和瑞士等国家也采用这一文化管理原则。"一臂之距"减少了政府机关的行政事务，从而提高了政府行政效率，另一方面，政府不直接参与文艺团体的运营，有利于监督检查，避免了腐败的产生。③

在中国，由于长期存在着地方分割、条块分割、部门分割的"分割文化"积淀，导致这种分散管理、分散提供服务的分割体制并没有因为信息技术的应用而使各类业务之间、城市政府各部门之间、城市政府各行政层级之间、大都市化区域内各城市之间、垂直部门与城市政府之间"碎片化"、"零碎化"的管理模式得到改进。④ 新中国成立 60 多年来的 9 次中央政府机构改革，在促进中央政府部际协调方面不仅积累了很多经验，也存在一些教训，例如部际协调呈现出较强的人格化倾向、部际协调主体的等级化倾向以及过度依赖议事协调机构的设置、部际协调缺乏连续性等等。这些教训都需要在以后促进政府部际协调的过程中以及行政体制改革中予以注意和吸取。⑤

同样地，公共文化服务体系建设协调机制的建立，也必须立足于当前我国公共文化事业的发展现状。现阶段我国公共文化服务体系建设存在的主要问题有：一是资源分散。公共文化服务体系建设存在多头管理、条块分割的问题，多个行政管理部门各自为政，管理中错位、越位、缺位同时并存，公共财政资金投向难以集中，造成公共文化资源分散，地方化、部门化、行政化的现象，

---

① 李少惠、余君萍：《西方公共文化服务体系综述及其启示》，《图书馆理论与实践》2012 年第 3 期，第 18—19 页。

② 范中汇：《英国文化》，文化艺术出版社 2003 年版，第 28—29 页。

③ 王列生、郭全中、肖夫：《国家公共文化服务体系论》，文化艺术出版社 2009 年版，第 263 页。

④ 蔡立辉：《信息化时代的大都市政府及其治理能力现代化研究》，人民出版社 2014 年版，第 14 页。

⑤ 曹丽媛：《建国以来中央政府部际协调的历史演进、基本经验及启示》，《南京社会科学》2013 年第 3 期，第 131 页。

有限资源难以有效整合发挥整体效益,重复建设和资源浪费现象严重。二是文化服务与公众需求不完全对接。只有建立以需求为导向的公共文化服务提供机制,建立健全自下而上的公共文化服务需求表达机制,才有可能确保公共文化服务的有效性。[①] 目前,符合人民群众欣赏习惯,为人民群众所喜闻乐见的内容产品比较缺乏,目前我国有为数不少的图书馆、文化馆处于空壳化状态。此外,大量没有真正需求或百姓并不"喜闻乐见"的产品有所积压,形成资源浪费。总体来讲,公共文化服务对广大群众的吸引力还不够,整体水平有待于提升。三是供给主体单一。我国公共文化服务仍以政府兴办的公共文化机构为主,营利组织参与公共文化服务缺少长期性和稳定性,而非营利组织如民间文艺团体、文化协会、文化基金会等应有的作用并没有充分发挥,公民参与公共文化的意识和能力有待提升。[②] 公共文化服务仅仅在行政体系内部运作,容易导致公共文化服务失去生机与活力,没有较好地形成服务的主体与对象的良性互动。

因此,公共文化服务协调机制,是指以一个部门为主体,多个公共文化部门参与,在一个组织框架下,公共文化服务部门之间相互作用、相互联系、相互制约的原则、方式和工作体系的总和。建立公共文化服务建设协调机制的重心在于建立一个妥善平衡各方利益关系的利益协调机制。[③] 纵观国内外公共文化服务协调机制的产生,总结起来主要存在以下四点动因:

一是协调公共文化部门利益平衡。"在现代化和市场化的进程中,各种利益群体分别有着自身的利益和要求,与此相适应,每个群体的独立意识都在增强。各个阶层、团体或社会成员为其利益获得国家权力的承认和保护展开合法性竞争,从而使基本权益的冲突日益显性化。"[④]二是协调公共文化服务合力共建。公共文化服务改革发展已进入关键时期,"单兵突进"愈来愈难以见成效。建立公共文化服务体系建设协调机制,有利于发挥各部门的积极性,充分彰显现代公共文化服务体系开放性、多元性、创新性的特征,提高公共文化服务效能,保障好、实现好、发展好广大人民群众的文化权益。三是协调公共文化资源共建共享。目前,我国公共文化服务资源分散在文化、文物、组织、宣部、文明办、教育、新闻出版广电、体育、民委、民政、科技、扶贫办、总工会、共青

---

① 蒯大申:《现代公共文化服务体系的内涵与基本特征》,《文汇报》2014 年 2 月 25 日。
② 阮可:《现代公共文化服务体系:理论与浙江实践》,浙江大学出版社 2014 年版,第 96—98 页。
③ 彭泽明:《国内外公共文化服务协调机制模式探析》,《上海文化》2014 年第 8 期,第 54 页。
④ 陈金钊、谢晖:《法律方法》(第一卷),山东人民出版社 2002 年版,第 30 页。

团、妇联、残联、科协等多个部门。这些部门都对公共文化服务体系建设具有重要的指导或保障职责,或承担着公共文化服务体系某一方面的具体工作任务。① 但是长期以来,公共文化服务多头管理,条块分割,各自为政,缺乏统筹;同一行业产业结构趋同,专业化分工协作水平低下,层次不高,造成竞争各方财力的巨大浪费。四是推动公共文化服务标准统一。公共服务标准化建设标志着公共服务提供方式由粗放型向精细化的转变。② 遗憾的是,我国公共文化建设和服务标准、规范、评价指标体系尚不健全。要解决这些突出困难和问题,关键就是要依托协调机制,把工作的重点放在制度设计和宏观统筹上来。

行政生态系统的优化和公共服务水平的提高,取决于行政部门功能整合的增强。我国公共文化资源分散在各部委、各区域中,彼此独立分离的机构垄断和割裂资源,使原本利益相关的机构无序竞争。"任何一个组织的绩效不良或任意两个组织之间的关系破裂,都会危害到网络的整体绩效。"③当代政府管理强调分工和专门化提升效率,满足服务的个性化要求,但部门分割和碎片化服务无法适应日益复杂的社会管理需求,也难以提供整合的无缝隙的公共文化服务。所以,政府应该作为一个整体采取行动。而建设和完善跨部门协调机制需要通过多方面的努力,需要不同层次配套制度的建设,需要同时在组织结构的科学性和相对稳定性、行政权力格局、部门分工明确性和合理性、干部任用制度、行政文化、绩效评估和问责制度等方面予以系统思考,系统设计。④

孤立封闭的系统难以应对外界变化,开放多元的行政系统才能提供优质的公共服务。政府体系内部不能依靠行政命令维系,而要尊重彼此利益,发挥专业特色,形成整体合力。从政府系统发展来讲,"重大的行政改革必须认真思考改变部门间的工作关系,同时又不对各自的组织认同产生实质性的影响"⑤。因此,要形成多方平等交流、信息及时共享、资源有序配置的政策网

① 彭泽明:《国内外公共文化服务协调机制模式探析》,《上海文化》2014年第8期,第53页。

② 郗爱红:《公共需求管理与公共服务标准化》,《北京行政学院学报》2012年第2期,第42页。

③ [美]斯蒂芬·戈德史密斯、威廉·D.埃格斯:《网络化治理:公共部门的新形态》,孙迎春译,北京大学出版社2008年版,第41页。

④ 孙迎春:《国外政府跨部门协同机制及其对中国的启示》,《行政管理改革》2013年第10期,第66页。

⑤ [美]尤金·巴达赫:《跨部门合作:管理巧匠的理论与实践》,周志忍、张弦译,北京大学出版社2011年版,第12页。

络,中央行政部门、地方政府之间实现超越条块、打破层级的多元互动,促成全方位顺畅沟通、信息互动、尊重信任、精诚合作。[①]

第二节　公共文化服务协调机制的主要任务

政府自身能力结构的进一步精细化存在时间和空间的局限,在资源进一步多元化和分散化的情况下,必须通过对外的资源交换,形成以互补的资源交换网络为基础的合作格局,以获得和整合服务能力,实现公共服务的目的。[②]

为贯彻落实党的十八届三中全会精神,根据全国宣传思想工作会议要求和中央领导指示精神,文化部、中宣部、中央编办、中央文明办、国家发展改革委、教育部、科技部、国家民委、财政部、人力资源社会保障部、国家质检总局、国家新闻出版广电总局、国家体育总局、国家文物局、国务院扶贫办、全国总工会、共青团中央、全国妇联、中国残联、中国科协、国家标准委等部门,成立公共文化服务体系建设协调机制,共同推动公共文化服务体系建设(各部委具体分工见表2.3)。

表 2.3　国家公共文化服务体系建设协调组成员单位职责任务分工

成员单位	职责任务
文化部	1.协调制定公共文化服务体系建设重大规划法规政策,以及牵头编制公共文化服务体系建设总体规划和标准。2.协调推进基本公共文化服务标准化均等化和社会化建设相关工作。3.承担国家公共文化服务体系建设协调组办公室日常工作。
中宣部	1.指导党的十八届三中全会和十七届六中全会有关公共文化服务体系建设重点任务的贯彻落实。2.指导公共文化服务体系协调机制建设。
中央编办	指导和协调公共文化服务机构编制工作。
中央文明办	1.协调推进公共文化服务与社会主义核心价值体系建设。2.把公共文化服务纳入文明城市、文明村镇创建基本指标,并加以实施。3.协调推动面向未成年人的公共文化服务。4.将文化志愿服务纳入志愿服务工作。
国家发展改革委	1.将公共文化服务体系建设纳入国家国民经济和社会发展"十三五"规划。2.指导编制国家基本公共文化服务保障标准。3.统筹重大公共文化设施建设项目。

---

① 蔡英辉、李阳:《论中央行政部门间的协同合作——基于伙伴关系的视角》,《领导科学》2013年第35期,第16页。
② 敬乂嘉:《合作治理——再造公共服务的逻辑》,天津人民出版社2009年版,第263页。

续　表

成员单位	职责任务
教育部	1.将公共文化服务专业人才培养纳入国民教育体系。2.指导中小学课外教育基地开展公共文化服务。3.推动农村中小学和文化站(室)共建共享。
科技部	1.推进文化与科技融合,推动科学技术在公共文化服务中的应用。2.确定并实施公共文化领域国家重大文化科技创新工程。
国家民委	1.将少数民族文化工作纳入民族工作整体规划和发展战略。2.协助推进少数民族地区公共文化服务体系建设,参与研究制定民族地区公共文化服务体系建设的相关政策措施。
财政部	1.研究建立基本公共文化服务体系建设和运行的财政保障机制。2.指导编制国家基本公共文化服务保障标准,牵头制定财政保障标准。
人力资源社会保障部	指导制定和完善公共文化队伍建设相关政策。
国务院扶贫办	1.将贫困地区公共文化建设纳入扶贫工作整体规划。2.协助推进贫困地区公共文化服务体系建设,参与研究制定贫困地区公共文化服务体系建设的相关政策措施。
国家质检总局国家标准委	1.协调推进公共文化服务国家标准建设,指导相关行业标准建设。2.统一审批发布公共文化管理、服务及质量标准,参与制定公共文化服务保障标准和评价标准。3.推进公共文化服务领域标准化技术委员会建设。4.协调推进公共文化服务质量体系建设,推进质量诚信、质量统计监测体系和品牌建设,建立社会满意度评价标准和制度。
国家新闻出版广电总局	1.牵头制定新闻出版广电公共文化服务建设规划和标准,并组织实施。2.继续推进国家重点文化惠民项目。
国家体育总局	1.牵头制定全民健身公共服务建设规划和标准,并组织实施。2.继续推进国家公共体育惠民项目,指导协调推进全民健身志愿服务。3.推进公共体育设施向社会优惠开放,参与基层综合文化服务中心建设,实现共建共享。
国家文物局	1.牵头推进博物馆标准化建设。2.推进各级各类博物馆免费开放工作。
全国总工会	1.推进职工文化和企业文化建设。2.参与制定推进农民工文化建设的相关政策措施。3.指导工人文化宫(俱乐部)免费开放工作。
共青团中央	1.协调推进青少年文化志愿服务。2.参与推进未成年人文化建设。3.推动团系统所属的青少年宫开展公共文化服务。
全国妇联	1.推进家庭文化建设与公共文化服务的融合。2.指导妇女儿童活动中心免费开放。3.统筹指导妇女儿童文化权益保障工作。4.参与推进文化志愿服务。

续 表

成员单位	职责任务
中国残联	1.统筹指导残疾人文化权益保障工作。2.支持公共文化机构为残疾人提供公共文化服务。3.参与残疾人公共文化服务标准制定。
中国科协	1.推动科学知识普及与公共文化服务的有机融合。2.推动科技馆免费开放。

资料来源:中华人民共和国文化部网站,《国家公共文化服务体系建设协调组成员单位职责任务分工》,2014年5月28日,http://www.mcprc.gov.cn/sjzz/ggwhsnew_sjzz/ggwhsnew_zcfg/201405/t20140528_433458.htm。

"部门间协调机制在实践中往往演变成为谋取部门利益,加强自身建设权威的方法,部门往往借领导之力,假协调配合之名,而谋自身利益之实,这在行政管理实践和政治博弈中是屡见不鲜的。"[1]合理配置权责和设定程序是防止滥用权力的组织基础。协调组应通过建立相互制约、相互监督的制度,不改变现行公共文化管理体制,不替代、不削弱有关部门现行职责分工,不替代市政府决策,重大事项按程序报市政府。围绕"构建现代公共文化服务体系"的总目标,本着"分工协作,共建共享;科学规划,服务基层;循序渐进,完善体系;重点突破,整体推进"的基本原则,该协调机制的主要任务包括:[2]

一是协调重大公共文化服务法律法规和政策规划的制定、实施和考核。(1)配合全国人大教科文卫委员会,共同推进公共文化服务保障法立法进程。(2)协调推进公共文化服务体系建设规划编制工作。将文化、新闻出版广电等相关工作纳入公共文化服务体系建设专项规划之中,统一部署,同步推进。(3)研究提出公共文化体制改革政策,推动公共图书馆、博物馆、文化馆、公益性出版单位等公共文化机构建立法人治理结构等。

二是协调推进基本公共文化服务标准制定、实施和考核。从国家基本公共文化服务保障标准、建设管理和服务标准、评价标准三个方面,研究制定国家基本公共文化服务重要标准,完善标准体系。以协调机制为平台,建立健全基层公共文化服务体系监督评估机制。制定公共文化服务评估考核标准,并对公共文化服务体系建设规划编制和实施进行指导、验收和考核,同时将各类

---

[1] 乔小明:《大部制改革中政府部门间协调机制的研究》,《云南师范大学学报》(自然科学版)2010年第4期,第73—78页。

[2] 中华人民共和国文化部网站:《公共文化服务体系建设协调机制工作方案》,2014年5月28日,http://www.mcprc.gov.cn/sjzz/ggwhsnew_sjzz/ggwhsnew_zcfg/201405/t20140528_433459.htm。

标准作为评估考核公共文化服务的重要依据。发布年度基本公共文化服务水平监测和评价报告。

三是协调建立稳定的公共文化服务投入保障机制。进一步落实政府主导责任，充分发挥财政资金作用，加大对公共文化建设的支持力度。按照国务院机构职能转变动员电视电话会议关于简政放权的要求，试点推进基层公共文化专项经费统筹，整合、规范公共文化专项转移支付项目，扩大一般性转移支付，为地方政府更好地履行公共文化服务职能提供财力保障。

四是统筹推进基层文化设施和文化项目的建设与管理。制定出台推进公共文化设施和资源共建共享的具体政策。进一步发挥市县基层政府在基本公共文化服务方面的统筹作用，整合县、乡公共文化设施资源，完善建设布局，提高服务效能。以实施各类公共文化设施互联互通为切入点，统筹县图书馆、文化馆（总馆）、乡镇（社区）综合文化站图书室（分馆）、村（居委）图书流通点和农家书屋及其他基层公共文化设施的资源配置，实现县域范围内以基层为重点的一体运行（见图 2.2）。整合基层公共服务设施，建设综合性文化服务中心和农民文化广场。

图 2.2　西藏实现村村有农家书屋

五是协调推进公共文化服务重大惠民项目。在中央和省级层面，协调编制项目发展规划，提出相互衔接、密切联系的建设标准和发展目标。在市、县和城乡基层重点研究建立统一的基层公共文化服务平台,做好各项重大文化惠民项目在基层的统筹实施和资源整合工作。对村村通、文化共享工程、农家书屋等已有重大惠民项目,进一步加大实施力度,推进融合发展,使其更好地继续发挥作用。重点以推进全国公共数字文化服务为契机,深化"广播电视户户通"、"文化信息资源共享工程"、"数字农家书屋"融合发展、进村入户。深入推进文化与科技融合,组织开展公共文化主题科技示范。研究实施面向农村未成年人的文化项目。对新设项目,强调在协调机制的统一框架下统筹安排。

六是协调推进公共文化人才队伍建设。加强各级各类公共文化队伍特别是城市街道和社区、农村乡镇的文化队伍建设。落实对行政村(居委)等基层自治组织文化管理员的补贴。建立县域城乡公共文化人员队伍建设的统筹机制,稳步提高基层公共文化队伍的素质和服务质量。

七是协调推进公共文化服务社会化。研究引入竞争机制,推动公共文化服务社会化的具体政策措施。鼓励社会力量、社会资本参与公共文化服务体系建设,培育文化非营利组织。广泛动员社会各方面力量,积极支持和参与各种形式的文化志愿服务。

八是统筹推进公共文化服务体系建设重大事项。近期重点推进三项工作:(1)推动下发关于加快构建现代公共文化服务体系的有关文件。以协调机制为依托,研究起草文件,明确构建现代公共文化服务体系的指导思想、目标任务、方针原则和具体措施。(2)以贫困地区为重点,加快推进公共文化服务体系均等化进程。根据中央要求,针对贫困地区公共文化建设现状,深入调研,摸清基础数据,开展试点,策划具体项目。(3)进一步推进公共文化机构免费开放,在目前已经实行免费开放的博物馆、纪念馆、文化馆(站)、公共图书馆、美术馆的基础上,继续推动将工人文化宫、青少年宫、妇女儿童活动中心、科技馆、青少年活动中心等公共文化服务设施纳入免费开放范畴。

国家公共文化服务体系建设协调组成立至今已先后召开了三次全体会议(见表2.4)。协调组按照《公共文化服务体系建设协调机制工作方案》明确的基本原则,落实责任,真抓实干,充分发挥各成员单位的职能作用,明确分工,各司其职,配合协作,形成齐抓共管的工作合力。文化部作为牵头单位,与各成员单位密切合作,树立全国公共文化服务体系建设"一盘棋"思想,本着"资源共享、优势互补、互惠互利、共同发展"的原则,从多个层面推进公共文化服务的深度融合发展。①

表 2.4　国家公共文化服务体系建设协调组全体会议召开情况

会议次别	会议时间	会议内容
第一次全体会议	2014 年 3 月 19 日	会议讨论了《公共文化服务体系建设协调机制工作方案》、《基本公共文化服务标准化工作方案》、《贫困地区公共文化服务体系建设工作方案》等文件,并审议通过了《国家公共文化服务体系建设协调组议事规则》和《成员单位职责分工方案》。
第二次全体会议	2014 年 9 月 1 日	文化部党组副书记、副部长、协调组办公室主任杨志就《关于加快构建现代公共文化服务体系的意见》和《国家基本公共文化服务保障标准》(审议稿)的起草修改情况做了说明。会议新增民政部、国土资源部、住房和城乡建设部、国家税务总局等 4 家单位为协调组成员单位,审议了《关于加快构建现代公共文化服务体系的意见》和《国家基本公共文化服务保障标准》(审议稿),通报了协调组成立以来的工作情况,并对下一步重点工作做了部署。
第三次全体会议	2015 年 4 月 7 日	会议审议通过了协调组贯彻落实《关于加快构建现代公共文化服务体系的意见》工作方案和分工方案,总结了协调组成立以来的工作情况,并对下一步重点工作做了部署。全国人大教科文卫委员会副主任委员吴恒介绍了公共文化服务保障法立法工作情况。

资料来源:笔者根据"人民网·文化频道"相关报道整理而成。

　　目前,全国各主要省市参照国家公共文化服务体系建设协调组模式,并结合各自实际,陆续建立起本省市的公共文化服务体系建设协调机制。以浙江省为例,经省委、省政府领导同意,省文化体制改革领导小组研究,浙江省公共文化服务体系建设协调组由省文化厅、省委宣传部、省编办、省文明办等 24 个厅(局)组成,省文化厅厅长担任召集人。《浙江省公共文化服务体系建设协调机制工作方案》(见附件 2-1)和《浙江省公共文化服务体系建设协调组成员单位职责分工》(见附件 2-2)是协调组推进全省公共文化服务体系建设的整体政

----

① 国务院新闻办公室门户网站:《文化部部长蔡武就成立国家公共文化服务体系建设协调组答记者问》,2014 年 4 月 1 日,http://www.scio.gov.cn/zhzc/3/1/Document/1367608/1367608.htm。

策措施。

在国家和地方层面建设公共文化服务体系协调机制,其根本目的就在于要整合公共文化服务资源,提高公共文化服务效能。[①] 公益性文化事业的发展是一项全面系统的文化惠民工程,它需要构建覆盖全社会的公共文化产品的供给和服务体系。从其供给与服务的主体上看,它主要涉及三方面力量即政府、公益性文化单位、企业等其他社会力量。公共文化服务的制度化、公共化、社会化的过程就是服务制度创新、服务机制创新和服务方式创新的过程。制度创新是前提,只有建立了较为完善的法律法规、政策措施,才能使公益性文化事业不偏离文化建设的正常轨道和发展目标。体制机制创新是根本,是提高服务效率、调动各方面劳动者积极性的关键因素。服务方式创新是服务过程中的重要环节,服务方式的层次化、多样化、便捷灵活化、实用高效是实现公共文化服务网络的理想目标。[②] 有鉴于此,对于今后一段时间各级公共文化服务体系建设协调机制的建立与完善,笔者提出如下建议:

一是树立公共文化服务的全局观念。要摆脱以部门为中心的狭隘视野,克服崇尚"长官意志"、"官本位"的旧观念,树立分工制和层级制的现代管理观念。要加强引导,推进建立现代公共文化服务体系建设主体多元化与共同治理格局。应正确处理公共文化服务与公共文化社会化、市场化的关系,以充分实现公共文化功能为目的,对参与公共文化服务体系建设的组织力量进行整合运用,要求各类型组织机构互相配合,发挥各自功效,实现共同治理,逐步形成政府主导,文化事业单位、企业、社区等多元社会主体共同参与、协商与对话的制度框架。[③]

二是优化公共文化服务的工作机制。协商议事是成员参与的一个重要渠道。在协调公共文化服务体系建设的重大问题时,需要结合实际,建立与完善多种议事协商制度,以实现协调组治理机制的逐步建立、内部系统的健康良性循环。[④] 要建立"政府主导、各方参与"的公共文化服务体系建设协调机制,统筹公共文化服务体系建设,突破自娱自乐、自说自话的文化工作理念,使公共

---

① 中国文化传媒网:《迫切需要建立公共文化服务体系协调机制》,2015 年 1 月 19 日,http://www.ccdy.cn/xinwen/gongong/xinwen/201501/t20150119_1050573.htm。

② 张谨:《文化建设的软肋:公益性文化事业与经营性文化产业发展的非协调性》,《前沿》2013 年第13 期,第 7 页。

③ 马云华、刘佳云、孙昱丹:《云南公共文化服务体系对策研究》,《学术探索》2014 年第 10 期,第 129 页。

④ 彭泽明:《重庆市建立公共文化服务体系协调组的重难点》,《上海文化》2014 年第 10 期,第 37 页。

文化服务建设实现开放性、持续性、协调性发展。把公共文化服务体系建设纳入科学发展考核评价体系，制定以绩效为核心、与经济社会发展相适应、与公共文化服务水平考核相符合的评估指标体系和评估程序。建立"资源整合、共建共享"的公共文化服务跨部门、跨区域、跨层级的交流合作机制，打破部门和区域壁垒，整合文化资源，促进不同形态、不同区域公共文化资源的交融与共享。

三是提高公共文化服务的供给能力。公共文化服务要由单独性品牌向综合性品位纵深构建努力，进一步加强对公共文化服务产品供给的统筹规划、布局，加强引导、指导，提升特点特色，逐步放大文化品牌的辐射带动效应，向纵深推进，保持公共文化的旺盛生命力和广泛参与率。要在创新文化制度条件的过程中寻找到更多公共文化服务的现代工具，密切关注科技与文化深度融合所带来的积极社会后果与文化发展机遇。探索民间文化资源的组织整合和系统化建设，把分布在民间的传统文化资源和群众文化资源系统组织起来，有选择、有重点地发展培养成区域性文化品牌，使之逐步成为政府公共文化服务的重要组成部分。发动群众参与文化生产活动，把本来作为现代公共文化服务客体的群众转化为主体，发挥基本公共文化活动的教育功能和文化整合功能。[1]

四是健全公共文化服务的参与机制。建立参与机制的目的就是了解公众的需求状况，让公众对文化需求有表达和参与的平台。政府和公共文化管理部门要深入调查，广泛搜集，通过设立公众代表、建立咨询台、网络互动等多种形式，健全公共文化需求的反馈机制。它直接关系到公共文化产品和公共文化服务供给与群众多样化文化诉求的契合程度，防止和改变公共文化产品和服务供给与群众多样化文化诉求目标错位、需求结构不对称的现象，也是保障公共文化服务供给的公平和效率，推动公共文化服务的均等化、促进文化民生的有效手段，有利于保障公众的参与权、决策权、表达权和监督权，有利于促进公共文化服务体系建设的民主化、科学化，有利于建设"来之于民，用之于民，服务于民，惠及于民"的公益性原则，推动其良性发展。[2]

五是搭建公共文化服务的共享平台。统筹资源，不仅要着眼于公共文化服务的有形硬件建设，也要注重新型数字化综合服务平台的搭建。一方面，建

---

① 兰凯军：《建立健全现代公共文化服务体系的路径》，《光明日报》2014年3月2日。

② 李秀娟、高敏：《公共文化服务体系供需契合机制建设路径》，《现代商业》2014年第2期，第278页。

设互联互通的数字化公共文化服务平台,如结合智慧城市、宽带中国等信息工程建设,整合不同地区、不同行业、不同部门数字资源,建设全国统一的公共文化服务数字网络平台。另一方面,文化部门应加强和电信等部门的协调合作,创新公共文化服务数字化保障机制。加快推进"三网融合",确立国家技术标准,打破行业壁垒,建立公共文化数字化服务、跨平台机制,建立开放式数字文化内容供给模式,创新公共文化数字化资源整合机制,实现网络服务内容共建共享。[1] 此外,在政府部门间建立起顺畅的信息沟通网络和方便快捷的信息共享机制,有助于及时相互交流,消除障碍,统一认识与行动,为部门协调合作奠定坚实的基础。利用现代网络技术,"构筑多维度信息和知识共享的网络平台,实现不同层级政府的整合、机关内部不同部门间的整合、不同政府网页的整合,甚至政府与社会的连接和整合"[2],将是今后政府部门间有效沟通的主要方式。跨部门政府信息资源共享是实现协同型电子政务的关键,需要重组现有的政府组织结构和业务流程,它是一场深远的政府运行体制革命。[3]

全国文化信息资源共享工程自 2002 年 4 月起开始实施,是文化部、财政部共同组织实施,并得到中央政府高度重视的一项重点文化创新工程(见图 2.3)。该工程将中华优秀文化信息资源进行数字化加工和整合,通过工程网络体系,以互联网、卫星网、有线电视/数字电视网、镜像、移动存储、光盘等方式,实现优质文化资源在全国范围内的共建共享。[4] 十余年来,通过全国文化信息资源共享工程的实施,覆盖城乡的服务网络基本建成,数字资源初具规模,传输模式不断完善,惠民服务扎实推进,成功开辟了一条符合国情、符合时代发展方向、符合广大基层群众需求的公共数字文化服务新途径。[5] 全国文化信息资源共享工程既是一项文化建设项目,也是一项政府工程,针对该工程面临的主要问题,应充分发挥政府的主导和促进作用,制定一系列高效政策,加强信

---

① 和讯网:《把脉现代公共文化服务体系建设》,2014 年 9 月 3 日,http://news. hexun. com/2014-09-03/168156871. html。

② 刘华安:《从官僚制到整体性治理中的政府责任研究——兼论基于网络治理的矫正路径》,《探索》2012 年第 4 期,第 151 页。

③ 樊博:《跨部门政府信息资源共享的推进体制、机制和方法》,《上海交通大学学报》(哲学社会科学版)2008 年第 2 期,第 19 页。

④ 李挺:《浅析我国文化信息资源共享工程资源建设的特点及其保障》,《图书馆论坛》2009 年第 4 期,第 87 页。

⑤ 中国文明网:《全国文化共享工程十周年交出满意答卷》,2012 年 12 月 18 日,http://www. wen-ming. cn/whhm_pd/yw_whhm/201212/t20121218_988928. shtml。

息资源深加工和信息人才的培养，推动信息网络的普及与应用，以取得良好的社会效益和经济效益。[①]

图 2.3　全国文化信息资源共享工程十周年活动现场

　　六是推进公共文化服务的立法工作。在政府协调机制建设的过程中，创建一个良好的协调环境非常必要。一个完善的制度环境要有一个健全的法律体系来保障，需要有全面规范的政策和规则作为其实施和执行的依据。一些西方国家已形成了完善的行政协作制度，以法律形式对机构之间的协助行为做出明确规定，使各部门互相支持配合的责任和义务法定化，如美国 1946 年颁布的《联邦行政程序法》、德国 1976 年颁布的《行政程序法》等。相比而言，目前我国还缺少专门关于行政系统内部部门协调的法律法规，今后要积极推进公共文化服务协调的法制化进程，加快公共文化立法，制定有关公共文化协调机制的法律，规定协调机构的设置条件、协调范围、协调方式和协调程序，明确规定各部门具有配合其他相关部门的权力和责任。[②]

----

① 郭平、张楚婕：《文化信息资源共享工程建设研究》，《情报科学》2007 年第 8 期，第 1162 页。
② 高轩、朱满良：《我国政府部门间协调问题探讨》，《成都行政学院学报》2010 年第 1 期，第 7 页。

第三节　公共文化服务协调机制的意义

推进公共文化服务体系建设协调机制的建立,必须立足当前公共文化服务体系建设实际,完善党委领导、政府管理、部门协同、权责明确、统筹推进的公共文化服务体系建设管理制度。各地方应建立健全党委统一领导、党政齐抓共管、宣传部门组织协调、有关部门分工负责,社团组织和社会力量积极吸纳的工作体系和工作格局,破除部门壁垒,逐步建立起统一、高效、制度化的现代公共文化服务体系建设统筹协调机制。[①]

作为一种超越新公共管理的政府治理新模式,协调机制意味着在公共决策与公共服务过程中,需要发展互动式、协作性和整体化的管理方式与技术,促使各种公共管理主体在公共管理流程中协同工作,达到再造功能整合、有效利用稀缺资源、为公民提供无缝隙服务的服务型政府。[②] 笔者认为,协调机制对于推进现代公共文化服务体系建设具有以下意义:

一、有利于提高文化部门的行政效率

从系统论的观点看,决定一个系统功能的不仅是构成系统的各要素的状况,更重要的是各要素之间相互联系、相互作用的方式。政府是由各职能部门组成的系统,部门间的关系状况直接影响到行政效率。如果各部门缺乏协调或协调不力、相互隔绝,许多事务就只能分别由各部门单独去做,出现各自为政、政出多门的现象,这必然会影响行政效率的提高。[③] 服务型政府是我国政府改革的方向,服务型政府服务的基本内容是提供公共产品和公共服务,而公共文化产品与服务的提供更需要部门间的协调配合。建设公共服务型政府既要改变过去政府部门过多、分工过细、效率低下等弊端,使政府组成部门控制在适当的、合理的范围内,又要在对政府职能和机构进行重组的同时进行创新,促进部门之间的协调与合作。[④] 树立开放协同型的行政文化,要求政府各

---

① 中华人民共和国文化部网站:《现代公共文化服务体系建设50问》,2015年2月11日,http://www.mcprc.gov.cn/sjzz/ggwhsnew_sjzz/ggwhsnew_zcfg/201502/t20150211_439060.htm.

② 吕志奎、孟庆国:《公共管理转型:协作性公共管理的兴起》,《学术研究》2010年第12期,第36页。

③ 高轩、朱满良:《我国政府部门间协调问题探讨》,《成都行政学院学报》2010年第1期,第4页。

④ 裴蓓:《建设服务型政府路径探析》,《理论导刊》2007年第8期,第15—16页。

部门不断培养战略思维、系统思维，树立整体观念、大局观念和伙伴关系观念。虽然这种行政文化的形成是漫长的，但一旦形成甚至在实践过程中都能够发挥导向、凝聚和整合的功能，可以将具有不同理念和利益的部门及部门成员团结起来，并使他们产生合作行为。[①] 协调机制的建立，有助于构建以公益目标为导向、内部激励机制完善、外部监管制度健全的治理结构和运行机制，协调文化系统及全社会的资源和力量，更好地统筹公共文化设施网络和服务体系建设。

二、有利于彰显文化部门的公共属性

政府的公共性是政府的本质属性，是现代政府的核心价值理念。政府产生、存在的目的是为了公共利益、公共目标、公共服务以及创造具有公益精神的意识形态，其实质就是政府将公民的利益作为公共行政的首要原则，切实维护公共秩序，实现公共利益。正如哈贝马斯所指出的："国家是'公共权力'机关。它之所以具有公共性是因为它肩负着为全体公民谋幸福这样一种使命。"[②]部门是政府的组成部分，政府设置部门的意义在于达成政府的目的。然而按照固定专业化分工所形成的各部门如果只负责极小范围的公共事务，相互分离，相互封闭，就会造成政府管理的碎片化。公共管理的碎片化和公共利益的部门化严重削弱了政府在公共文化服务领域的公共性。要破解这些问题，应从建设国家层面的公共文化统筹协调机制着手，对公共文化资源、资金、人才队伍、管理服务等进行统筹规划、合理配置，全面提高公共文化服务效能。[③] 协调机制的建立，可以避免"鸽笼式"管理方式，克服部门的独立性，减少部门的利益冲突，有助于更好地实现文化部门的公共性。

三、有利于提升公共文化的服务效能

在新的历史转型期，我国政府所面临的治理环境是一个涉及政治、经济、文化和社会多方面变革、复杂而系统的现代化转型环境。在这样一个"关系万千重"的变迁过程中，需要有符合政府能力发展的合理规划与务实构造，以利

---

① 高轩：《我国政府部门间关系构建的协同学探析》，《河南师范大学学报》（哲学社会科学版）2014年第1期，第59页。

② ［德］尤尔根·哈贝马斯：《公共领域的结构转型》，曹卫东等译，学林出版社1999年版，第2页。

③ 《加强公共文化服务统筹协调》，《光明日报》2014年3月5日。

于达成和谐与可持续的发展远景。① 加快建设覆盖城乡的公共文化服务体系，更好地保障人民群众的基本文化权益，这项工作针对13亿人，具有普惠性质，是当前文化工作中最重要的任务。同时，公共文化服务体系建设也是一项跨部门的系统工程，是全社会的共同责任，要靠各部门、各单位乃至全社会共同努力才能做好。协调机制的建立，为更好地推进公共文化服务发展搭建了平台，必须以协调机制为依托，从整体上谋篇布局，把全面深化文化体制改革的各环节协同起来，聚合各方面力量，构建系统完善、科学规范、运行有效的制度体系。② 通过顶层制度设计和整体政策措施，汇聚各方力量和资源，建立政府、市场、社会的良性互动机制，使公共文化服务从单一系统的"内循环"逐步转为面向社会的"大循环"，从而进一步提高公共文化发展水平，③有效提高政府的文化治理能力，不断提升公共文化的服务效能。

四、有利于构建政社合作伙伴关系

随着社会的发展，社会公共事务变得越来越复杂多变，传统的以政府和市场为中心的社会管理模式，已经无法适应社会发展的需要，合作治理模式正是在这种形势下应运而生。④ 20世纪80年代以来，蓬勃兴起的志愿性非营利部门逐渐确立了公共服务提供的独立地位，公共服务提供的跨界合作则通过权力共享机制整合市场组织和第三部门的力量，加上作为最终的公共服务接受者的公民，形成了联动化的公共服务主体结构。⑤ 纵观全球，政府与其他公共部门、私人部门和非营利部门开展协作已成趋势。准自治非政府组织、网络和伙伴关系在公共服务供给中已成为普遍的组织结构和制度形式，不同的利益相关组织形成相互嵌入的形态，共同开发共享的目标。⑥ 公私合作及非营利

---

① 黄建洪：《现代化进程中的政府能力发展：一般规律与中国选择》，《社会科学研究》2010年第4期，第59页。

② 《20个部门合力推动公共文化事业发展 国家公共文化服务体系建设协调组成立》，《中国文化报》2014年3月20日。

③ 《协同推进、融合发展，努力构建现代公共文化服务体系——文化部部长蔡武就成立国家公共文化服务体系建设协调组答记者问》，《中国文化报》2014年4月1日。

④ Edelenbos J, Teisman G R. Public-private partnership: on the edge of project and process management. Insights from Dutch practice: the Sijtwende spatial development project. *Environment and planning. C, Government & policy*, Vol. 26, No. 3, 2008, p. 614.

⑤ 唐任伍、赵国钦：《公共服务跨界合作：碎片化服务的整合》，《中国行政管理》2012年第8期，第18页。

⑥ 秦长江、胡伟：《协作性公共管理：创新、局限与启示》，《上海行政学院学报》2012年第5期，第17—19页。

组织的介入也可成为加强横向联系、有效协调地方政府间关系的有效途径,与跨地区联合组织共同组成多元化治理机制的重要内容。[①] 作为改善公共服务提供效率和质量的一种制度安排,在公共文化服务领域也可以引入市场化和社会化机制,按照提供者、生产者和消费者相分离的原则,政府把公共文化服务的生产职能以法规、合同或购买服务等方式委托给私人部门或事业单位,搭建政府、民营文化企业和非营利性文化组织共同提供服务的协作平台。而政府在公共文化服务提供过程中的主要职责是确定公共服务项目的数量和质量标准,强化对公共文化服务供给过程与效果的监管和评估。[②] 伙伴关系从根本上改变了新公共管理改革中的那种分散化、独立化的组织结构,有效地实现了组织间的资源整合与政策整合。在资源整合中,对伙伴间的资源消费进行协作与整合,评价资源消费的价值,增加其效率和效能;在政策整合中,促使伙伴各方的不同观点发展成一种协同的意见,实现解决问题的创新观点、维持伙伴之间文化与目标的原始差异。[③]

在建设现代公共文化服务体系的过程中,多元化供给网络实现的前提是统筹协调发展,摒弃局部或个体发展。这一组织架构也是化解政府间利益冲突的利器,通过把利益相关者聚合在一起,在求同存异、互利共赢的基础上催生出协同效应,使利益主体具有更高的全局化站位。[④] 结合我国国情,可以建立一种政府主导、上下联动、部门合作、社会协同与公众参与的协作性公共文化服务机制。借助这一协调机制,实现政府组织与社会组织无缝隙合作,切实提高整合性公共服务提供能力,以满足公众日益增长的复杂性公共服务的需求,提升整合性公共服务的能力。[⑤]

公共文化服务体系建设协调机制的建立,是一项创新性的工作,需要不断地进行理论和实践的探索。由于国内外的理论研究和实践样本不多,加上发展规划、政策法规、标准规范、绩效评价等长期缺乏统筹,国家和地方层面建立

---

① 康丽丽:《对地方政府间横向关系协调机制的探析》,《行政论坛》2007 年第 5 期,第 30 页。

② 孟庆国、吕志奎:《协作性公共管理:对中国行政体制改革的意义》,《中国机构改革与管理》2012 年第 2 期,第 37 页。

③ Jupp B, *Working Together: Creating a better Environment for Cross-sector Partnership*, Demos: The Panton house, 2000, pp. 13-14.

④ 赵新峰、袁宗威:《京津冀区域政府间大气污染治理政策协调问题研究》,《中国行政管理》2014 年第 11 期,第 22 页。

⑤ 曾维和:《协作性公共管理:西方地方政府治理理论的新模式》,《华中科技大学学报》(社会科学版)2012 年第 1 期,第 54 页。

公共文化服务体系协调组运行中的困难和问题仍然存在。理论界和实践界需要遵循协调机制的学理，按照工作原则、风险规避、主要内容、工作流程的宏观框架，[①]结合各地实际，探寻适合在全国推广实施的模式案例，为探索优化科学的协调路径提供方法论指导，不断推动公共文化服务协调机制的实践操作。

现代公共文化服务体系是集政府高效管理、市场良性运作、社会积极参与和个人有效赋权为一体的有机整体。[②] 在新的治理时代，文化体制改革是当前的迫切任务，建立公共文化服务体系建设，协调机制的目的在于集中力量解决公共文化服务体系建设中的突出问题。协调机制内部各个部门要打破"一亩三分地"的思维定式，根据职能分工和资源优势，坚持信息互通、资源共享、协调有序、优势互补原则，努力实现政策制定协同化、资源配置最优化、服务管理集约化，发挥公共文化政策和资源的综合效益。[③]

---

① 彭泽明：《重庆市建立公共文化服务体系协调组的重难点》，《上海文化》2014 年第 10 期，第 41 页。
② 中国经济网：《张永新：构建现代公共文化服务体系的重点任务》，2014 年 4 月 22 日，http://views.ce.cn/view/ent/201404/22/t20140422_2701959.shtml。
③ 《江西成立公共文化服务体系建设协调组》，《中国文化报》2014 年 9 月 17 日。

附录 2-1

浙江省公共文化服务体系建设协调机制工作方案

为贯彻落实党的十八届三中全会和省委十三届五次、六次全会精神,根据中办、国办《关于加快构建现代公共文化服务体系的意见》的要求,参照国家公共文化服务体系建设协调机制做法,结合我省实际,制定以下工作方案。

一、主要目标

围绕"构建现代公共文化服务体系"的总目标,建立部门职责明确、分工协作、目标清晰、统筹有力、运转有效的公共文化服务协调机制,实现以下具体目标:在管理体制上,明确层级职责,解决政府规划和部门协调问题;在资源利用上,集约集成,优势互补,共建共享;在科技创新上,推进文化与科技融合,提升公共文化服务科技水平;在队伍建设上,配齐人员,专兼结合,综合使用,注重发挥文化志愿者作用;在经费保障上,统筹管理和使用,扶持推动重点县基本公共文化建设;在服务管理上,统一标准,加强规范,提高质量,良性运行,促进我省基本公共文化服务标准化、均等化,显著提升公共文化服务效能,确保人民群众的参与度和满意度明显提高。

二、主要任务

1. 协调推进全省重大公共文化政策、规划的制定和实施。一是协调推进《浙江省加快构建现代公共文化服务体系的实施意见》、《浙江省基本公共文化服务标准》、《浙江省实施基本公共文化服务标准化均等化行动计划(2015—2020)》等政策文件制定出台。二是协调推进公共文化服务体系建设规划编制工作,明确未来五年的工作重点,推动纳入我省经济社会发展规划,统一部署,同步推进。

2. 协调推进国家试点工作。审议通过相关试点工作方案,在全省部署开展浙江省公共文化服务标准化试点工作和浙江省基层综合性文化服务中心建设试点工作。公共文化服务标准化试点要形成具有浙江特色的标准体系,创新公共文化服务运行机制,研究推出浙江经验。浙江省基层综合性文化服务中心建设试点要在机制建设上加强探索,更好地形成"建管用"一体化运行机制。指导浙江图书馆和温州市图书馆做好公共文化机构法人治理结构改革试点工作,积极稳妥开展公共文化体制改革探索。结合时间节点,适时对三项国家试点工作的落实情况进行督导。

3.协调推进基本公共文化服务标准实施和考核。以协调机制为平台,以浙江省基层公共文化服务评估体系为基础,建立健全浙江省基本公共文化服务标准化均等化评估考核机制,制定相应考核办法。根据评估考核情况,分别确定基本公共文化服务标准化示范县、达标县和重点县,进行分类管理。编制发布浙江省基本公共文化服务标准化均等化年度报告,引导各地加强公共文化服务。

4.协调建立稳定的公共文化服务投入保障机制。进一步落实政府主导责任,充分发挥财政资金作用,加大对公共文化建设的支持力度,建立稳定增长的公共文化服务财政保障机制。对浙江省公共文化标准化重点县给予重点扶持,进一步提高其公共文化服务水平,推动基本公共文化服务均等化。

5.协调推进公共文化服务重大惠民项目。协调编制项目发展规划,提出相互衔接、密切联系的建设标准和发展目标。依托基层公共文化服务平台,做好各项重大文化惠民项目在基层的统筹实施和资源整合工作。对村村通、文化共享工程等已有的重大惠民项目,进一步加大实施力度,融合发展,使其更好地继续发挥作用。重点以推进全国公共数字文化服务为契机,深化"广播电视村村通""文化信息资源共享工程""数字农村书屋"融合发展,进村入户。深入推进文化与科技融合。研究实施面向农村未成年人的文化项目。对新设项目,强调在协调机制的统一框架下统筹安排。

6.协调推进公共文化人才队伍建设。加强各级各类公共文化机构特别是乡镇和村、社区文化队伍建设。建立公共文化人才教育培训体系,稳步推进公共文化从业人员持证上岗制度,提升公共文化队伍的素质和文化服务能力。

7.协调推进公共文化服务社会化。研究引入竞争机制,推动公共文化服务社会化的具体政策措施。鼓励社会力量、社会资本参与公共文化服务体系建设,培育文化非营利组织。广泛动员社会各方面力量,积极支持和参与各种形式的文化志愿服务,成立浙江省文化志愿者总队。

8.统筹推进全省现代公共文化服务体系建设的其他重大事项。

三、工作机制

为加强各有关部门的统筹协调,整合资源,形成合力,成立浙江省公共文化服务体系建设协调组。协调组在省文化体制改革领导小组领导下工作,主要由省文化厅、省委宣传部、省编办、省文明办、省发改委、省教育厅、省科技厅、省民宗委、省民政厅、省财政厅、省人力资源社会保障厅、省国土资源厅、省住房和城乡建设厅、省地税局、省质监局、省新闻出版广电局、省体育局、省文物局、省扶贫办、省总工会、团省委、省妇联、省科协、省残联等 24 个部门组成。

协调组由省文化厅厅长担任召集人,各成员单位一名分管厅级领导和一名有关处室负责人分别为协调组成员和联络员。协调组办公室设在省文化厅,主要负责征集需要协调组讨论决定的重要议题,贯彻落实协调组研究决定的各项决策和部署,以及相关日常工作。

协调组重点围绕浙江省公共文化服务体系建设开展工作,不改变现行公共文化管理体制,不替代、不削弱有关部门现行职责分工。协调组按照"集体讨论、协商一致"的原则形成会议纪要,明确会议议定事项。

四、2015 年工作要点

1.积极贯彻中办、国办《关于加快构建现代公共文化服务体系的意见》,适时召开全省构建现代公共文化服务体系工作会议,部署落实相关工作。

2.结合浙江实际,研究出台《浙江省加快构建现代公共文化服务体系的实施意见》,制定《浙江省基本公共文化服务标准》。

3.推动公共文化服务标准化建设试点工作、基层综合性文化服务中心建设试点工作,为全国构建现代公共文化服务体系工作提供浙江经验。

4.指导我省文化事业单位法人治理结构改革试点工作。

5.指导浙江省公共文化服务体系建设"十三五"规划编制工作,明确未来五年的工作重点,并推动纳入我省经济社会发展规划。

6.研究建立浙江省基本公共文化服务标准化均等化考核评估体系,制定相应考核办法,开展动态管理,推动我省基本公共文化服务标准化均等化工作的落实。

7.根据评估考核情况,分别确定基本公共文化服务标准化示范县、达标县和重点县。对示范县,鼓励其发挥示范作用,创新公共文化服务机制,为全省公共文化服务体系建设提供经验;对达标县,鼓励其进一步提升公共文化服务水平;对重点县,给予重点帮扶,加大资金、人才、项目扶助力度,使重点县的基本公共文化服务水平得到较大提升。

附录 2-2

浙江省公共文化服务体系建设协调组成员单位
职责分工

省文化厅

1.协调制定全省公共文化服务体系建设规划法规政策。

2.协调推进全省基本公共文化服务标准化均等化和社会化建设相关工作。

3.协调研究建立全省基本公共文化服务体系建设和运行机制等相关工作。

4.承担省公共文化服务体系建设协调组办公室日常工作。

省委宣传部

1.指导党的十八届三中全会和省委十三届五次、六次全会有关公共文化服务体系建设重点任务的贯彻落实。

2.指导以农村文化礼堂为核心的基层综合性文化服务中心建设。

3.指导公共文化服务体系协调机制建设。

省编办

指导和协调全省公共文化服务机构编制工作。

省文明办

1.协调推进全省公共文化服务与社会主义核心价值体系建设。

2.把公共文化服务纳入我省文明城市、文明村镇创建基本指标,并加以实施。

3.协调推动面向未成年人的公共文化服务。

4.将文化志愿服务纳入志愿服务工作。

省发改委

1.将公共文化服务体系建设纳入全省国民经济和社会发展"十三五"

规划。

　　2.参与指导编制浙江省基本公共文化服务保障标准。

　　3.统筹全省重大公共文化设施建设项目。

省教育厅

　　1.将公共文化服务类专业人才培养纳入全省国民教育体系。

　　2.推动我省农村中小学和文化站(室)共建共享。

省科技厅

　　1.推进文化与科技融合,推动科学技术在全省公共文化事业中的应用。

　　2.组织实施公共文化领域重大文化科技创新工程。

省民宗委

　　1.将全省少数民族文化工作纳入民族工作整体规划和发展战略。

　　2.协助推进少数民族地区公共文化服务体系建设,参与研究制定民族地区公共文化服务体系建设的相关政策措施。

省民政厅

　　1.指导和协调文化类社会组织管理工作。

　　2.协调城乡社区文化建设工作。

省财政厅

　　1.研究建立全省基本公共文化服务体系建设和运行的财政保障机制。

　　2.参与指导编制浙江省基本公共文化服务保障标准。

省人力资源和社会保障厅

　　指导制定和完善全省公共文化队伍建设相关政策。

省国土资源厅

　　1.制定公共文化设施土地使用标准。

　　2.研究和制定公共文化设施用地保障政策。

省住房和城乡建设厅

　　1.研究制定城乡公共文化设施建设规划;

2.牵头制定公共文化设施建设标准。

省地税局

制定并落实公共文化服务体系建设相关税收政策。

省质监局

1.协调推进全省公共文化服务标准体系建设,指导公共文化相关行业开展标准化工作。

2.按照标准化法律法规规定,负责公共文化服务领域地方标准制(修)订的计划、审批、编号和发布,统一管理该领域地方标准工作。

省新闻出版广电局

1.牵头制定全省新闻出版广电公共文化服务建设规划和标准,并组织实施。

2.继续推进相关重点新闻出版广播影视惠民项目。

省体育局

1.牵头制定全省全民健身公共服务建设规划和标准,并协调推进相关工作。

2.继续推进公共体育惠民项目,指导协调推进全民健身志愿服务。

3.推进全省公共体育设施向社会优惠开放,参与基层综合文体设施建设,实现共建共享。

省文物局

1.牵头推进博物馆标准化建设。

2.推进各级各类博物馆免费开放工作。

省扶贫办

1.将文成等12个重点县公共文化建设纳入省特别扶持工作整体规划。

2.协助推进我省淳安等26县公共文化服务体系建设。

省总工会

1.推进全省职工文化和企业文化建设。

2.参与制定推进农民工文化建设的相关政策措施。

3.推动并指导全省工人文化宫（俱乐部）逐步免费开放工作。

团省委

1.协调推进全省青少年文化志愿服务。

2.参与推进全省青少年文化建设。

3.参与推动并指导团系统所属的青少年宫逐步免费开放工作。

省妇联

1.推进家庭文化建设与公共文化服务的融合。

2.推动并指导全省妇女儿童活动中心逐步免费开放工作。

3.统筹指导妇女儿童文化权益保障工作。

4.参与推进文化志愿服务。

省科协

1.推动科学文化与公共文化服务的有机融合，加大科学思想和科学精神的传播。

2.推动并指导省内隶属科协系统的科技馆逐步免费开放工作。

3.协调推进全省科技工作者科学文化志愿服务。

省残联

1.统筹指导全省残疾人文化权益保障工作。

2.支持公共文化机构为残疾人提供公共文化服务。

3.参与残疾人公共文化服务标准制定。

第三章 传统文化资源的现代转换：
运河文化名区发展战略

　　全球化所带来的制造业布局重构使得众多的西方城市面临着内城衰退以及经济结构性等问题。在此背景下，以文化为导向的城市更新模式于 20 世纪 70 年代应运而生。① 区别于通过直接吸引资本以产生巨大物质改善的地产导向模式，文化导向模式更注重除资本以外城市资源的利用，将文化视为"复兴的催化剂与引擎"，强调文化政策对文化旅游的推动和对空间场所的营销，进而实现广泛的社会经济综合目标。② 如今，文化或被贴上文化标签的媒介，已经成为城市发展的重要资本，成为传递财富利益和营造地区精神的方式，③在改变城市形象、激发城市活力等方面取得了令人瞩目的成就④。

　　杭州市拱墅区位于京杭大运河的最南端，自隋唐起就是杭嘉湖地区的物产集散地和文化之乡，是目前杭州市委、市政府的所在地。拱墅区下辖 10 个街道、106 个社区，面积 87.73 平方公里，总人口近 60 万，有市级以上文保单位、历史街区 25 处，14 项非遗成果入选市级以上名录（其中国家级 2 项、省级 10 项），建有省、市级传统节日保护地 2 个。富义仓、拱宸桥、三大历史街区等

---

　　① 易晓峰：《从地产导向到文化导向——1980 年代以来的英国城市更新方法》，《城市规划》2009 年第 6 期，第 66—72 页。

　　② 黄鹤：《文化政策主导下的城市更新——西方城市运用文化资源促进城市发展的相关经验和启示》，《国外城市规划》2006 年第 1 期，第 34—39 页。

　　③ 王婷婷、张京祥：《文化导向的城市复兴：一个批判性的视角》，《城市发展研究》2009 年第 6 期，第 113—117 页。

　　④ 洪祎丹、华晨：《城市文化导向更新模式机制与实效性分析——以杭州"运河天地"为例》，《城市发展研究》2012 年第 11 期，第 42 页。

文化遗存底蕴深厚,千年古运河蜿蜒 12 公里,穿境而过,孕育着、积淀着、传承着历史文化。拱墅区委、区政府高度重视公共文化服务体系建设,近年来不断加大对公共文化的财政投入,构筑历史特色鲜明的公共文化设施网络,丰富以运河文化为主题的文化产品,开展社会力量广泛参与的群众文化活动,创新公共文化服务多元供给机制,文化惠民效果显著。

第一节　杭州市拱墅区文化资源概览

一、拱墅区文化发展的战略定位

拱墅区是杭州市的一个文化大区,尤其具有代表性的便是运河文化。2014 年 6 月 22 日,京杭大运河入选世界文化遗产项目名录。[①] 杭州段列入世界遗产的重点有 5 处,而拱墅区占了 3 处,分别为拱宸桥、杭州桥西历史文化街区、杭州富义仓。此外,杭州市与大运河密切相关的重要遗址,还有水利通判厅遗址、洋关旧址、通益公纱厂旧址和西兴过塘行码头等。因此,拱墅区必然成为大运河文化的典型代表区域,以至于著名作家黄亚洲在《人民日报》发表"运河文化看拱墅"的感言。[②] 此外,拱墅区政府致力于建设"运河文化名区",对大运河漕运文化、建筑文化、民俗文化和宗教文化等,以保护为前提,以整饬促传承,渐成规模,格局良好,为杭州市建设运河流域代表性城市奠定了坚实基础。因此,运河文化是拱墅区文化的一大亮点特点,也是拱墅文化的基石。

拱墅区围绕"建设富强秀美文化和谐新拱墅"总目标,大力实施"产业提升、城市更新、文化引领、民生优先"四大战略,促转型、优环境、展文化、重惠民、强队伍,稳中求进、奋发有为,努力将拱墅建设成为繁荣发达的现代产业强区、环境优美的生态宜居城区、底蕴深厚的运河文化名区、和谐幸福的生活品质之区。因此,拱墅区将文化建设、公共文化服务提供放在了一个非常重要的地位,也将为进一步挖掘拱墅区优秀文化项目,促进拱墅区公共文化服务提供

---

① 人民网:《"大运河"今年成功入选〈世界遗产名录〉》,http://culture.people.com.cn/n/2014/0622/c87423-25183071.html,2014 年 6 月 22 日。

② 黄亚洲:《运河文化看拱墅》,《人民日报海外版》,2012 年 12 月 22 日。

了明确的方向引领,也必将有助于优化社会力量投身于拱墅公共文化建设的环境。

二、拱墅区文化资源一览

根据拱墅区现有的文化资源的特色,经过课题组的多方收集,集中分为博物馆、漕运文化、市井文化、宗教文化、民间(民俗)文学、帝王名人文化、工业遗址文化创意、遗址遗迹和文化活动等九个大类。

(一)博物馆类

在博物馆类型的文化资源中,拱墅区有 7 个博物馆,其中有 5 个国家级博物馆,也是杭州市国家级博物馆最为集中的城区(见表 3.1)。

表 3.1　拱墅区博物馆汇总

文化类型	代表性产品和资源	级别
博物馆	中国京杭大运河博物馆	国家级
	中国刀剪剑博物馆	国家级
	中国扇博物馆	国家级
	中国伞博物馆	国家级
	杭州工艺美术博物馆	国家级
	运河文化展览馆	
	江墅铁路遗址公园	

(二)漕运文化类

漕运文化也是中国历代封建王朝将征自田赋的部分粮食运往京师或其他指定地点的运输方式。运送粮食的目的是供宫廷消费、百官俸禄、军饷支付和民食调剂。这种粮食称漕粮,漕粮的运输称漕运,方式有河运、水陆递运和海运三种。狭义的漕运仅指通过运河并沟通天然河道转运漕粮的河运而言。漕运起源很早,秦始皇北征匈奴,曾自山东沿海一带运军粮抵于北河(今内蒙古乌加河一带)。隋炀帝动员大量人力开凿通济渠,联结河、淮、江三大水系,形成沟通南北的新的漕运通道,奠定了后世大运河的基础。唐、宋、元、明、清历代均重视漕运,为此,疏通了南粮北调所需的网道,建立了漕运仓储制度。历代漕运保证了京师和北方军民所需粮食,有利于国家统一,并因运粮兼带商货,有利于沟通南北经济和商品流通,它是利用水道调运粮食的一种专业运输方式。因此漕运也是古代最为重要的交通运输方式,同时也反映或记录着拱墅区运河社会、经济、文化的变迁,具有十分重要的研究及现实价值。漕运文化资源丰富,是大运河为拱墅区留下的宝贵遗产(见表 3.2)。但是从总体来看,漕运文化资源分布比较散落,加以利用的情况不理想。富义仓的仓储功能弱化,码头、船只和桥梁没有进行深入的挖掘和利用,许多历史上有名的码头与桥梁在现代失去了其历史价值。

表 3.2　拱墅区漕运文化类汇总

文化类型	代表性产品和资源	备　注
漕运文化	富义仓	富义仓是杭州现存唯一的一个古粮仓,新中国成立后其仓储功能也几经变迁,但作为"天下粮仓"的重要一员,运河文化、漕运文化、仓储文化的实物见证,富义仓依然屹立在运河最南端。如今的富义仓是围绕遗址保护,于 2007 年以原有的占地范围,用原有的材料,按原有的历史风貌、原汁原味进行修复的,共有 13 幢建筑。其杭州的运河航运仓储古建筑,具有重要的文物价值
	上塘河	
	永兴闸	
	皋亭坝	
	德胜坝	
	善贤坝	
	洋关	位于拱宸桥杭州市第二人民医院内
	北新关遗址	

（三）市井文化类

市井文化反映了拱墅区百姓的具有生活气息的、传统的和经久不衰的、特色的文化现象。也有些人把它比作为一种不上大雅高堂的通俗的甚至粗俗的文化现象,但在城市化进程加快的过程中,市井文化也是人们追寻过去那种最质朴、原始、纯真的生活方式而认同的一种文化现象。拱墅区保存下来的具有完整市井文化风貌的地方不多,并且都在现代化的进程中受到影响。但是,市井文化资源是最能表现古往今来运河沿线居民日常生活和历史风貌的资源,所以应该重点开发利用。小河直街市井文化的表现力由于缺少原住居民的人气而显得不足,如意里民居亦是如此。表 3.3 列举了拱墅区比较典型的市井文化。

表 3.3 拱墅区典型市井文化汇总

文化类型	代表性产品和资源	备 注
市井文化	小河直街历史街区	位于杭州市北部,地处京杭大运河、小河、余杭塘河三河交汇处
	桥西历史街区	位于京杭大运河(杭州段)主航道西岸,拱宸桥西侧
	信义坊	位于拱墅区信义街
	大浒路	位于拱墅区大关桥东
	石拦斗	位于拱墅区小河、余杭塘河与运河交汇处
	河塍路	位于拱墅区小河街道
	哑巴弄	位于拱墅区小河街道
	大兜路	位于拱墅区湖墅街道
	珠儿潭巷	位于拱墅区信义巷北
	接待寺巷	位于拱墅区文一路北南
	夹城巷	位于拱墅区长板巷西
	米市巷	位于拱墅区夹城巷西北
	十里银湖墅	位于卖鱼桥一带
	如意里	位于桥西直街北段,西至吉祥寺弄
	卖鱼桥	旧名归锦桥,为杭州市拱宸桥附近一地名
	吉祥寺弄	东起桥西直街北段,西至小河路北段,南和同和里相通

(四)宗教文化类

拱墅区也集中了众多寺庙(见表 3.4)。有些寺庙在某些时期曾经香火鼎盛,游客如流,热闹非凡,也记录下拱墅区的宗教文化痕迹,但宗教文化资源力量比较薄弱,宗教文化的根基不深,所以没有形成有号召力的宗教文化品牌。其中,崇光寺和显宁寺仍是废弃的寺庙,需要进行修缮和恢复。

表 3.4 拱墅区宗教文化典型代表

文化类型	代表性产品和资源
宗教文化	香积寺
	崇光寺
	显宁寺
	杭州基督教会城北堂
	张大仙庙
	温元帅庙遗址

(五)民间(民俗)文化类

如表 3.5 所示,拱墅区汇集了众多民间文化,比较有代表性的是运河文化碑廊、社区文化长廊以及一些庙会,展现了拱墅区丰富的民间文化活动。民俗文化主要以非物质文化遗产和民间工艺、民间节庆等为依托。拱墅区非常注重非物质文化遗产的保护和传承,但是对于其活化和彰显不足;民间工艺种类繁多,没有形成规模,开发模式单一。半山区块的民俗资源很有特色,但是没有形成强有力的品牌,资源整合不够。

表 3.5 拱墅区民间文化代表性资源

文化类型	代表性产品和资源	备　注
民间(民俗)文化	运河文化碑廊	
	社区文化长廊	皋亭文化科普馆
		祥符映月景泰蓝工作室
		非遗传承领头雁工程
		幸福文化年六百工程
		拱宸书院
		运河丝竹馆
		金秋文化节
		康桥群文大舞台
		"小河之春"群众文化艺术节
		草根讲堂
	半山娘娘庙会	1.祭拜半山娘娘,到半山娘娘庙进香,祈求一年蚕桑利市。2."挨蚕花",即未婚男女找对象。3.赶半山娘娘庙会的人,一起"轧蚕花",挤在人群中,沾些福气,以保佑来年的蚕丝收成好;还会在"轧蚕花"的时候,定下亲事的人选
	运河庙会	
	荣华茶园遗址	
	半山泥猫	
	祈蚕(蚕花节)	
	桑秧会	
	半山立夏民俗	
	花朝节	
	朱养心膏药制作技艺	
	天竺筷制作技艺	
	张小泉剪刀等非物质文化遗产	

（六）帝王名人文化类

拱墅区帝王以及名人相关文化遗存众多（见表3.6），也代表了拱墅区在历史上重要的地理位置以及丰富的名人集聚现象。拱墅区名人资源丰富，但是留下的名人遗产，如名人故居、名人碑塔、名人建筑等不多，可利用的资源有限。建议考虑建设名人博物馆，将名人资源进行内涵的拓展，主要发挥其教育和公共文化服务的功能。

表 3.6　拱墅区帝王名人文化

文化类型	代表性产品和资源	备　注
帝王名人文化	拱宸桥	拱宸桥位于杭州北部的大运河杭州塘上，拱宸桥始建于明崇祯四年（1631年），是三孔驼峰薄拱薄墩联孔石拱桥，全长98米，桥面中部宽5.90米，桥身高约16米，采用木桩基础结构，拱券为纵联分节并列砌筑
	水利通判厅遗址（含乾隆御碑）	
	御车辇道	
	南宋花卉观光区（南宋御花园）	
	御舟登岸处	
	乾隆坊	
	吴昌硕墓及纪念馆	
	行宫遗址	
	隋炀帝传说故事	
	鉴真传说故事	
	盖叫天传说故事	
	陈从周传说故事	
	潘天寿传说故事	
	陆游传说故事	陆游湖墅送别游人
	吴王夫差传说故事	
	陈从周出生地遗址	园林艺术大师
	丁丙传说故事	全力护书
	徐霞客传说故事	

（七）工业遗址类

拱墅区是近当代工业文明的重要区域，区内遗留了大量工业厂区遗址（见表3.7），这些工业遗址也是拱墅区工业文明的重要表征，不但记录了生产领域的变革，而且也深深烙下了历史的痕迹，具有十分重要的人文价值。当前，经过拱墅区政府的积极改造和设计，这些近当代工业遗迹再次焕发青春和活力，逐渐演变为文化创意产业和休闲生活的集聚地。工业遗存文化是拱墅区近代工业发展的缩影，目前现存的工业遗存文化资源都已经改做其他的用途，所以如果只从资源本身的文化价值出发是不够的，应考虑运用现代先进的技术展示拱墅区近代工业的发展状况，并与文创产业结合，展示历史与现实的交融。

表 3.7　拱墅区工业遗址类文化资源

文化类型	代表性产品和资源	备　注
工业遗址	运河天地	乐富·智汇园
		唐尚 433
		A8 艺术公社
		浙窑陶艺公园
		西岸国际艺术区
		元谷创意园
		创意桥
		"动感运河创意拱墅"信义坊市集
	通益公纱厂旧址	
	杭州丝联 168 文创园	
	省丝绸公司仓库	
	红雷丝织厂	
	LOFT49	
	杭州大河造船厂	

（八）遗址遗迹类

拱墅区遗址遗迹的发掘与保护充分展现了拱墅区在我国古代历史面貌，这些遗迹遗址也记录了拱墅区在我国古代的繁荣情形，具有十分重要的历史价值。遗址遗迹类文化资源目前被开发利用的比较少，主要以保护为主，尤其是水田畈遗址和半山战国墓遗址这样的具有较高的科考价值和历史价值的资源（见表 3.8）。

表 3.8　拱墅区遗址遗迹

文化类型	代表性产品和资源	备　注
遗址遗迹	水田畈遗址	
	七十二爿半过塘行	
	半山战国墓遗址	

（九）文化活动类

拱墅区文化活动经过多年努力也日益多样化、品牌化，影响力也不断得到提升，目前已形成一批有影响力和美誉度的文化活动，像新年运河健走、"民星大舞台"、大运河文化节、杭州拱墅运河美食节等，已深入老百姓心中（见表 3.9）。

表 3.9　拱墅区文化活动类

文化类型	代表性产品和资源	备　注
文化活动	运河学习长廊	包括运河沿线杭州段的中国刀剪剑、中国伞、中国扇博物馆，手工艺活态展示馆，杭州工艺美术博物馆，晓风书屋，星燎原书屋，茶道插花展示，舒羽咖啡等场所
	运河大讲堂	运河文化、人文素养、家庭教育、健康养生和财富人生五大系列讲座
	2014 杭州市民体验日暨首届运河旅游体验日	
	2013 中国杭州大学生旅游节"美丽杭州"摄影采风活动	
	杭州市首批中小学生"第二课堂活动基地"	
	第 17 届"屈原杯"全国龙舟锦标赛暨 2010 世界俱乐部锦标赛选拔赛	
	2010 年京杭大运河全国龙舟邀请赛	
	京杭大运河中国龙舟公开赛	
	"'义'起发现运河"活动	
	运河元宵灯会	赏灯游园、踩街巡游、欣赏戏曲、体验非遗、品尝美食、遗韵摄影等
	杭州国际烟花大会运河分会场	

续 表

文化类型	代表性产品和资源	备 注
文化活动	杭州拱墅运河美食节	2014年的活动包括"赛在胜利河"（千岛湖啤酒争霸赛）、"淘在运河上街"（杭州名优点心展）、"牛在大兜路"（全牛宴流水席）、"恋在小河直街"（运河人家传统婚宴）、"绝在信义坊"（绝活表演、宴席评比）、"爱在西塘河"（百姓"爱在厨房"厨艺赛）、"味在桥西直街"（桥西美食体验）、"潮在银泰城"（环球美厨课堂）、"品在胜利河"（胜利河美食免费尝）9大系列活动
	大运河国际诗歌节	主题活动日；主题论坛；交流会；朗诵会
	名角会（戏曲）	在诸位名家"艺术生日"那天举办戏迷会，市民边听戏曲，边品茗茶
	韵和诗会	吟诗朗诵
	赵氏工坊戏迷会	
	六画家运河畔采风	
	春天的运河名家采风	
	运河大讲堂	
	运河学习长廊	
	大运河文化节	运河文化论坛、杭州国际骑游大会运河拱墅分会场、运河学习节、杭州国际烟花大会运河拱墅分会场、中国龙舟公开赛总决赛（10月中下旬）、运河美食节——杭州"台湾美食节"
	新年运河健走	
	运河庙会	
	半山立夏节	1.立夏民俗乐有乌米饭制作及派发、称人活动、美食品鉴、民俗节目表演、民间手工艺展示精彩纷呈。数支拱墅本土排舞、健身操、太极拳、木兰扇等项目 2."民星大舞台"有风情万般的舞蹈、诙谐幽默的小品、脍炙人口的快板、民间手工艺展示区 3.运动嘉年华，融入老百姓喜爱的休闲登山、定向比赛等健身形式，开展"品、赏、听、寻"四大主题系列活动，有趣味体育比赛
	"民星大舞台"	"民星大舞台群星会"暨"浙江电视台《流动大舞台》走进拱墅"
	运河少儿影评院	
	"一街一品"	
	"未成年人第二课堂"	
	"妙妙乐园"	

续　表

文化类型	代表性产品和资源	备　注
文化活动	暑期赏清凉文艺晚会	
	运河创意文化集市	

三、拱墅区政府对文化资源的发掘保护与传承

2008 年开始,拱墅区已启动全区非物质文化遗产普查,范围包括:民族语言、民间文学、民间音乐、民间舞蹈、戏曲、曲艺、民间杂技、民间美术、民间手工技艺、生产商贸习俗、消费习俗、人生礼仪、岁时节令、民间信仰、民间知识、游艺、传统体育与竞技、传统医药等 18 个大项目,100 多个子项目。半山泥猫等 3 个非物质文化遗产项目已经被列入省非物质文化遗产名录;半山立夏习俗、元宵灯会已列入申报杭州市传统节庆名录;草营 8 号杭州话研究中心、张小泉剪刀制作基地、西泠印泥研究室等非遗展示点相继建立。目前,拱墅区全区 10 个街道都有 1—2 个非遗展示点。小河直街立足柔之艺太极院、"板凳面"、"丁莲芳千张包子"等打造出"老字号一条街";桥西历史街区立足大运河国医馆、方回春堂、张大仙庙等,打造"中医养生一条街";大兜路立足供奉灶王菩萨的香积寺和众多餐饮企业,将打造"融入禅宗文化的特色餐饮街"。通过这些举措,既满足原住民枕河而居的生活需求,又能很好地向游客展示老杭州人"原汁原味"的生活习态。拱墅区在文化资源的发掘保护和发扬方面,主要围绕几个方面积极推进。

（一）坚持民生为大,着力构建文化发展繁荣新格局

一是完善设施网络。全面推进文体设施建设,充分利用辖区五大国家级博物馆,着力打造运河学习长廊,在运河两岸新建运河文化广场和区图书馆、文化馆、文体大厦,初步形成"15 分钟文化圈"。该区图书馆是国内首个区级运河特色的文献数据库,拥有近万册运河文化相关资料,半山文化主题公园占地 4 公顷,汇集了民俗文化区、休闲娱乐区、工业旅游区等,成为群众日常文化休闲场所。

二是立足文化惠民。实施文化信息资源共享,推进文化惠民工程,切实保障人民群众基本文化权益,成功搭建"民星大舞台",改版运河大讲堂,积极开展文化走亲、周末越剧大舞台、演出下基层、电影放映等休闲娱乐活动,每年送电影下基层 100 余场次、举办各类文艺演出 100 余场次,年受益人数 10 万以

上。全面推进"一证通"基层服务点建设，实现街道层面全覆盖，社区 56 处，总覆盖率达 65％，实现了图书通借通还。

三是培育特色品牌。充分利用运河与拱墅血脉相连的文化优势，打造"运河文化"特色品牌活动。经过多年培育，该区已形成运河元宵灯会、运河文化艺术节、运河龙舟赛、新年运河健走等在全省乃至全国都有影响力的特色文化活动。

（二）坚持传承为先，着力打造历史文化名区新名片

一是开发保护并举。按照"保护为主，抢救第一"的方针，结合运河综保工程，成立拱墅区文物管理委员会，完善文物工作三级保护网络，大力挖掘保护运河文化遗存，累计投入修缮经费 200 多亿元，通过有计划地开展抢救性发掘、研究和修护，修复了富义仓、桑庐、洋关、高家花园、香积寺塔等一大批历史文化遗存。新建香积寺、江墅铁路遗址公园、青莎公园等重要历史文脉节点，启动水田畈遗址、半山娘娘庙、半山石塘村"战国一号墓"等重要历史文化遗址保护。目前，全区有国家、省、市历史文物保护单位（点）19 处、市级历史建筑保护街区 3 处。

二是加强挖掘整理。成立"民族民间艺术保护工程领导小组"，完善区、镇（街道）、村（社区）三级保护工作网络。全面发掘辖区内民间文学、民间手工技艺、传统医药、人生礼俗等 18 个大类的非物质文化遗产，确立 27 项区非遗保护名录，建立花朝节、半山泥猫等 13 个非遗保护基地，天竺筷、微型风筝等 8 个非遗展示点。已有 3 个非物质文化遗产项目被列入省非遗名录，其中"张小泉剪刀"被列入国家级非遗名录，"运河元宵灯会"成为浙江省民族传统节日保护基地，朱养心膏药传统制作技艺列入国家级第三批名录公示名单。

三是甄选扶持弘扬。在全区甄选战国墓遗址等 10 个文化遗存点，通过文字说明、立碑、树匾等形式进行恢复保护，对曹勤等 10 名非物质文化遗产传承人进行扶持，相继编纂出版《生生不息——拱墅非物质文化遗产图书》《运河南端草根谭》《杭州风情》等多部宣传非遗保护的书籍。

第二节 运河文化资源的现代转换

一、现代性意义下的文化转换与传播革新

现代化主要是人类从农业社会向工业社会转变过程中物质方面的进步状态，而现代性（modernity）主要是人类由传统向现代的社会变迁中的精神层面的进步状态。[①] 现代性在西方是一个历史性断代术语，是指自文艺复兴和启蒙运动以来欧洲经历的政治的、经济的、社会的和文化的一系列转型。启蒙运动开启的近代社会现代化的基本原则，是以思想解放和理性主义为中心的现代西方观念。启蒙运动所带来的科学意识、进化、批判的观念和理性精神，是西方资本主义社会发展及其现代化的原动力，也是现代性的核心理念。因此，现代性就其本质而言，就是对理性的追求。[②]

任何一种文化的发展和流变都离不开物质载体，一旦承载文化精神的物质载体被破坏，必然导致其上层建筑的解体和瓦解，而这种物态文化本身存在的合理性是与特定时代、地域、种族等客观环境要素紧密联系在一起的。当人类文明历史已经明显获得了长足的进展，或者发生了根本性的转型之后，这种区域文化的物质形态显然最先受到冲击和挑战。[③] 西方著名城市学家刘易斯·芒福德认为："城市从其起源时代开始便是一种特殊的构造，它专门用来贮存并流传人类文明的成果；这种构造致密而紧凑，足以用最小的空间容纳最多的设施。"[④]首先，城市是一种具备了"容器"功能的特殊的物质形态，建筑设施是城市的自然属性，城市建筑学由此成为都市文化研究领域中的物质层面。其次，城市构造的"致密而紧凑"打上了人类智慧的烙印，"以用最小的空间容纳最多的设施"的明确目的性大大推动了城市规划设计在都市文化中的重要

---

① 史传林：《新农村建设中的农民现代性成长：困境与选择》，《中国特色社会主义研究》2006年第6期，第78—83页。

② 张文辉：《从艺术、科学到公共政策、意识形态——西方现代城市规划设计思想"现代性转向"的哲学背景》，《艺术百家》2008年第1期，第1—2页。

③ 张兴龙：《都市化进程中长三角城市群文化的现代性转换》，《南通大学学报》（社会科学版）2009年第5期，第31页。

④ ［美］刘易斯·芒福德：《城市发展史——起源、演变和前景》，宋俊岭、倪文彦译，中国建筑工业出版社2005年版，第33页。

地位。"如果说城市文化的物质因素是相对表层、外在的，那么文化精神就是这个城市文化的精魂。"① 现代城市是以钢筋水泥的现代建筑和地域为"身体"，以历史文化为"灵魂"的历史有机体。城市中的历史文化是城市文化的灵魂，而城市文化中的这些知识、信仰、艺术、道德、法律、风俗和一切都市社会所获得的任何能力及习惯都是以往社会所遗留下来的，是历史继承的结果，它们就蕴涵在历史文化遗产中，潜藏于以往人们的行为与生活习惯中，所以城市文化建筑在以往的文化和精神财富的基础上，它离不开历史文化。

现代性是作为一种把人类从愚昧和非理性状态中解放出来的进步力量而走进历史的。② 由于现代性，人类有了更安全、更舒适、质量更高的生活机会，人类逐步摆脱了不可知命运的支配，人类交往的广度和深度发生了前所未有的变化，现代性预示着人类未来无限的生活可能性。③ 而城市发展的根本目的，便是全面提高居民的物质和文化生活水平。在城市更新和城市转型过程中，应当尊重城市的文化传统与文化遗产，坚持以人为本、人与环境双赢、传统与现代双赢的发展观，将传统与现代诸要素有效整合，将更多的传统纳入更多的现代，让更多的现代包涵更多历史文化的特色和优秀的传统。④

现代性与传统性是文化建设的两个重要维度。任何一个时代的文化及其建设，都包含着现代元素和传统元素。中国特色社会主义文化的现代性主要体现在，它植根于中国特色社会主义实践，反映了中国特色社会主义经济、政治乃至整个社会发展的要求，吸收了当今世界文明发展的积极成果，顺应了时代的潮流，体现了伴随经济全球化、科学技术、社会改革等不断发展而来的时代特征。当前，作为先进文化代表的中国特色社会主义文化，依然具有科学性、民族性、大众性等基本特征，但这些基本特征又被赋予新的时代内涵。⑤当前我国公共文化服务体系的"现代性"，主要体现为文化领域内基于市场经济结构的制度体系替代计划性制度体系的制度嬗变过程，也可以理解为国家文化治理方式逐步超越传统的计划性公共供给方式，根据市场经济的基本规

---

① 王振复：《城市"设计"的文化理念》，《解放日报》2006 年 10 月 8 日。
② 李铌、李亮、杨瑛：《城市设计的现代性》，《城市发展研究》2008 年第 3 期，第 59 页。
③ 李占和：《现代性境遇中的文化建设及其路径选择》，《中国市场》2013 年第 13 期，第 83 页。
④ 丁一平：《论城市传统性与现代性的整合和发展》，《河南师范大学学报》(哲学社会科学版)2006 年第 3 期，第 142 页。
⑤ 郝立新：《文化建设中的现代性与传统性关系》，《光明日报》2011 年 3 月 16 日。

律重构公共文化供给和分配方式的过程。① 从历史发展的角度看,改革开放以来我国文化体制改革进程既是国家文化现代化的过程,又是文化行业"现代性"的建构过程。

现代性作为一个连续性的变迁过程,实质上是在科技进步的条件下,现有制度和观念为适应社会变化的需要而不断进行调整的过程。在这一过程中,对传统文化资源的开放,应当合乎城市文化软实力的建构需要,以严谨的态度面向城市发展的未来,以生命的价值关怀为终极指向,在"启蒙现代性"和"审美现代性"的辩证中找到平衡的节点。文化资源相较于其他资源具有明显的内生性特点,同时也是一种柔性资源,这就决定了不是所有的文化资源都是可以用来开发的。但是,对于适合开发的文化资源,应就资源品相、资源价值、资源效用、发展预期及传承能力,做出相应的评估。文化资源的类型多样性,决定了资源类型的功能也不尽相同,面对文化资源在形态、归属、价值效应和利用渠道等方面的特殊性,具体到文化资源的开发,必须确立多向度的开发思维,依据文化消费和文化市场的动念关系,确定开发目标、开发主题、开发序列和开发规模,从而发挥现有文化资源的产业梯度价值和效益。② 文化资源的存量不论有多大,也不能直接带来文化产品的丰富,更不能直接促成文化产业的规模发展,只有通过评估、规划、创意、开发,才能使文化资源焕发出经济活力。

"文化媒介化"概念最早由英国剑桥大学社会学家约翰·汤普森提出,意指"文化的系统演变,知识和学习在现代社会变得世俗化,媒介工业兴起并日益成为符号权力的主要基础"③。根据这一定义,文化媒介化的实质是现代传媒深度介入并主导文化符号的生产、传播与消费。现代传媒既是人们了解身外世界的主要窗口和渠道,也在潜移默化之中影响人们感知世界的方式和理解环境的框架。而文化作为一种隐在语境,既受到媒介的形塑,也在媒介发展史上打下深刻而独特的烙印。④ 当代社会是一个被传统媒介和以数字技术为核心的现代媒介包围的世界,人们的生活离不开媒介的使用。而文化作为一种社会生活形态,也和传播媒介有着密切关系。文化与传播具有内在的统一

---

① 傅才武:《公共文化服务体系建设的现代性研究》,《光明日报》2013 年 12 月 27 日。

② 彭岚嘉:《创新与发展:甘肃文化资源的现代性转换》,《甘肃日报》2013 年 2 月 27 日。

③ 马杰伟、陈韬文:《媒体现代:传播学与社会学的对话》,复旦大学出版社 2011 年版,第 65 页。

④ 陈辉、张淑华:《文化媒介化中现代传媒的角色和责任初探》,《郑州大学学报》(哲学社会科学版)2013 年第 1 期,第 165 页。

性："一方面，文化规定了传播的内容、方式和方法以及传播方向和效果；另一方面，传播则以符号化、意义化的方式呈现着文化，作为文化的活性机制而存在。"①各种形态的文化都需要借助传媒广泛的影响力推动自身的流动与更新，媒介也需要依靠文化深厚的精神底蕴增强其在传播活动中的竞争力。媒介具有社会遗产传承功能，人类与其所创造的文化以媒介为集散中心，成为文化遗产得以流芳百世的关键节点。② 当前，文化旅游热的兴起和历史文化资源作为城市旅游的重要支撑都在一定程度上反映出了这方面的认识问题。文化旅游业的兴起是文化全球化过程中一种重要表征，也在无形中对历史文化遗产的"文本化、图像化"起到推波助澜的作用。③

自 20 世纪 70 年代以来，数字技术尤其是数字化的媒介技术（包括计算机技术、互联网技术）迅猛发展并得到了广泛应用，从而把人类社会带入了数字化时代，数字传播时代随之到来。④ 数字技术为文化产业带来了一场史无前例的科技革命，并将世界文化产业引入一个全新的数字时代。文化产品的生产理念开始追求产品的个性化、体验性与互动性；传播方式则以微型的移动网络为接收终端，用户可随时根据自己的特定需求选择传播内容；产品消费也由大众消费转变为个性化消费。⑤ 20 世纪 90 年代以来，以互联网为代表的新媒体技术迅速入侵文化传播领域，成为文化传播的主要阵地。新媒体通过文化整合、文化复制、文化创生的渠道打造出以网络技术为载体的"大众文化""草根文化""平民文化"，并凭借其突破地域限制、全时空服务、精准化传播、多样化文化平台的传播优势彻底颠覆了传统公共文化传播模式。⑥ 数字电视、社交媒体、移动媒体和环境媒体等城市媒体正在加速普及，并成为人们获知生活资讯和热点动态信息，获取公共文化服务的有效平台。在信息社会发展背景下，各类城市媒体在构建城市文化服务体系、提供公共信息服务、促进文化大

---

① 车英、欧阳云玲：《冲突与融合：全球化语境下跨文化传播的主旋律》，《武汉大学学报》（哲学社会科学版）2004 年第 4 期，第 570—576 页。

② 张薇：《现代媒介与荆楚文化的聚合与扩散》，《湖北省社会主义学院学报》2015 年第 1 期，第 93 页。

③ 陈蔚、侯博慧：《后现代性与当代中国城市文化遗产保护》，《重庆大学学报》（社会科学版）2014 年第 1 期，第 164 页。

④ 石义彬、吴世文：《我国大众传媒再现和建构中国文化身份研究——基于数字传播和全球传播环境的思考》，《当代传播》2010 年第 5 期，第 6 页。

⑤ 田新玲、党大恩、潘浮：《试论历史文化资源开发中数字传媒的作用》，《渭南师范学院学报》2011 年第 5 期，第 76 页。

⑥ 赵娟娟、刘丹凌：《新媒体语境下公共文化传播的困境及出路》，《新闻知识》2014 年第 4 期，第 21 页。

发展大繁荣和建设和谐社会方面将发挥着更为重要的作用,也必将具有更充沛的活力和更广阔的发展前景。[①] 因此,新时代的公共文化传播应融入新媒体时代的潮流,利用新技术助推文化发展,在传播策略定位、传播模式革新、传播体系重建方面有所作为。

科学技术既对传统的公共文化服务提供方式带来巨大冲击,也为公共文化服务的建设提供了更新、更好的手段。[②] 如何实现文化与科技的融合,如何打造现代传播体系,是现代公共文化服务体系建设面临的急迫的时代任务。[③]建设现代公共文化服务体系,不仅需要固定设施体系、流动服务体系,还需要综合运用现代传播手段提高数字资源提供能力和远程服务能力。数字图书馆、数字博物馆、数字文化馆、移动阅读、掌上服务等,改变的不仅仅是文化的载体形式,更是人们利用公共文化服务设施,享受公共文化服务的方式。尤其是要积极依托多网融合技术,构建数字化的现代公共文化供给网络,不断提升公共文化服务的针对性、吸引力和满意度。多网融合是通过对卫星网、互联网、数字电视网等网络技术模式进行优化整合与综合利用,实现宽带信息交换与传输的全数字网络连接(见图3.1)。该模式能够实现技术融合、资源共享和终端合一,这将有力地推动公共文化服务数字协同发展和城乡文化一体化进程。

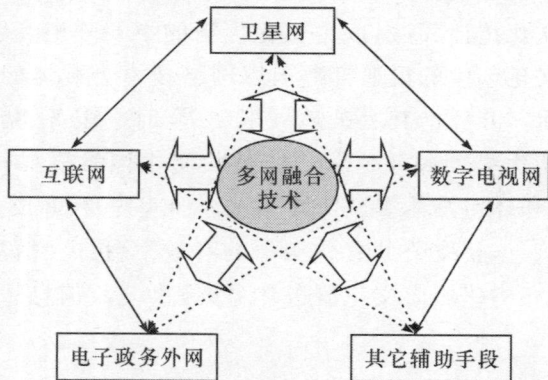

图 3.1　趋于整体性治理的多种公共文化信息传输渠道整合模式

资料来源:张照龙、方堃:《趋于整体性治理的公共文化服务数字协同研究——以文化共享工程为考察对象》,《电子政务》2012 年第 7 期,第 74 页。

---

① 黄艾:《公共文化信息服务视角下的城市新媒体》,《新闻知识》2012 年第 7 期,第 56 页。
② 郭全中:《现代公共文化服务体系的现代性》,《行政管理改革》2014 年第 4 期,第 45 页。
③ 孙渝莉:《让公共文化服务彰显现代性》,《重庆日报》2014 年 2 月 3 日。

　　资源优质丰富、技术先进实用、传播高效互动、服务便捷贴近、管理科学规范、体系完整可控的数字化公共文化服务体系是在全球信息化不断发展的历史条件下满足人民群众基本文化需求的重要手段，是新的历史时期公共文化服务事业实现跨越式发展的必然选择，是现代公共文化服务体系建设的创新工程和战略工程。[①] 实现公共文化传播效果的最大化必须改变传统的单向传播模式，利用互联网等多媒体建立良性的互动机制，为民众提供信息反馈渠道，在政府与民众的双向互动中达到双赢的效果。而建立良性的公共文化传播互动机制必须借助新媒体的力量，打造公共文化的数字传播通道。[②] 站在时代的高起点，各地政府应积极搭建数字化公共文化服务体系，以高新信息传播技术为载体，面向基层群众打造新型数字化公共文化设施和服务平台，在科技与文化融合产生的新空间里，提供文化服务、普及文化知识、传播先进文化，使其成为全社会共建共享的文化资源平台，成为学习型社会公民终身学习的数字平台，成为公民享受文化均等化权利的数字家园，成为对外展示城市文化魅力的重要窗口。在数字化服务平台的辅助下，公共文化服务的辐射面积将会更加广泛，现代公共文化服务体系的建设也会更加完善。

二、对融合历史文化资源的认识

　　在全球化的 21 世纪，城市正被无尽的"同质化"，在人类飞速发展的脚步中，世界赖以生存发展的重要动力"多样性"仿佛离人们渐行渐远。然而，城市文化和城市精神的不可复制性，凝聚了每座城市生动的灵魂和永恒的品质。[③] 拱墅区具有丰厚的历史文化资源，区委、区政府对此高度重视，首先引入科学规划设计，对区内各类文化资源进行盘点、梳理和分析（见表 3.10）。

　　① 高福安、刘亮：《基于高新信息传播技术的数字化公共文化服务体系建设研究》，《管理世界》2012年第 8 期，第 1 页。

　　② 赵娟娟、刘丹凌：《新媒体语境下公共文化传播的困境及出路》，《新闻知识》2014 年第 4 期，第 23 页。

　　③ 刘莉：《大连城市文化的现代性表述》，《大连日报》2010 年 8 月 17 日。

表 3.10 拱墅区文化资源发展分析

序号	资源类型	代表性资源	总体发展状况
1	漕运文化资源	富义仓	漕运文化资源丰富,是大运河为拱墅留下的宝贵的遗产。但是从总体来看,漕运文化资源分布比较散落,加以利用的情况不理想。富义仓的仓储功能弱化,码头、船只和桥梁没有进行深入的挖掘和利用,许多历史上有名的码头与桥梁在现代失去了其历史价值。
		上塘河善贤坝、皋亭坝、德胜坝等船只翻坝及古纤道遗址	
		各码头	
		运河上的船只	
		运河上横跨的桥梁	
		大运河博物馆	
		北新关遗址	
2	民俗文化资源	桥西历史街区	民俗文化主要以非物质文化遗产和民间工艺、民间节庆等为依托。拱墅区非常注重非物质文化遗产的保护和传承,但是对于其活化和彰显不足;民间工艺种类繁多,但没有形成规模,开发模式单一。半山区块的民俗资源很有特色,但是没有形成强有力的品牌,资源整合不够。
		张小泉剪刀等非物质文化遗产	
		半山娘娘庙会	
		半山泥猫	
		祈蚕(蚕花节)	
		桑秧会	
		半山立夏民俗	
		花朝节	
		朱养心膏药制作技艺	
		天竺筷制作技艺	
		荣华茶园遗址	
3	市井文化资源	小河直街	保存下来的具有完整市井文化风貌的地方不多,并且都有在现代化的进程中受到影响。但是,市井文化资源是最能表现古往今来运河沿线居民日常生活和历史风貌的资源,所以应该重点开发利用。小河直街市井文化的表现力由于缺少原住居民的人气而显得不足,如意里民居亦是如此。
		如意里民居	
4	名人文化资源	苗、刘兵变半山	拱墅区名人资源丰富,但是留下的名人遗产,如名人故居、名人碑塔、名人建筑等不多,可利用的资源有限。考虑建设名人博物馆,将名人资源进行内涵的拓展,发挥其教育和公共文化服务的功能。
		陆游湖墅送别游人传说故事	
		半山娘娘半山救康王传说故事	
		丁丙全力护书传说故事	
		盖叫天学艺拱宸传说故事	
		徐霞客传说故事	
		陈从周出生地遗址	
		温元帅庙遗址	

续　表

序号	资源类型	代表性资源	总体发展状况
5	帝王文化资源	拱宸桥	古代帝王与京杭大运河的密切关系使得这里留下了许多帝王的痕迹。但是由于历史的消逝,目前保留下来的帝王文化资源屈指可数,许多资源只是虚有一个名称,并没有实体的支撑。
		御车辇道	
		南宋花卉观光区(南宋御花园)	
		御舟登岸处	
		乾隆坊	
6	宗教文化资源	香积寺	宗教文化资源力量比较薄弱,宗教文化的根基不深,所以没有形成有号召力的宗教文化品牌。其中,崇光寺和显宁寺仍是废弃的寺庙,需要进行修缮和恢复。
		张大仙庙	
		崇光寺	
		显宁寺	
		杭州圣基督教会城北堂	
7	工业遗存文化资源	杭丝联	工业遗存文化是拱墅区近代工业发展的缩影,目前现存的工业遗存文化资源都已经改做其他的用途,所以如果只从资源本身的文化价值出发是不够的,应考虑运用现代先进的技术进行展示拱墅区近代工业的发展状况,并与文创产业结合,展示历史与现实的交融。
		省丝绸公司仓库	
		红雷丝织厂	
		杭州大河造船厂、"通益公纱厂"旧址	
8	遗址遗迹文化资源	水田畈遗址	遗址遗迹类文化资源目前处于开发利用的比较少,主要以保护为主,尤其是水田畈遗址和半山战国墓遗址这样的具有较高的科考价值和历史价值的资源。
		半山战国墓遗址	
		江墅铁路遗址	

（一）深厚的历史文化积淀为公共文化服务发展提供雄厚资源条件

厚重文化的传承与浸染,形成了拱墅至今活跃的民间文化和独具特色的地域文化。千年古运河凝结了拱墅的历史,积淀了深厚的文化,使得两岸留下了众多的历史古迹,无不彰显着拱墅独特而璀璨的古老文明。流经拱墅全境纵贯南北的大运河,为拱墅留下了拱宸桥、富义仓、香积寺庙、小河直街历史街区、桥西历史街区等三富的历史文化遗存,积淀了深厚悠久的文化底蕴。近几年杭州市实施的运河综保工程,使运河边的历史遗迹串珠成链,得到了很好的修复和保护。中国大运河博物馆和中国刀剪剑、中国伞、中国扇三大中国民俗文化博物馆的集聚建成开放,浪漫、柔和的运河亮灯工程,使拱墅区拥有了杭州最美的夜景,这些都为拱墅公共文化服务的发展提供了宝贵的文化资源基础。[①]

（二）富有潜力待开发的文化要素为公共文化服务提供强劲发展动力

拱墅区历史悠久,散落在历史长河中的文化碎片不计其数,许多的历史传说和人文轶事有待考证。唯有充分挖掘其中的文化内涵,提炼出其中的文化精髓,才能够从根本上提高文化品位,才能够为公共文化服务的可持续发展提供不竭的动力。

（三）高度的政府文化自觉为发展公共文化活动品牌提供重要组织保障

运河及其沿河地带的再开发,既肩负着发掘、弘扬大运河历史文化的使命,又承担着开创现代化城市新功能的责任,因此处理好保护和创新的关系是再开发中在观念与方法上必须面对的选择。[②] 拱墅区委、区政府领导具有高度的文化自觉,高度重视运河文化带的建设,以建设"秀美拱墅新三年行动计划"为抓手,[③]大力实施碧水工程、绿地工程、遗产点展示工程,不断优化运河生态景观,以扩大运河文化影响力为重点,创办了一批以运河文化为载体、具有较大影响力的文化节庆活动,打响运河文化品牌,提升拱墅知名度和美誉度,为公共文化活动品牌奠定了坚实的基础。

（四）完善的公共文化设施布局为社会力量参与公共文化提供肥沃土壤

城市文化空间,并不是简单的几条古街、几座古建筑、几处古遗迹就能代表的,从更大的意义上说,它应该是空间的使用主体人对物质世界积极的形象化反映,优秀的城市文化空间应该是被多数人认可的"心理空间"、"经验空间"或"意向空间"[④]。人民群众是文化建设主力军,以民为本,激发全社会参与文化建设的积极性和创造性,才能使文化更广泛的传播和更悠久的传承下去。拱墅区文化基础服务设施状况良好,应实施文化惠民政策,同时积极发挥人民群众的创作和参与优势,让文化氛围渗透到社会的方方面面。

---

① 中国经济导报:《京杭大运河,让你再"识"杭州》,2014 年 4 月 17 日,http://www.ceh.com.cn/shpd/2014/04/354899.shtml。

② 杨建军:《运河地带在杭州城市空间中的功能和形象规划探索》,《经济地理》2002 年第 2 期,第 172 页。

③ 《秀美拱墅三年行动计划喜结硕果》,《杭州日报》2008 年 9 月 25 日。

④ 汪耀斌、彭韬:《中国当代城市设计中"文化观"的创新与传承——论城市文化空间的传统性与现代性》,《湖北工业大学学报》2007 年第 6 期,第 84 页。

（五）大量的历史工业文化遗址为完善公共文化设施提供巨大发展空间

拱墅区的大量工业厂房、仓库，是一笔与众不同的工业文化遗产。这种近代工业文化与历史传统文化相结合的深厚底蕴，为文化创意产业的发展提供了营养丰富的生长土壤，成为发展文化创意产业的独特资源。文化创意产业园区大多在运河沿岸工业遗址和历史建筑上兴建，与运河综合保护工程密切结合，具有独特的发展个性和文化定位。

三、拱墅区融合历史文化资源、创新公共服务机制的现状分析

1.公共文化工作领导高度重视，保障措施实施有力，服务能力快速提升

一是组织机构保障。先后成立了"创建全国文化先进区领导小组"、"拱墅区文化建设工作领导小组"、"运河文化名区建设工作领导小组"等专项组织机构，并把公共文化服务体系建设列入区重点议事日程。通过领导重视、组织保障、机构到位，做到区委、区政府主要领导亲自抓，分管领导具体抓，部门和各街道、单位合力抓，有力促进拱墅区公共文化服务体系建设的快速发展。

二是政策制度保障。围绕省级公共文化服务体系示范区建设和运河文化内涵挖掘，先后制定印发《拱墅区文体事业十二五发展规划纲要》、《拱墅区建设"文化先进区、体育强区"奖励办法》、《杭州运河文化建设实施规划》、《关于建设运河文化名区的实施意见》、《运河文化带规划》、《关于引导和鼓励社会力量兴办公共文化的实施办法》、《拱墅区加快推进基层文化体育事业发展的扶持办法》等政策文件，确保了公共文化设施、公共文化产品和服务、公共文化人才队伍建设，把关注文化民生、完善公共文化服务体系纳入全区国民经济和社会发展总体规划，把发展运河特色文化，提升拱墅百姓的文化生活品质，创建省级文化示范区列为重要工作。

三是人才队伍保障。在区、街道、社区三级公共文化服务部门，配备了专职文化工作人员。通过集中培训、外出参观、挂职锻炼等多种形式，培养造就了一批精干务实的基层文化工作者队伍、业余文化辅导员队伍和文化志愿者队伍。全区上下形成了文化工作人员更加优质化、专业化、高效化。积极引导群众自主参与各种形式的文体创作活动，建立群众文体优秀作品的创作、选拔和推广机制，推出更多具有拱墅特色、拱墅风韵、拱墅气派的作品。[1]

---

[1] 吕戴芬：《打造拱墅运河文化金招牌》，《中国文化报》2013 年 10 月 17 日。

四是财政经费保障。近三年,拱墅区不断加大对文化事业发展的投入力度(见图 3.2),用于基层公共文化设施建设、文化场馆免费开放、公共文化产品和服务等方面文化事业的财政投入增幅每年高于正常性财政支出增长幅度,为全区文化事业发展和公共文化服务体系建设提供了有力的资金保障。

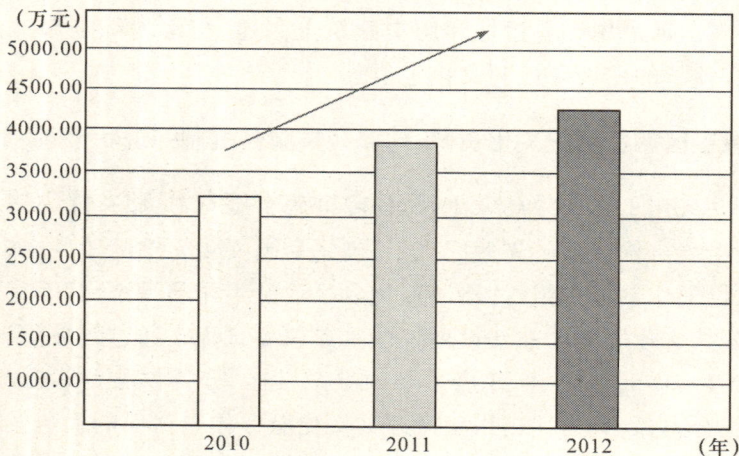

图 3.2 拱墅区文化财政投入(2010—2012 年)

2.公共文化设施网络覆盖全区,服务体系趋于完善,建设水平引领浙江

其一,以"三馆一场"布局区级公共文化设施。

一是中国京杭大运河博物馆,作为国内唯一一家以研究和弘扬运河文化为主题的博物馆,旨在反映和展现大运河自然风貌与历史文化,[①]被国家文物局称之为填补了国内博物馆的空白。该馆总投资超过 1 亿元,建筑面积 7000多平方米,是浙江省爱国主义教育基地。中国京杭大运河博物馆、大运河沿岸的拱宸桥、富义仓等申遗点被誉为"没有围墙的博物馆",全部免费开放。

二是区文化馆,被文化部授予"国家一级馆",馆内设施一流,功能齐全,实现"无障碍、零门槛"开放,利用展演厅、展示厅、培训室、活动室、文艺工作室,为基层群众提供文化辅导、培训、演出、展示等。文化馆每年针对老人、少儿、部队官兵、外来务工人员及残疾人等特殊群体开展常态活动,使各阶层的群众都能共建共享文化发展的成果。

三是区图书馆,被文化部授予"国家一级馆",市民称誉为"老百姓自己的

---

① 丁芮:《博物馆对运河城市文化的保护和展示——以杭州、苏州、扬州为中心的考察》,《城市》2013年第 7 期,第 67 页。

书房"，建有工地图书馆分馆、少儿电影院、盲人阅览室等相关设施设备，服务覆盖了成人、少儿、残障人士等群体。为满足市民日益增长的文化生活需求，按"全市一流、城区领先"标准而建的"拱墅区城北文化中心"也即将投入使用。

四是运河文化广场，被文化部授予"全国特色文化广场"，老百姓称誉为"市民客厅"、"天然舞台"（见图 3.3）。该广场自建成开放以来，每年举办各类文化活动近百场：既承担了省、市的大型节日庆典活动、主题宣传月活动，也举办区级、街道级的亲民活动、惠民活动。群众性自发开展的纳凉晚会、戏迷擂台、健身舞会等文化活动，使运河文化广场成为社会力量参与公共文化活动的大平台。

图 3.3　全国特色文化广场——拱墅运河文化广场

此外，拱墅区还十分重视全区数字化网络平台的建设，实现了区域信息共享。通过拱墅文体数据库、区文体信息网、拱墅区图书馆、中国京杭大运河博物馆和区文化馆等各类网站，群众可以零距离享用全区公共文化信息资源。

其二，以"一站一室"配置基层公共文化设施。

根据《关于进一步加强和改进基层文体中心（站）公益性服务意见的通知》（拱政办发〔2008〕126 号），全区所有街道、社区都拥有设施先进、功能齐全、机制灵活、保障有力、服务优良的文体中心。其中上等级的综合文化站达到100%，80%以上的街道综合文化站成为省特级和一级综合文化站，米市巷街道获得"浙江省文化示范街道"称号。全区 100%的社区建有符合创建要求的文化活动室和全国共享工程基层服务点，有 33 个社区获"杭州市文化示范社区"称号。所有街道文化站和社区文化室实行了错时免费开放，并推出了公共文化托管机制，由文化志愿者、文化助理员管理，实现了公共文化设施管理上的社会化。

其三，以"众点一群"构建区域特色文化设施。

拱墅区内拥有丰富的社会公共文化设施资源。这些设施作为群众文化生活的有益补充，较好地满足了不同层次群众的文化需求，引导群众文化生活方式的健康转变，为运河文化的研究和传承发挥了积极的作用。一是民营文化体验点。老开心茶馆、富义仓·韵和书院、剑瓷视界艺术馆、高氏相机博物馆、浙窑陶艺公园、运河民俗画室、拱宸国学馆、小河人文讲堂、柔之艺太极馆、运河水上婚典、丝联166文创园区、河畔书屋、舒羽咖啡等，成为异彩纷呈的融文化、教育、休闲、娱乐为一体的民营文化体验点。二是国家级博物馆群（见图3.4）。中国刀剪剑、中国扇、中国伞、杭州工艺美术四大国家级专题博物馆相继落户拱宸桥畔，形成体量巨大的国家级博物馆群，全方位向市民提供丰厚的公共文化资源，也成为独具特色的传承杭州本土历史文化的演绎点，为保护和利用非物质文化遗产，打造以运河为中心的世界级旅游城市，提高杭州市民生活品质起到了促进作用。①

图 3.4　国家级主题博物馆——中国刀剪剑、中国伞博物馆

---

① 丁芮：《博物馆对运河城市文化的保护和展示——以杭州、苏州、扬州为中心的考察》，《城市》2013年第7期，第68页。

3.公共文化产品供给品牌助力,文化活动异彩纷呈,文化惠民成效显著

拱墅区打造群众文化活动"一街一品",依托各街道本土文化资源,凝练街区文化特色,形成公共文化服务的共建共享格局:

——上塘街道的诗人之家。为全国第一个诗歌创作业余文学团体,也是外来民工文学爱好者的创作基地。

——祥符街道的悦读之家。辖区建有"工地图书馆"分馆,满足众多的外来务工人员的阅读需求。

——半山街道的立夏民俗。通过开展立夏习俗中的烧乌米饭、采豆、挖笋、称人等习俗,让市民在活动中寻根问祖。

——康桥街道的健身排舞。常年开展健身排舞活动,曾代表杭州市参加浙江省体育节排舞大赛,获得女子三等奖和团体第三名。

——米市巷街道的百姓学堂。创新"百姓点单、政府送菜"的文化服务便民机制,以"普惠＋提升"的方式,让更广泛的群体免费享受文化培训。

——湖墅街道的古驿新韵。辖区内拥有"天下粮仓"之称的富义仓、乾隆御码头、大兜路、香积寺等众多历史文化遗存,给市民提供了文化休闲场所。

——小河街道的市井文化。通过"运河牌"、"人文牌"、"群众牌"、"美食牌"传承历史文脉,培育市井文化,彰显价值体系,确保公共文化服务有创新。

——拱宸桥街道的国学讲堂。以"新拱宸、新市民、新形象"为主题,以讲堂为平台,开创以"国学"为主体的市民教育新天地。

——和睦街道的非遗传承。开展非遗传承领头雁工程,以非遗工作室、非遗陈列室、非遗传播团为载体,进社区、进校园、进酒店。

——大关街道的百姓书场。注重社会效益,采用菜单式点听,满足不同类型听众需求,全年无休,坚持每日一场。

拱墅区一直注重对历史文化的传承保护,积极拓展公共文化服务产品提供新路径,通过非物质文化传承推动群众文化活动的常态化开展。拱墅区目前已有40项非遗成果入选各级名录,其中国家级2项、省级10项、市级14项、区级40项,并建有省、市级民族传统节日保护地2个、区级非遗重点项目基地21个。通过半山立夏节、端午运河龙舟赛、文化遗产日、运河文化节等大型历史民俗活动,对非遗项目、传统文化,进行了有效的活态展示,吸引了众多老百姓的积极参与。[①] 广大社会力量参与非遗保护事业,是社区群体对民族

---

① 张建青:《杭州拱墅区创建省级文化先进区》,《中国文化报》2008年2月20日。

文化本源性的一种意识觉醒,是一种回归传统的实践行动,更是优秀传统文化传承体系建设中一股强大的正能量,弥补了公共财政投入的不足,推动了政府部门职能转变,也促进了非遗保护主体的回归。[①]

拱墅区积极推进公共文化服务均等化,把开展外来务工人员文化作为实践公共文化服务均等化的重要抓手。积极引导社会各界参与公共文化服务体系建设:区宣传部举办"新杭州人"广场诗会;区总工会举办有厨艺、客房服务、保安员等内容的"外来务工人员才艺大比武";区文广新局"送百场电影、百场演出进工地";区文化馆重点扶持外来务工群体组成的"金翰艺术团";区图书馆创办"工地图书馆";运河广场开展的以民工为主题的"月是故乡明"中秋专场晚会。每逢除夕,辖区内企业都会邀请留守外来务工人员举办各类专场迎新文艺晚会。

此外,拱墅区拥有众多的大专院校和中小学,是杭州重要的文教区域之一。在校园文化的构建过程中,着力打造独特的拱墅人文景观。如中小学文化的"一校一品"。杭州市拱宸桥小学"运河文化少年研究院"以"政治运河"、"历史运河"、"经济运河"、"文学运河"、"地理运河"、"教育运河"、"军事运河"、"旅游运河"、"生态运河"和"未来运河"十大主题为单元,组建起不同的专题小组,开展各种调研活动。

4.公共文化服务理论研究先行,着力创新制度设计,推进机制创新

拱墅区在公共文化服务体系建设进程中,积极探索实践,开展公共文化服务的理论研究。[②] 专门成立"融合历史文化资源,创新公共服务机制"课题组,由区文广新局局长任组长和分管副局长任副组长。课题组通过对全区的调研考察,梳理相关政策制度,系统总结群众文化活动经验,形成了以运河申遗与公共文化服务体系创建相结合的工作思路。该课题引起了李国新、巫志南等国家公共文化体系建设专家的关注,他们专程亲临拱墅指导公共文化服务创建工作。

拱墅区还高度重视公共文化服务体系制度设计工作,通过实地走访、座谈交流和问卷调查的方式展开调研,已先后出台了《关于成立拱墅区创建全国文化先进区领导小组的通知》、《关于拱墅区创建全国文化先进区工作的实施意

① 余北文:《杭州鼓励社会力量参与非遗保护》,《中国文化报》2013 年 7 月 11 日。
② 拱墅新闻网:《拱墅区积极引导社会力量参与公共文化服务》,2014 年 5 月 12 日,http://www.gongshunews.com/shizheng/content/2014-05/12/content_5545090.htm。

见》、《关于印发〈拱墅区建设"文化先进区、体育强区"奖励办法〉的通知》、《关于建设运河文化名区的实施意见》、《关于引导和鼓励社会力量兴办公共文化的实施办法》等制度文件。围绕公共文化服务机制创新的关键点，拟出台《拱墅区创新三联模式，推进省级公共文化服务示范区建设的实施意见》。以上政策文件为公共文化服务体系建设提供刚性保障。

此外，拱墅区领导具有较高的文化自觉，身体力行开展公共文化服务理论研究。区委书记许明的《关于建设运河文化带的思考》荣获 2012 年度杭州市领导干部优秀理论文章一等奖。区委、区政府、区人大、区政协的领导出版了《流淌的文化》、《运河南端草根谭》、《运河南端说码头》、《运河南端说变迁》、《杭州运河风情》、《"一带六区多点"运河文化带》等论文和专著。[1] 此外，社会各界十分关注拱墅区的公共文化理论研究，先后发表了《强化文化服务　动员社会参与——拱墅构建公共文化服务体系的探索与实践》、《关于文化引领、扩大拱墅影响力的目标、思路和重点》、《关于加快公共文化服务体系建设　构建文化建设多元投入机制的对策和建议》、《关于发展运河文化演艺事业的思考》、《新生代农民工文化生活调查报告》等学术报告。《社区发展视角下的社区文化建设机制创新初探》、《拱墅区文化创新机制的研讨》等论著多次获得国家、省、市级奖项。

第三节　运河文化名区建设进展与成效

一、2014 年拱墅区文化建设盘点

每座城市都有自己的生命，她不仅是公民生存的载体，也有自己的律动与活力。对于 21 世纪的现代化城市来说，最需要的是一种有创造力的文化，即保持城市的文化活力。[2] 而公共文化正是体现城市文化活力的重要方面。党的十八届三中全会指出要构建现代公共文化服务体系，这是中央对新时期公共文化建设理论和发展方向的新表述，是对新形势下公共文化工作的全新概

---

[1] 许明：《打造运河文化带　拱墅扬帆起航》，《中国文化报》2013 年 8 月 15 日。

[2] 董慧、常东亮：《城市文化活力研究：理论资源的探寻与发掘》，《华中科技大学学报》（社会科学版）2011 年第 3 期，第 21—27 页。

括。现代公共文化服务体系是政府基本公共服务体系的组成部分,承载着培养现代公民、培育现代文化、传播现代价值观的任务,其建设体现了现代政府的职责,体现了法制社会的特征,体现了市场经济的要求,也体现出公共文化服务体系要具有时代性、创新性和开放性。[①] 2014 年以来,拱墅区以"党的群众路线教育实践活动年"、"大运河申遗年"两大年为契机,围绕"运河文化名区"和"运河文化展示区"建设,积极助推全区"五水共治"等中心工作,用文化人的自觉,以"一个创建"、"两项课题"、"三个项目"、"四场活动"、"五件实事"、"六个促进"为抓手,拓展提升拱墅特色运河文化体系建设。

(一)"一项创建"——创建省级公共文化服务示范区

2013 年年底以全省第一的评审成绩获得浙江省公共文化服务示范创建资格。近年来,拱墅区以创建示范区为工作抓手,推进现代公共文化服务体系建设。在体系建设中,重点突出了公共文化服务标准、均等化、数字化、社会化,并形成了公共文化服务协调机制的创新样本:"三联模式",在 2015 年浙江省文化厅公共文化服务工作会议上得到推广介绍。

(二)"两项课题"——理论调研有新成果

完成"关于打造运河文化展示区的实践与思考"、"关于促进社会力量参与公共文化建设的实践与思考"两项课题研究。《中国大运河·杭州段的华丽转身——兼谈建设性方案"立此存照"的档案价值》一文在《浙江档案》2014 年第10 期发表,《创新公共文化服务机制　三联模式提升百姓幸福指数》一文被收录进 2014 版《中国文化发展实务》。

(三)"三个项目"——特色项目拓展提升

(1)"运河少儿影评院"。自 2013 年举办以来,便受到广大家长与孩子们的热烈欢迎,被杭州日报媒体点评为践行核心价值观的一扇窗。2014 年,拱墅区在原有的形式上,通过组建各个少儿社团,开展形式多样的鉴赏、影评、摄影、导演等知识讲座和培训活动,培养少年儿童的审美情趣和鉴赏能力。至10 月底,共举办了 30 余场活动,共计 6000 余人次参加。迄今收到 1600 多份孩子们的影评作文,累计索票人次逾 11000 人,一群忠实的小粉丝继续坚持着参与活动,点燃着他们影视创作的童年梦想。

(2)"民星大舞台"。在被区委宣传部评为精品创新项目的基础上,辖区各

---

① 孙渝莉:《让公共文化服务彰显现代性》,《重庆日报》2014 年 2 月 3 日。

团队竞相展演,人民群众得实惠,2014 年拱墅区又拓展了新阵地,将其从室内延伸到室外,有两块主阵地,即室内以文体中心的金海岸大舞台为主,室外以运河广场的南戏楼为主。为辖区文艺团队、文艺骨干提供展示平台,全年开展街道群文展演 10 场,文化走亲 42 场,群众团队展演 56 场,大舞台可谓周周"歌舞升平",受到基层群众的热烈欢迎。

(3)"运河大讲堂"。运河大讲堂活动采取与企业、教育机构合作的方式,创新性地开展了关于情商教育、英语培训、记忆力培训、国学讲堂、中医养生、幸福人生等主题内容的讲座。截至 2014 年 10 月底,举办了近 20 场讲座,近5000 人参与,运河大讲堂的品牌影响力不断扩大,为精神文明建设和群众整体素质的提升做出了积极的贡献。

(四)"四场活动"——品牌打造成效显著

(1)第八届新年运河健走、送福。2014 年的"新年行大运——新年运河健走"以"助力申遗"为主题,按照京杭大运河由南往北流经的八个主要省市,广发微信征集令邀运河八城"走友"共同参与,举办浙江省作家书法家"写联赠联"活动,为群众书写送出春联 1000 多幅。该活动已成为杭州市民新年祈福的新民俗。

(2)第十八届运河元宵灯会。在原有的灯会元素上拱墅区文广新局携手杭州市文广新局推出杭州首届"运河之春"民俗文化旅游体验周活动,开展了赏灯游园、踩街巡游、欣赏戏曲、体验非遗、品尝美食、遗韵摄影六大主题活动,吸引 30 余万群众参与体验。

(3)第三届半山立夏节暨体育嘉年华。开展皋亭修禊、立夏节民俗体验、体育嘉年华三大主题活动,将琴艺雅集、诗书创作、称人、乌米饭等民俗和登山、定向等体育赛事相互穿插。目前,拱墅区的半山立夏习俗被中国农业部选入全国二十四节气中的一个子项目,正由国家非遗中心申报世界遗产。

(4)第三届大运河文化节。2014 年 6 月 22 日,在大运河成功申遗 3 小时后,第三届大运河文化节在运河广场南戏楼拉开帷幕,杭州市拱墅区是运河沿线城市中唯一一个举办庆祝活动的城区,区内的公共文化联盟单位、文化名人、志愿者等自编、自导、自演了本届开幕式(见图 3.5)。[1] 文化节上,浙江省文化厅"五水共治——浙江好腔调山水依旧传统戏剧曲艺演唱会"在荣华戏园

---

[1] 《2014 大运河文化节开幕 共庆运河申遗成功》,《中国文化报》2014 年 7 月 17 日。

上演,标志着南戏楼重新启用;北楼指津阁以"青瓷上的运河十景"拉开名家艺术创作季活动的序幕;"运河与文学"论坛在中国扇博物馆召开;配合市综保委举办的"大运河庙会"吸引了近90万人次参加。

图3.5　2014年杭州拱墅区大运河文化节开幕式现场

(五)"五件实事"——民生工程惠民乐民

(1)开发智慧文化一点通。公共信息服务平台是企业和群众获取政府信息的重要途径。面对社会公共服务的复杂性和社会公众需求的多样性,只有建立健全公共信息服务平台,才能充分发挥企业、居民等多方面的积极性,形成政府指导、企业和市民协同参与的新机制。[1] 各种新媒体的创新性应用可以提高城市的关注度,实时收集群众的反馈、意愿等,有助于文化品牌的精准营销,发挥多重传播效应。[2] 目前,由拱墅区文化广电新闻出版局(体育局)推出的公益性文体项目"拱墅区文化智慧一点通"微信号(zhihuiyidiantong)已经于2014年7月26日上线试运行(见图3.6)。该文化微服务平台共有智慧查

---

① 葛婷婷:《杭州市拱墅区政府基本公共服务体系调研》,《统计科学与实践》2012年第1期,第49页。
② 张沐宁、柳邦坤:《运河城市文化形象与品牌传播战略——以淮安、扬州区域协同为视角》,《新闻知识》2012年第5期,第39页。

询、在线阅读、文化动态等三大板块，可实现一张文化地图、一座随身图书馆和一个微豆瓣同城功能。智慧查询内置"文化地图"，提供百余个拱墅文体站点，随时供市民游客选择，并提供路线导航；在线阅读即"掌上图书馆"拥有2万多册精品电子书随时免费畅读；文化动态实时更新拱墅辖区内最新最热的文化资讯和活动信息。[①] 从前期试行的情况看，该微信平台在搜集和发布辖区内各种文体活动消息，查询相关信息等方面都发挥了有效作用。

图3.6 "拱墅区文化智慧一点通"微信二维码

(2)开展"十百千"工程。即扶持十支精品团队，百名文体指导员进社区，千名志愿者培训活动。精品团队运河艺术团与"小河之春"舞蹈队自编自演的歌舞《画里康桥》参加杭州市"村歌"大赛获表演金奖；古新艺术团的《最爱米市巷》获创作金奖；金瀚创业者艺术团，赴台湾交流演出获"2014年海峡两岸中老年文化艺术交流"比赛银奖；古运河之声艺术团编排的舞蹈节目《花朝》精彩亮相大运河文化节开幕式，并在杭州市"风雅颂"民间舞蹈展示展演中获银奖。100名文体指导员按要求下到社区对居民进行文体指导，惠及百姓上万余人。举办文体干部、骨干、志愿者培训班8期，1000余位文体骨干、2600人次参加了培训。

---

① 浙江文化信息网：《杭州"拱墅区文化智慧一点通"微信平台一手在握》，2014年7月31日，http://www.zjcnt.com/content/2014/07/31/233656.htm。

（3）开展全区体育场馆普查。按省市要求完成辖区体育场馆普查,普查整理出 170 个企事业单位的 740 片（个）体育场地,总面积共计 520404 平方米。9 月 1 日,区内 36 所符合开放条件的院校体育场馆免费向市民开放,新增体育场地面积达 162965 平方米。

（4）第二批历史文化遗址揭碑。对全区的文化遗址点进行了第二轮的挖掘和论证,2014 年 6 月 26 日,卖鱼桥遗址在信义坊东广场正式揭碑,标志着拱墅区第二批包括衣锦桥古纤道、东皋心越上塔伏虎禅院遗址在内的 13 个文化遗址正式落成。

（5）开展"五送五进"活动。全年送电影 115 场、演出 102 场、展览 32 场次、讲座 12 场次进社区、进军营、进机关、进学校、进企业、进工地;新建勤丰桥、长乐苑 2 家工地图书馆,与桥西 4 大博物馆、布米空间、运河宸园、解文教育等地结成共建点,送书近 1 万册。

（六）"六个促进"——强基固本保障有力

（1）促进基础建设。运河广场南北戏楼完成修复提升,正式启用并对外开放。完成半山社区体育健身公园、紫荆公园门球场提升等健身苑建设工程,完成 20 个社区 22 处健身点的维护更新工作。全力做好权力清单、行政审批、信息化建设和信息公开工作,努力转变职能提升绩效。

（2）促进体质提升。举办了区第四届老年人运动会、区首届职工健身运动会、区第六届残疾人运动会、区首届党外人士运动会、区少年乒乓球、三项棋类、跆拳道和游泳比赛等。举办了"万人同跳一支舞"挑战吉尼斯排舞大赛,全区 1100 名排舞爱好者参加。面向全区中小学生开展了 3 期"跆拳道"、"游泳"免费培训周活动,其中特别为外来务工子女开放游泳免费培训周专场 1 期;组建拱墅区少儿游泳训练队,参加 2014 年杭州市小学生阳光体育游泳锦标赛,取得了第一名 11 个,第二名 12 个,第三名 9 个,团体总分第三名的好成绩,这是拱墅区代表队近 15 年来的最好成绩。拱墅区米市巷街道和湖墅街道作为国家体质监测点,完成 320 份成年人和 420 份青少年入户问卷调查和体质测试。

（3）促进联盟拓展。在中国刀剪剑、中国扇、中国伞及杭州工艺美术博物馆设立"传统手工艺活态展示",与杭州初阳文化艺术策划有限公司合作"艺术家名角会系列",与杭州柔之艺太极文化有限公司合作"太极文化传承与体验",与老开心茶馆合作"老开心曲艺大舞台",举行区第二届"詹氏杯"拱宸地书邀请赛,承办拱墅"爱我中华 拱墅齐唱"群众歌咏活动,开展 2014 首届杭州

(国际)运河文化创新设计营。引进著名影视剧作家"黄亚洲"，与"亚洲书院"合作，开展"春天的运河"名家采风、"运河与文学"专题座谈会等活动，编写并出版《风情拱墅》一书；引进著名媒体学者"安峰"，合作编写《运河南端觅古迹》；引进浙派古琴传人"徐君跃"，与"西湖琴社"合作，开展"皋亭修禊"活动。

(4)促进执法提升。文化市场办公室(行政审批科)和执法大队坚持严格执法，行政许可149件，开展各类宣传、培训9次。执法大队出动检查1047人次，对全区1463家文化经营单位进行了检查，立案23件，目前已结案21件，罚没款到位41622.64元；停业整顿2家，重大案件1件。同时做好全区文化经营单位及公共文化场馆的安全生产、消防管理和禁毒工作，进一步营造安全有序的文化市场环境。

(5)促进走访连心。结合"公述民评"工作和"党的群众路线教育实践活动"，深入基层开展调研和走访连心。领导班子建立联系点32个，联系户7家，班子成员走访联系点或基层点每月不少于4次，班子全体成员带领相关业务科室负责人每两周进行1次集体走访，机关各科室和下属事业单位根据各自工作职能走访非遗传承人、团队带头人、基层共建点等，听取意见、建议。通过走访连心活动，共征集到意见、建议600余条。对征集到的意见、建议，拱墅区相关部门逐条进行了分析和分解落实，真正做到了"问计于民、问需于民"，既为今后的工作指明了方向，也为群众解决了实际困难。

(6)促进效能亮剑。拱墅区制订了《区文广新局(体育局)干部日常实绩考核实施办法》，修订了《区文广新局(体育局)内部管理制度》和《区文广新局(体育局)效能建设管理办法》；开展正风肃纪专项检查工作，专项检查14次，突击检查20余次，干部约谈68次，有效提振了干部的精气神；同时，组织全系统干部职工赴南郊监狱、杨乃武小白菜奇案馆参观学习，从思想上加强党员干部廉政自律意识。

二、拱墅运河文化名区建设成效

运河文化与其他文化不同，运河本身所遗留下来的很多景观都是文化的直接体现，所以，通过进一步的开发和修建文化景观能够最直观地体现这种文化，同时，运河发展历史代表着杭州发展的历史。因此，开发运河文化能够最大限度地展现杭州的城市历史,提高城市的历史底蕴。[①] 拱墅区在打造运河文化名区的同时,不仅有效传承历史文脉、融合文化资源,而且开拓创新工作机制,将加强文化遗产传承和利用与创新公共文化服务机制有机结合,这对于历史资源丰富的地区创新公共文化服务机制具有重要示范意义。

(一)挖掘历史文化内涵,丰富公共文化产品供给

积淀深厚的历史文化资源为公共文化产品和服务的供给提供了丰富的内涵,无论是公共文化生产与创作,还是公共文化消费与享受,都是群众文化权益所应涉及的领域和所应指向的对象。公共文化产品和服务的供给不仅包涵了群众享有观看电视电影、收听广播音乐、阅读报纸杂志、鉴赏工艺美术等传统的文化项目,更应注重对本土文化、区域文化、历史文化、民俗文化内涵的挖掘和传承,多渠道、多元化、多层次地为群众提供公共文化产品和服务。近年来,拱墅区坚持继承区域文化传统,努力挖掘运河非物质文化成果,积极发展特色文化产业,创作运河文化作品,发展文化体育产业,加快具有运河特色和时代风貌的标志性文化体育设施建设,文体设施日趋完善;[②]以运河文化名区建设为抓手,通过"半山立夏节"、"端午运河龙舟赛"等大型民俗活动传承历史文脉,丰富了公共文化产品品种,增强了公共文化服务供给能力。

(二)保护历史文化遗产,引导社会力量广泛参与

公共文化服务体系建设建立在一定经济社会发展基础之上,不仅需要坚实的物质支撑和文化建设平台,而且还需要多元化的社会参与主体。社会力量参与公共文化服务体系构建,可以推动公共文化事务"共同治理"结构的形成,[③]保障公共文化政策能够广泛反映社会力量的文化权力需求,从而有效地避免构建公共文化服务体系中政府机构被误置于公共文化生活的中心。历史文化资源的保护要改变政府为唯一主体的现状,广泛引导社会力量参与。在此理念指导下,拱墅区不仅有效整合辖区内众多历史文化遗存,如:修缮重建了"天下粮仓"的富义仓、乾隆御码头、大兜路、香积寺等,为社会力量参与公共文化活动提供空间舞台,还开展非遗传承领头雁工程,以非遗工作室、非遗陈

---

① 王琰、常虎:《浅谈城市运河文化与景观分析研究——以杭州为例》,《现代园艺》2012年第10期,第143页。

② "杭州·拱墅"门户网站:《文化资源》,http://www.gongshu.gov.cn/gsgk/lsyg/201306/t20130624_463311.html,2013年6月24日。

③ 中国网:《浅论公共文化服务的基本原则》,2007年12月21日,http://www.china.com.cn/culture/zhuanti/07ggwhfubg/2007-12/21/content_9416187_3.htm。

列室、非遗传播区为载体，进社区、进校园、进酒店，为社会力量参与公共文化服务体系建设创造有利条件。

（三）传承历史文化活动，建立共建共享服务体系

保护历史文化活动应运用大文化的视野，按照属地原则，在主管部门的引导下，一方面打破不同部门或个人所拥有历史文化资源的边界，通过有偿或无偿的方式实行共同享用；另一方面让处于不同地域或部门的公共文化服务的生产者和供给者都共同参与到公共文化服务的协同建设中。通过制度设计，以保护历史文化活动为共同目标，充分发挥社会各界的力量，通过多样化的文化供给方式，改变公共文化服务存在的有效供给不足、资源空间配置"结构性失衡"、供给模式单一、社会化主体参与缺位等问题，从而构建"共识—共建—共享"的文化服务体系。拱墅区在组织机构保障上推陈出新，率先在浙江省建立公共文化服务联盟，整合辖区内各部门各单位：包括机关、事业单位、社会团体、大中型企业等，通过联建活动、合作协议使得各单位有效实现文化设施共享、文化信息共享、文化人才共享，文化产品共享。

（四）打造历史文化名城，构建特色公共服务设施

"在城市发展过程中，城市物质环境往往会随着时空更替而消减、转化，城市文化则可以超越时空，具有长久的渗透力和影响力，是城市的灵魂。"[1]本着修旧如旧原则，通过适当修缮，将丰富的历史文化遗存转化为公共文化设施资源，让部分公共文化服务设施延续历史风貌，为历史文化名城增添异彩，这是拱墅区公共文化服务设施建设中的亮点。拱墅区先后修复了小河直街、桥西、大兜路三大历史文化街区。小河直街聚余杭塘河、小河、运河三水之汇，是反映清末民国初期城市平民的居住文化、生产文化、航运文化的历史文化街区，荣获中国人居环境范例奖（见图 3.7）。桥西直街紧邻拱宸桥，以运河景观、历史建筑、工业遗产为特色，汇聚了方回春堂、天禄堂、大运河名医馆等国医国药馆，集中反映杭州近代工业文明。大兜路形成以弘扬禅宗文化、展示市井文化、体验粮仓文化为主题的特色街区。三大历史文化街区不仅丰富完善了拱墅区的公共文化服务设施，同时也已成为杭州展示历史文化名城风采、重现"枕河而居"的运河人家风貌、凸显老底子杭州人生活风情的金名片。

---

[1]　武廷海：《中国城市文化发展史上的"江南现象"》，《华中建筑》2000 年第 3 期，第 122—123 页。

图 3.7　拱墅区特色历史文化街区之一：小河直街

（五）弘扬历史文化传统，形成群众活动常态机制

作为杭州文化具有特殊意义的样板，拱墅区近年来通过深入挖掘整理运河文化、非物质文化遗产、市街文化、产业文化，提倡古今交融、雅俗共享、兼容并包，让文化成为老百姓身边可看、可听、可感、还能亲身参与的东西。[①] 随着现代技术不断发展和新媒体艺术形态不断创新，群众文化活动在历史与现代、非遗与时尚、乡村与都市间穿越、相互补充、双向推动，已成为群众文化生活的趋势。在公共文化服务体系建设的框架内，拱墅区形成了由政府推动、政策引导、机制创新，以项目为载体、以交流为形式、以公益为特征，面向广大群众的常态化的运行机制与系统。各区域的群众文化活动以月、季、年为频率，以弘扬历史文化传统为主旨，以民俗节庆和国定假日为节点，形成联动格局，实现政府服务、群众满意、基层受益的公共文化服务的理想状态。拱墅区弘扬历史文化传统，以讲堂为平台，开创以"国学"为主题的市民教育新天地。被浙江省评为春节文化特色地区的广场文化为市民提供了大舞台，运河元宵灯会、"新

---

① 黄群、毛珺：《拱墅：让文化的力量流淌四方》，《浙江日报》2011 年 11 月 17 日。

年运河健走"成为杭州文化新民俗。"大运河文化节"也成为全国节庆活动。

以人为本,还河于民,运河保护以此为根本落脚点,以人为本,惠泽于民,运河文化因此而长盛不衰。如果说,是运河孕育了拱墅大地、带动了拱墅经济,那么,运河文化更是构建和谐拱墅的催化剂和区域发展软实力的支撑点。① 拱墅区把"运河文化"作为最大的特色来珍视、发展、弘扬,在传承中创新,在创新中传承,使得拱墅的运河文化得以历久弥新、持久保鲜。② 如今,伴随运河环境的改善,在以拱宸桥为中心的一公里范围内,各种以文化艺术交流和展示为目的的场馆正在兴起,运河文化带正在形成。③ 拱墅人将继续以"运河"品牌为依托,努力以运河品质的新提升,展现和谐拱墅的新形象。

---

① 徐红岗、何佳、唐茜:《以运河文化承载和谐生活》,《杭州日报》2006 年 11 月 30 日。
② 晓云、钟鸣、汤臻:《拱墅运河南端绘就创新画卷》,《浙江日报》2013 年 7 月 31 日。
③ 《运河文化艺术区正在拱宸桥两岸崛起》,《杭州日报》2009 年 6 月 3 日。

第四章　协调机制的实践范式："三联模式"

　　公共服务的效率问题一直是公共行政的基本目标诉求。怎样把琐碎的生活服务需求整合成完整的服务流,实现社会需求与社会服务资源的无缝对接,成为摆在文化管理者面前的一大难题。[①] 随着物质生活水平的提高,人民群众的精神文化需求迅速增长,越来越呈现出多方面、多层次、多样性的特点。只有依靠政府加大公共财政保障力度,并动员全社会的广泛介入,通过两条腿走路才能切实解决公共文化产品供需矛盾,更好地保障人民群众的基本文化权益。[②] 杭州市拱墅区近年来积极创新公共文化运作方式,搭建"文化联盟"、"文化联姻"、"文化联群"的互动发展平台,拓宽文化投融资渠道,让企业走进文化,让文化融入市场,让文化和经济联姻,吸引更多的企业、更广泛的社会力量参与公共文化服务、共建共享公益文化,形成以"三联模式"为典型的协调机制,使全区公共文化服务跃升新水平。

第一节　"三联模式"概述

一、"三联模式"的创设背景

　　自 20 世纪 90 年代之后,随着经济社会发展事务处理中"政府失灵"、"市

[①]　袁年兴:《包容性社会政策的建构与公共服务创新——以杭州市上城区为例证》,《理论月刊》2013年第 1 期,第 168 页。

[②]　王小明:《以社会力量为新引擎 积极推进公共文化服务体系建设》,《中国文化报》2009 年 11 月 20 日。

场失灵"等问题的日益凸显,治理理念及其机制取代传统的管理理念及机制成为经济社会事务有效处置的主流性制度安排。一方面,随着社会利益关系、组织结构和组织形式的网络化发展,信息时代的社会发展形态客观上需要一种更为完善的架构多层、网状联结、功能融合、优势互补的新型复合治理主体;另一方面,社会治理主体能否保有各自的相对独立性,并在主体间的协调、互动中形成有效的合作机制,形成良性的信任机制、协商机制和共享机制,促成非市场、非科层式的跨部门间的有效合作关系,是其生命力得以显现、勃发的关键。① 在治理理念的感召下,西方国家民间文化系统获得快速成长。公民、文化从业者和文化企业业主通过国家法律法规认可或授权的途径,在文化公共空间自发地营造起具有文化公共权威的、代表着社会民间文化价值取向的新型行政机制,并在地区、国家和国际等层面上构筑起了较为完整的、具有某种独立自治性的网络体系。②

　　一般而言,公共政策创新受到外在压力与内在动力两方面的需求驱动。外在压力主要产生于当其他政治系统采用创新策略形成外在强势时造成某一主体内在的相对弱势,或者由于其内在的弱势产生对外在强势的羡慕,从而产生期望与现实之间的差距,出现政策创新需求。内在压力产生于社会本身内在矛盾的加剧,当决策者意识到依凭现行政策无法实现预期目标时,就出现了政策创新的需求。③ 原有政策缺陷导致的公共政策供给严重不足为公共服务创新提供了广阔的政策空间。④ 在当前形势下,拱墅区公共文化服务领域存在的主要问题包括:

　　——部分公共文化产品静态呈现,体验性项目缺乏。拱墅区的历史文化公共产品大多以静态形式呈现在群众的面前,单纯地是让群众去参观当地的文化景观以及历史文化遗迹等。老百姓只能凭文字、图画等去想象运河文化,而不能立体地感受到运河文化的精髓,缺乏文化参与性、体验性强的项目,体验方式较为单一,难以满足市民与游客深入体验的需要。

---

① 杨逢银、胡平、邢乐勤:《公共事务复合治理的载体、实践及其走势分析——以杭州运河综保工程为例》,《中国行政管理》2012 年第 3 期,第 17—20 页。

② 杨晓东、尹雪梅:《当代我国公共文化服务体系建设论纲》,天津社会科学院出版社 2014 年版,第51 页。

③ 黄健荣、向玉琼:《论政策移植与政策创新》,《浙江大学学报》(人文社会科学版)2009 年第 2 期,第38 页。

④ 邓念国:《地方公共服务政策创新的四维分析——以温州一项政策为例》,《四川行政学院学报》2013 年第 1 期,第 36 页。

——文化地标不突出，文化彰显地分散。认识一座城市常常从它的文化开始，而文化地标则是其最直观的体现。城市地标能够强化城市文化记忆。拱墅区作为具有深厚历史文化底蕴的地区，举世闻名的京杭大运河流经拱墅区，留下了最美的运河夜景和丰富的文化遗迹。文化地标的规划和建设对其具有重要意义。文化地标代表了一个地方文化形象，它可以体现一个地区的历史以及未来的发展。运河两岸的历史文化遗迹分布很多，但普遍比较分散，核心要素没有形成强大吸引场。历史文化遗迹之间的相似度较高，难以形成较强的竞争力。

——文化表现形态同质化，文化与城市品牌的融合不够。大运河及两岸曾经创造了灿烂的漕运文化、市井文化、民俗文化等，为后人留下了众多文化遗产和动人事迹。而如今随着经济的发展，大运河的传统功能逐步衰弱，真实性和完整性正在遭到破坏。自然景观开发层次低，人文景观存在一定同质化倾向。运河文化与其他产业之间的融合，运河文化内部的融合，物质文化与非物质文化的融合，运河与城市融合等还没有形成一个较好的良性互动。

需要指出的共性问题是，由于我国"大公共文化服务"框架尚未建立，多头管理，条块分割，部门职能交叉，资金投入分散，文、广、新、工、青、妇、科、体等部门公共文化资源缺乏统筹，难以发挥综合效益。① 杭州市在古运河旅游开发方面同样面临缺乏统一管理机构，条块分割，认识混乱的问题。运河旅游涉及的部门较多，如文物部门、宗教部门、园林部门、水务部门、农林部门等，而运河沿线的景区景点又分属于不同的行政区域，如区、乡、镇等。由于条块分割，各级政府部门难免会站在自己局部利益上考虑问题，不能形成合力，其结果必然会影响运河旅游资源的整合、相关旅游产品的开发及配套服务设施的建设。②

2012年2月，中共中央办公厅、国务院办公厅印发《国家"十二五"时期文化改革发展规划纲要》，明确指出：推动跨部门项目合作，统筹规划和建设基层公共文化服务设施，坚持项目建设和运行管理并重，实现资源整合、共建共享。③ 随着党的十八届三中全会提出"构建现代公共文化服务体系"的新要求，建立公共文化服务体系建设协调机制，统筹服务设施网络建设，促进基本

① 《多头管理资金投入分散 公共文化资源不足与浪费并存》，《大众日报》2014年2月28日。
② 吴建华：《杭州开发运河文化旅游的对策研究》，《中共杭州市委党校学报》2009年第6期，第10页。
③ 人民网：《国家"十二五"时期文化改革发展规划纲要》，2012年2月16日，http://culture.people.com.cn/GB/87423/17127110.html。

公共文化服务标准化、均等化被提上议事日程。

2014 年 12 月 2 日,中央全面深化改革领导小组第七次会议在审议《关于加快构建现代公共文化服务体系的意见》时强调,要把现代公共文化服务体系建设作为一项民心工程,坚持政府主导、社会参与、共建共享,统筹城乡和区域文化均等化发展,加快形成覆盖城乡、便捷高效、保基本、促公平的现代公共文化服务体系。这标志着构建现代公共文化服务体系迈出了坚实的一步,在制度设计上取得了突破性进展,进入了全面推进的新阶段。[①] 2015 年 1 月 14日,中共中央办公厅、国务院办公厅正式印发《关于加快构建现代公共文化服务体系的意见》,强调创新公共文化管理体制和运行机制要建立公共文化服务体系建设协调机制。建立协调机制,本质上是对现有公共文化管理体制的改革,其目标是形成公共文化服务的全社会共建共享机制。[②]

政府自身能力结构的进一步精细化存在时间和空间的局限,在资源进一步多元化和分散化的情况下,必须通过对外的资源交换,形成以互补的资源交换网络为基础的合作格局,以获得和整合服务能力,实现公共服务的目的。[③]针对公共文化服务领域中存在的多头管理、条块分割、供给和需求脱节、活力不足、效能不高等问题,杭州市拱墅区以省公共文化服务体系综合性示范项目建设为抓手,努力突破体制障碍,积极创新公共文化服务机制,以"三联模式"实践文化统筹协调机制,使全区公共文化服务提升新水平。

二、"三联模式"的主要做法

"三联"是分别是指"联盟"、"联姻"和"联群",力求突破长期制约公共文化服务水平提高的瓶颈,从而提升群众幸福生活指数。[④] 杭州市拱墅区以"三联模式"作为推进区现代公共文化服务的创新载体(见图 4.1),通过"文化联盟"、"文化联姻"、"文化联群"盘活文化存量,撬动文化增量,整合全区文化资源,改变长期以来文化部门"单兵突进"办文化的局面,有效提升全区公共文化服务效能和质量。该模式创新是实施文化惠民工程,保障群众基本文化权益,

---

① 《社会力量,激活公共文化服务》,《人民日报》2015 年 1 月 12 日。

② 光明网:《共建共享能最大程度盘活公共文化资源》,2015 年 1 月 16 日,http://theory. gmw. cn/2015-01/16/content_14542 35. htm.

③ 敬义嘉:《合作治理——再造公共服务的逻辑》,天津人民出版社 2009 年版,第 263 页。

④ 浙江在线新闻网站:《拱墅区公共文化服务"三联模式"让群众得实惠 实现服务均等化》,2014 年12 月 24 日,http://hangzhcu. zjol. com. cn/system/2014/12/25/020431133. shtml.

推进现代公共文化服务体系建设的重要举措,也是现代公共文化协调机制在县域落地生根的实践样本。2013 年,拱墅区以全省第一名的评审成绩入围浙江省第二批公共文化服务示范区创建单位。

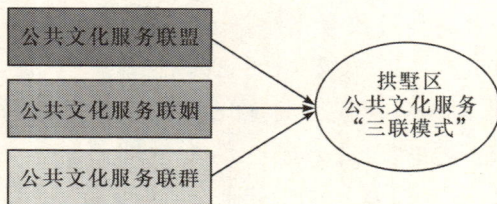

图 4.1　拱墅区公共文化服务"三联模式"

（一）服务联盟：整合辖地单位,构筑联建大平台

一是搭建服务平台。拱墅区创建公共文化服务体系运用大文化的视野,按照属地原则,整合辖区内各部门各单位,包括机关、事业单位、社会团体、大中型企业等,通过联建活动、合作协议使得各单位有效实现文化设施共享、文化信息共享、文化人才共享、文化产品共享。通过加强协调与沟通,争取支持与配合,集聚辖区一切可用的资源、要素、人才,形成条块清晰、协调一致、通力合作的工作局面,为辖区 60 万人民群众更好的公共文化服务。

二是创设服务体系。以申报和创建公共文化服务示范区为共同目标,充分发挥社会各界的力量,通过多样化的文化供给方式,改变公共文化服务存在的有效供给不足、资源空间配置"结构性失衡"、供给模式单一、社会化主体参与缺位等问题,从而构建"共识—共建—共享"的文化服务体系。

三是破立协同建设。在主管部门的引导下,一方面打破不同部门或个人所拥有历史文化资源的界线,通过有偿或无偿的方式实行共同享用;另一方面让处于不同地域或部门的公共文化服务的生产者和供给者都共同参与到公共文化服务的协同建设中。

（二）服务联姻：融合部门边界,供给文化新产品

一是建立联席例会。拱墅区努力突破体制障碍,通过建立部门之间联席例会,以满足老百姓的基本需求为立足点,通过统筹规划、科学设计、项目驱动,破除各部门各自为政的格局,加大跨部门、跨领域、跨系统文化项目的交流与合作,最大程度实现公共服务效能最大化。

二是打造联姻模式。以"文教联姻"、"文体联姻"、"文旅联姻"、"文商联姻"等为载体,整合教育、体育、旅游、商业等政府部门,通过公共文化服务联

姻，丰富公共文化服务产品、集聚公共文化服务效应、创新基层公共文化资源供给机制，打造公共文化服务高地，有效满足老百姓日益增长的公共文化需求。[①]

三是提供联姻服务。体现"文旅联姻"的由拱墅区发起，运河沿线 21 个城市共同参与、轮流承办的"大运河文化节"已经成为全国性的文化节庆活动；拱墅运河龙舟大赛已成为杭州的市民盛会。体现"文体联姻"的"新年运河文化健身走"成为杭州文化健身的新民俗。体现"文教联姻"的中小学文化"一校一品"如长征中学的"杭州卩学生艺术团"民乐基地，成为浙江省艺术教育先进单位。体现"文商联姻"的拱墅民营文化体验点，如老开心茶馆、富义仓·韵和书院、剑瓷视界艺术馆、运河民俗画室、柔之艺太极馆、丝联 166 文创园区、河畔书屋、舒羽咖啡等，成为异彩纷呈的融文化、休闲、娱乐为一体的民营文化体验点。文化联姻有效地提供了不同层次、多元化需求的文化产品和服务，愉悦了老百姓的精神生活，提升了拱墅人的幸福指数。

（三）服务联群：普惠全体百姓，实现服务均等化

拱墅区是杭州市城乡接合部的老城区，常住人口 60 余万，其中外来务工人员有 30 多万，约占到总人口的一半。为积极推进公共文化服务均等化，拱墅区把开展外来务工人员文化作为实践公共文化服务均等化的重要抓手。该区以扩大覆盖、消除盲点、提高标准、完善服务、改进管理为原则，大力推进公共文化服务均等化建设。

一是注重文化认可。在服务对象上，实施公共文化服务联群，既考虑到普通老百姓的公共文化服务需求的基本性，更考虑到公共文化服务弱势群体的均等性，为老年群体、青少年群体、外来务工人员、残疾人员提供便利的公共文化服务。

二是搭建均等平台。为了丰富外来建设者及其家属的业余文化生活，拱墅区图书馆在全市首家推出"工地图书馆"。在全市首家推出了以外来建设者为主要服务对象、小型阅览室为平台的"工地图书馆"，目前已经建设完成了八家工地图书馆。[②] 对外来务工群体组成的"金翰艺术团"进行重点扶持，努力

---

① 拱墅新闻网：《解读拱墅公共文化服务"三联模式"》，2014 年 12 月 29 日，http://www.gongshun-ews.com/kjww/content/2014-12/29/content_5696519.htm。

② "杭州·拱墅"门户网站：《2013 年，拱墅区图书馆"工地图书馆"花开三度》，2013 年 11 月 14 日，http://www.gongshu.gov.cn/gsdt/zwdt/bmdt/201311/t20131114_520534.html。

实现公共文化服务对外来务工人员的全覆盖。

三是推进均等服务。拱墅区以扩大覆盖、消除盲点、提高标准、完善服务、改进管理为原则,[1]大力推进公共文化服务均等化建设,每年送戏下基层 100 场,各街道平均 10 场以上,所有演出均由辖区内市级星级文体团队担任。每年送电影下基层 108 场,实现每个社区月放映电影 1 场以上。通过开展文化进工地、进老人公寓、进看守所等文艺演出、免费摄影、书画交流、公益讲座等有针对性的文化惠民服务,举办"新杭州人"声乐选拔赛,开展外来务工人员才艺大比武、运河好声音选拔赛,召开"月是故乡明"民工专场中秋晚会等,将老年人、青少年、外来务工人员、残障人士等特殊群体作为公共文化服务的重点服务对象,[2]为他们共享文化发展成果提供一切便利,同时也提高了他们对公共文化服务活动的参与率和满意度。

三、"三联模式"的工作成效

拱墅区公共文化服务"三联模式",以大文化的视野、大文化的团队、大文化的服务,创造性地开创了公共文化服务新路径、新空间、新格局。[3]

(一)文化设施全覆盖,开辟公共文化服务新空间

一是"运河文化长廊"璀璨生辉。建成了一批满足区域群众文化需求的大型公共文化设施:被称为"拱墅客厅"的运河文化广场;"填补了国内博物馆界的空白"的中国京杭大运河博物馆,中国刀剪剑、中国扇、中国伞三大国家级专题博物馆及杭州工艺美术博物馆相继落户拱宸桥畔,全长 4 公里的红建河体育健身带与红建河改造工程同步建成等标志性文化设施镶嵌在运河两岸,为拱墅这座运河文化名区增添了浓郁的文化色彩。

二是基层文化设施"明珠"闪烁。全区街道文体站均为省一级综合文化站,100％的街道建有健身苑和国民体质监测中心,100％的社区建有文化活动室和共享工程服务点,已经实现全区 15 分钟文化活动圈的打造。辖区内75％以上的学校和机关企事业单位的文体活动场地免费向社会开放。

三是公共文化设施有效运行。依托日臻完善的公共文化设施,加强管理,

---

① 阮可、黄玲:《"三联模式"提升百姓幸福指数》,《中国文化报》2013 年 8 月 12 日。

② 浙江省人民政府网站:《创新推出"三联模式"》,2014 年 5 月 14 日,http://www.zj.gov.cn/art/2014/5/14/art_15775_1178932.html。

③ 阮可、黄玲、吕黛芬:《创新推行"三联模式"提升公共文化服务水平》,《杭州:生活品质》2013 年第 11 期,第 28 页。

改善服务,为广大群众提供内容丰富、形式多样的文化服务。全区公共文体场馆面向群众,实行开放式服务,年受益人数达百万人次。

(二)文化活动建品牌,创设公共文化服务新载体

一是公共文化活动品牌享誉全国。逐步形成了具有拱墅特色、在国内享有声誉的文化品牌。运河元宵灯会、运河文化艺术节、运河龙舟赛、运河新年健走、运河烟花大会等活动已烙上了深刻的拱墅印记,在全国颇具影响。在继续做大做强以上品牌的同时,培育打造运河庙会、运河创意文化集市、半山公园运动嘉年华、运河美食节、运河历史街区风情秀、"新杭州人"广场诗会等新的活动品牌,凸显拱墅特质和运河文化主题,扩大知名度和美誉度。

二是基层活动品牌不断涌现。初步形成覆盖全区、特色鲜明的文体品牌群。依托各地特色文化资源,推出全市首家"工地图书馆",涌现了"一街一品"、"未成年人第二课堂"、"妙妙乐园"、"运河探索之旅"、"运河大讲堂"、"草营8号"、"诗人之家"、"外来民工创业基地"等基层品牌活动。

图 4.2　拱墅区古运河之风艺术团荣登中国民乐最高殿堂

三是精品节目崭露头角。精品节目问鼎全国奖项,优秀文体团队崭露头角(见图 4.2)。如:"大关校友民乐队"赴香港参加了国际江南丝竹香港展演赛业余组的比赛,获得演奏金奖等 4 个奖项。"古运河之声艺术团江南丝竹队"在第 28 届上海之春国际音乐节 2011 年海内外江南丝竹邀请赛中喜获铜

奖,并应邀在中国音乐学院国乐厅首开江南丝竹专场音乐会,开创了群众团队走进我国民族音乐最高殿堂的先河。① 《画里康桥》、《花朝》等一大批优秀文艺节目在省市比赛中不断斩获金银铜奖。

(三)文化服务提效能,形成公共文化服务新常态

一是政府"买单",保障基本公共文化服务供给。实施文化信息资源共享,推进文化惠民工程,切实保障人民群众基本文化权益。全面推进"一证通"基层服务点建设,实现了街道层面的全覆盖,实现了全区范围图书通借通还。积极开展文化走亲、周末越剧大舞台、演出下基层、文化下基层电影放映等群众喜闻乐见的休闲娱乐活动,每年送电影下基层 130 余场次,举办各类文艺演出100 余场次,年受益人数 10 万以上。

二是服务"外包",提高公共文化服务效能。由政府牵头、企业搭台、百姓唱戏的"民星大舞台"孕育而生,打造了一种政府投入小、社会影响大、百姓广参与、群众得实惠的"文化惠民"新模式。"民星大舞台"整合社会各界资源,为基层群众的文化活动提供了一个可靠的平台,实现了全民文化总动员,被群众誉为家门口的"大舞台"。

三是制度设计,引导民间资本进入公共文化领域。资源共享是新时期产业发展的要求,政府和企业应以此为导向,树立品牌经营意识,开发市场,拓展路径。② 通过"文企联姻""项目共建"等形式,积极引进民营资本参与文体设施建设,着力拓宽"合力兴文"的途径。拱墅区制订出台了《拱墅区关于引导和鼓励社会力量兴办公共文化的实施办法》,明文规定了社会力量兴办公共文化的优惠措施、补助标准、申领程序等,对推动社会力量兴办文体事业起到了积极的作用。2013 年以来,拱墅民营资本建设文体设施的热情空前高涨,原大河造船厂内的杭州比高电影城开业,亚洲最大院线韩国 CGV 影院签约落户远洋大运河商务区,"亚洲书院"、"老开心茶馆"、"韵和书院"、"剑瓷艺术馆"等一大批民营文化体验点相继落户拱墅。

2014 年以来,拱墅区加快促进公共文化服务联盟的拓展延伸。2014 年11 月 28 日,由拱墅区人民政府主办的拱墅区公共文化服务体系建设成果展

① 拱墅新闻网:《让拱墅的文化沿着运河激扬流淌》,http://www.gongshunews.com/zt/11_14_dangdaihui/2011-11/16/content_3014658_6.htm,2011 年 11 月 16 日。

② 麻晨俊、梁旭鹏、赵方珂:《城市体育营销研究——以重庆市为例》,《体育文化导刊》2012 年第 2 期,第 22—24 页。

示在浙江大学城市学院图信报告厅举行,市、区、街道相关领导、社区主要负责人和文化员、群众业余文体星级示范团队、公共文化服务联盟成员单位代表①、运河文化传播使者及媒体记者应邀参加。此次名为"璀璨 2014 拱墅区公共文化服务体系建设成果展示"活动包含了 2015 年公共文化服务联盟成员单位授牌仪式、2015 年运河文化使者代表受聘仪式、"运河文化公益促进会"授牌仪式和"三联"成果展演等,全方位生动体现了拱墅区公共文化服务体系建设的成果和取得的成绩,真正做到了文化惠民。②

四、"三联模式"的发展规划

(一)主要目标

按照体现"公益性、基本性、均等性、便利性"的要求,加强文化惠民工作,大力推进公共文化服务工作,加大文化遗产保护力度,加强文化队伍建设,在满足群众日益增长的精神文化需求的同时,全面打造拱墅区公共文化服务体系,为构建运河文化名区提供不竭的精神动力和文化支撑,将"浙江省公共文化服务体系示范区"的创建工作做好做实。

1.创新服务机制

制订公共文化服务体系建设的规划和政策,建立政府统一领导、相关部门分工负责、社会团体积极参与的管理体制和工作机制。

2.提升设施效能

街道建有符合省定建设标准和功能的综合文化站;社区建有符合创建要求和各项标准的文化活动室,每个文化活动室都按标准建成公共电子阅览室、大舞台及文化小广场等设施。进一步完善图书馆、博物馆、文化馆、文体中心、少儿影院等公共文化设施,布局合理,并按要求免费开放。

3.加强队伍建设

按要求配备专职文化站站长和社区文化管理员,建立健全文化人才培训机制,加大教育培训力度。加强街道、社区文化队伍建设,制定实施文化专员

---

① 参加成果展示的公共文化服务联盟成员单位代表包括:中国计量学院人文社科学院;浙江大学城市学院传媒与人文学院;中国刀剪剑、中国扇、中国伞及杭州工艺美术博物馆;杭州艺术学校;杭州市拱宸桥小学;浙江儿童阅读推广研究中心;浙江元谷文创产业发展有限公司;杭州初阳文化艺术策划有限公司;杭州柔之艺太极文化有限公司和老开心茶馆。

② 拱墅新闻网:《拱墅举办公共文化服务体系建设成果展示》,2014 年 12 月 26 日,http://www.gongshunews.com/shizheng/content/2014-12/26/content_5695443.htm。

准入和录用制度,坚持专业性、群众性、普及性原则,建立一支能适应先进文化要求和群众需要的高素质基层文化工作队伍。拟创指标如表 4.1 所示:

表 4.1 拱墅区创建省公共文化示范区指标分析

序号	创建指标	达标标准	创建情况
1	文化馆	一级馆	达标
2	图书馆	一级馆	达标
3	博物馆	建有	达标
4	街道(地区)综合文化中心覆盖率	100%	达标
5	街道(地区)综合文化中心面积达标率	100%	达标
6	藏书流通率	1 册/次	达标
7	人均到图书馆次数	0.5 次	达标
8	人均年增新书册	0.04 册	达标
9	社区(村)文化室整体覆盖率	100%	达标
10	社区(村)文化室建筑面积达标率	100%	达标
11	街道(乡镇)标配公共电子阅览室覆盖率	100%	达标
12	社区标配公共电子阅览室覆盖率	100%	达标
13	每周人均参加文体活动时间	≥7 小时	达标
14	图书馆电子阅览室每周为公众提供免费上网时间	≥56 小时	达标
15	图书馆每周开放时间	≥56 小时	达标
16	文化馆每周开放时间	≥42 小时	达标
17	博物馆每周开放时间	≥42 小时	达标
18	博物馆实现全部免费开放	实现	达标
19	图书馆年下基层服务次数	≥50 次	达标
20	文化馆年组织流动演出次数	≥12 场	达标
21	文化馆年组织流动展览次数	≥10 场	达标
22	地方特色数字资源库	>1	达标
23	网上图书馆	具有	达标
24	网上博物馆	具有	达标
25	群众活动远程指导网络	具有	达标
26	文化馆业务人员占职工总数比重	≥70%	达标
27	图书馆业务人员占职工总数比重	≥70%	达标
28	博物馆业务人员占职工总数比重	≥70%	达标
29	区事业单位职工参加脱产学习时间	≥15 天	达标
30	人均藏书量	1 册	创建中
31	实行图书馆总分馆制的图书馆数量	全覆盖	创建中
32	实现"通借通还"基层服务点	全覆盖	创建中
33	街道(乡镇)综合文化中心编制人员	≥3	创建中
34	社区(村)财政补助的文化指导员	≥1	创建中

（二）主要任务

1. 不断完善"三联模式"

拱墅区公共文化服务"三联模式",以大文化的视野、大文化的团队、大文化的服务,创造性地开创了公共文化服务新路径、新空间、新格局。[①]

下一步,要整合辖区内各部门各单位:包括机关、事业单位、社会团体、大中型企业等,通过联建活动、合作协议使得各单位有效实现文化设施共享、文化信息共享、文化人才共享,文化产品共享。以"文教联姻"、"文体联姻"、"文旅联姻"、"文商联姻"等为载体,整合教育、体育、旅游、商业等政府部门,丰富公共文化服务产品、集聚公共文化服务效应、打造公共文化服务高地。根据各街道实际,指导就近建立、开辟"民星大舞台",如大关街道的"草根荟萃堂",半山街道的"田园大舞台"等,在全区形成"1+10",即以金海岸"民星大舞台"为主、10个街道的"民星舞台"为辅的群众展演阵地,让群众走出家门就有展示的舞台。区域文化联动采用政府主导、企业赞助、乡镇投入、社会参与的多元化方式,在适度扩大政府支持力度的同时,扩大社会参与和支持,合力增强区域公共文化活动的资金支持力量。在条件成熟的时机,创建"区域文化联动发展资金",稳定区域文化联动的基本资金保障,确保区域文化联动长期健康发展。[②]

2. 深入开展重点工作

其一,实现"五性"目标。

一是文化的"传承性"。在拱墅公共文化服务体系建设中,文化的保护和传承是一项重点实施工作。拱墅区通过"出台落实扶持政策"、"建立挖掘非遗名录"、"规划建设博物馆群落"、"收集出版文化书籍"等举措,让历史文化在拱墅得以保存与发展。

二是文化的"多样性"。在漫长的历史文化演变中,拱墅因河而兴,拥有了丰富多样的运河文化遗存。拱墅区在公共文化服务体系建设中必须传承与发扬好本区域的市井文化、工业文化、漕运文化、码头文化和民俗文化。

三是文化的"普惠性"。从两个方面入手,在公共文化服务体系建设中体现文化的普惠性。一为受众对象要全面,即每个人受到公共文化服务的机会

[①] 杭州市文化广电新闻出版局网站:《"三联"模式:公共文化服务机制的创新与实践》,2013年8月20日,http://www.hzwh.gov.cn/syfz/whsy/ggwhzc/201308/t20130820_420331.html.

[②] 朱晓红:《从吴江文化联动谈促进运河文化的共同繁荣》,《大舞台》2011年第11期,第287页。

均等；二为服务范围普惠，即要包含大众娱乐、艺术创作等方方面面，不能受到局限。

四是文化的"融合性"。贯通南北的运河流经拱墅千年，这里保存了众多不同朝代和地域的传统文化习俗，它们相互渗透，糅和，形成了拱墅独特的文化标签。在公共文化服务体系建设中，需要将它们加以积极整合，推陈出新，体现出拱墅公共文化的大融合大发展。

五是文化的"传播性"。拱墅的文化，离不开运河，只要是民族的一定就是世界的。因此通过运河申遗与公共文化服务体系示范区的创建，让拱墅文化得到最大广度与深度的传播，让拱墅的运河文化与世界对话。要妥善保护各类历史文化遗产，加强公共文化设施建设，加快文化事业和文化产业发展，推进文化产品创新，促进全社会形成尊重文化、尊重历史的共识，让社会更加和谐、更有创新活力和文化魅力。[1]

为进一步推进拱墅区公共文化服务体系建设，以先进的文化理论指导工作实践，由拱墅区文广新局与中国计量学院人文社科学院共同主持开展的以"'三联模式'创新公共文化服务统筹协调机制"为主题的"拱墅区运河文化品牌建设课题"研讨会，于 2014 年 11 月 10 日在拱墅区召开。[2] 研讨会就《中国大运河（南端）文化世遗后综合展示方案》（见图 4.3）及《社会力量参与公共文化建设的研究》展开了专题汇报及论证，明确了公共文化服务与文化产业、非遗保护性传承活动的界别，强调了课题研究与制度设计的衔接。通过本次会议，提高了课题研究核心内容的政策性引导，进一步完善了课题研究成果的呈现。

其二，构建两大体系。

一是构建普惠型公共文化场所服务体系，保障人民基本文化权益。作为文化建设的重点，拱墅区计划从完善基层公共文化设施网络、推进重大标志性文化工程建设、实施重点文化惠民工程、增强公共文化产品和服务供给能力和实施运河文化遗产保护工程五个方面进行具体规划部署。建立和完善结构合理、发展均衡、网络健全、运行有效、惠及全民的公共文化服务场所建设，实现杭州城北基层文化设施全覆盖，使设施建设和公共文化服务达到省内一流水平。

---

① 《继续抓实杭州各项申遗工作 全面推进文化名城强市建设》，《杭州日报》2013 年 5 月 17 日。

② "杭州·拱墅"门户网站：《拱墅区召开运河文化品牌建设课题研讨会》，http://www. gongshu. gov. cn/gsdt/zwdt/bmdt/201411/t20141111_635370. html，2014 年 11 月 11 日。

```
                      ┌─────────────────┐
  ┌──────────────┐    │  区大运河文化综合  │    ┌──────────────┐
  │ 旅游(保护利用) │◄── │    领导小组      │──► │ 交通(保护利用) │
  └──────────────┘    │  (统筹协调主导)  │    └──────────────┘
  ┌──────────────┐    └─────────────────┘    ┌──────────────┐
  │ 规划(保护开发) │◄──         │            ──► │ 水利(保护利用) │
  └──────────────┘             ▼                └──────────────┘
  ┌──────────────┐    ┌─────────────────┐    ┌──────────────┐
  │ 城建(保护开发) │◄── │ 文化广电新闻出版局 │──► │ 城管(保护监督) │
  └──────────────┘    │  (牵头实施)      │    └──────────────┘
  ┌──────────────┐    └─────────────────┘    ┌──────────────┐
  │ 国土(保护监管) │◄──                     ──► │ 环保(保护监管) │
  └──────────────┘                             └──────────────┘
```

图中标注框文字:

- 高校科研(智慧支持)
- 民营实体(参与助推)
- 运河文化展示(综合展示 动静结合)
- 遗迹遗址(保护与展示)
- 历史街区(修葺展示)
- 文化创意园区(保护开发展示)
- 博物文化场馆(完善功能展示)
- 文化会所(开发展示)
- 帝王名人遗存(保护展示)
- 运河文化礼品(创意设计展销)
- 宗教文化场所(保护展示)
- 文化活动(以动带静 品牌提升)
- 传统大众媒体(主要平台)
- 现场受众(互动参与)
- 新兴网络媒体(重点开发)
- 非现场受众(吸引关注)

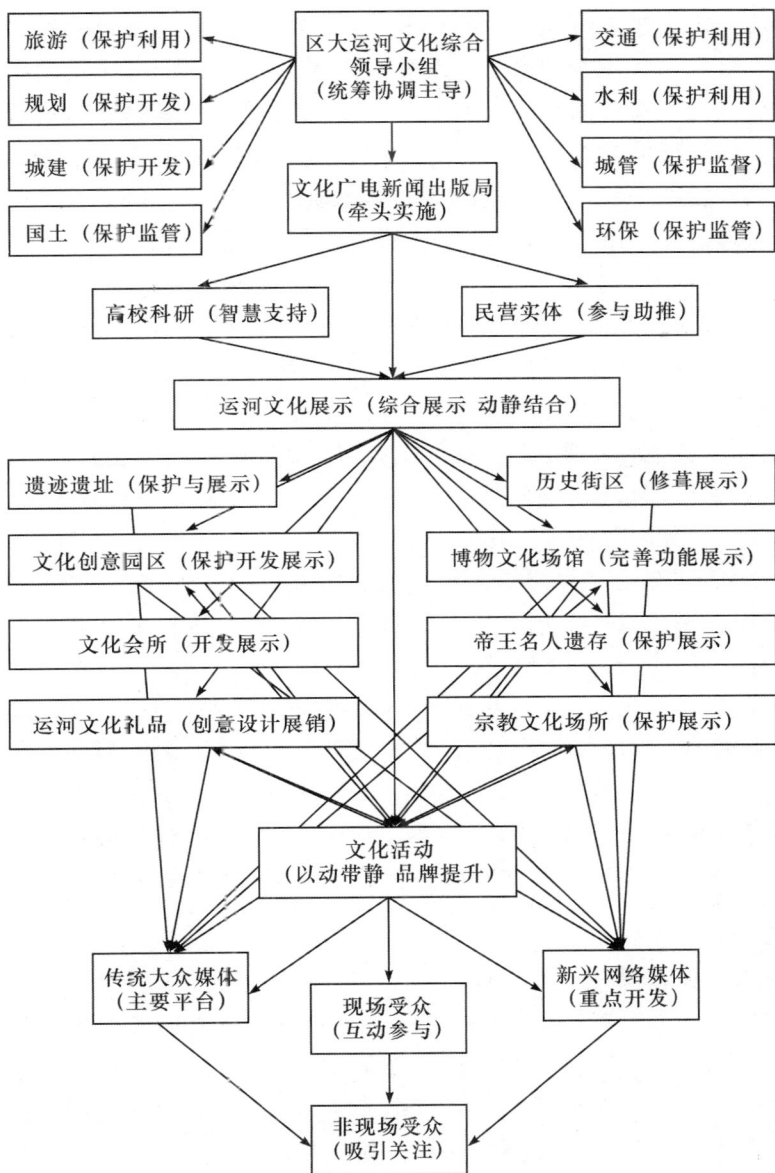

图 4.3 杭州中国大运河文化世遗后综合展示方案

二是打造高效型公共文化网络服务体系,提高文化的传播及推广能力。注重高新技术的应用,把运用高新技术作为推动文化建设的新引擎;创建高新技术平台,上载数字化公共文化服务资源,让公众随时、随地享用高效便捷的数字化服务资源,实现全方位、立体化、数字化的文化服务;注重倾听公众需求,实现公共文化决策的公开化和民主化。为方便群众掌握身边有哪些文化场所,便于就近就需参加文化活动,拱墅区开发了"拱墅区智慧文化一点通"微信公共平台,设有智慧查询、在线阅读、文体动态等三大板块,可实现一张文化地图、一座随身图书馆和一个微豆瓣同城功能。智慧查询内置"文化地图",可提供百余个拱墅文体站点,随时供市民游客选择,并提供路线导航;在线阅读即"掌上图书馆"拥有海量精品电子书随时免费畅读;文化动态实时更新拱墅辖区内最新最热的文化资讯和活动信息。[①]

其三,推进"四化"建设。

一是场所规范化。要在全区范围内实现统一的场所管理服务模式,规范公共文化服务流程及标准,实现各级公共文化活动中心名称标识的统一、开放时间的统一、设施配备的统一。

二是活动常态化。各公共文化服务场所必须经常性举办活动,不能让场地如同虚设。街道社区定期上报上级业务主管部门,区业务主管部门定期汇总,做到有计划、有记录、有成果。

三是人员专业化。以"分级负责,分类实施"为原则,依托拱墅区文化志愿者,对全区文化队伍进行系统培训,形成辐射全区的区、街道、社区三级培训基地网络建设。

四是管理制度化。建立健全公共文化服务的管理机制,探索建立符合拱墅区实际和文化特点的公共文化服务体系基本制度框架。

(三)保障措施

1. 加强组织领导

建立拱墅区委区政府统一领导、有关部门分工负责的领导体制和工作机制,成立必要的工作机构,以文化建设为龙头,领导干部要负起责任,要有针对性地提出公共文化服务体系建设的目标任务,分层次分类别地加强指导;要认真总结其他城市和地区的新鲜做法和成功经验,用典型引路,努力打造拱墅区的公共文化服务体系;要加大对基层文化站的投入,为基层文化提供必要的场所、经费等保证;要鼓励和支持民间文化的传承和弘扬。

---

① 浙江文化信息网:《杭州"拱墅区文化智慧一点通"微信平台一手在握》,http://www.zjcnt.com/content/2014/07/31/233656.htm,2014 年 7 月 31 日。

2.完善政策制度

拱墅区各级党委和政府部门将公共文化服务体系建设纳入经济社会发展规划,纳入财政预算,作为评价本区发展水平、发展质量以及创建示范区的重要内容,把公共文化服务体系建设纳入各级领导干部工作考核体系。发展改革、教育、民族、宗教、财政、税务、国土资源、规划、人事编制、住房城乡建设、体育、旅游等有关部门,在各自职责范围内做好相关的公共文化服务工作。建立领导班子和各相关单位共同参与的公共文化服务体系建设联席会议制度,建立拱墅区公共文化服务体系建设社会听证和咨询制度,加强对公共文化服务体系建设的理论研究和指导。

3.驱动项目建设

以可持续发展和公共文化服务惠民的原则,以土地利用规划为指导,并依据公共文化产品需求的急迫性、重要性、带动性和影响性,确定优先发展项目时序安排,如表 4.2 所示:

表 4.2　拱墅区公共文化项目分期建设一览

类别	序号	名称	位置	项目期限	
				近期	中远期
文化体验类	01	运河第一码头	拱宸桥西侧	√	√
	02	民俗大观园	桥西—婚庆公园	√	
	03	大型运河文化演艺节目	中央公园	√	
	04	运河文化碑廊	紫荆公园	√	√
	05	农耕文化体验区	水田畈遗址附近	√	
	06	禅之旅文化街区	香积寺、大兜路历史街区社区	√	
	07	运河文化民居客栈	小河直街、运河周边民宿	√	
	08	遗址遗迹博物馆	战国一号墓附近	√	
	09	名人历史纪念馆	半山		√
	10	运河文化大型纪录片		√	
	11	创意文化市集	运河广场	√	
文化设施类	12	运河大剧院	西塘河边	√	√
	13	运河文化彰显系统	全区,以运河带为主	√	√
	14	运河风情大道	运河沿线	√	√
	15	国家级文化产业园区	全区		√

续 表

类别	序号	名称	位置	项目期限	
				近期	中远期
展会节庆类	16	国际运河文化艺术节·文化产业博览会	会展中心	√	√
	17	运河名城博览会	会展中心	√	√
	18	半山娘娘庙会	半山娘娘庙	√	
	19	薪火相传——戏曲曲艺文化节	荣华茶园遗址	√	
运河文化服务类	20	社区文化长廊	拱墅区各社区	√	
	21	运河文化大讲堂	拱墅区各社区	√	
	22	运河文化学习长廊	运河沿线	√	√
文化专题活动类	23	大型文化踩街活动	拱墅区街道	√	
	24	征集运河文化吉祥物		√	

4. 营造文化氛围

加强创建工作的宣传和动员,制定创建新闻宣传方案,形成全社会关心创建、参与创建和监督创建的良好氛围。充分发挥区新闻媒体的作用,在拱墅区网上设立创建专栏,定期在中央、市属、区属媒体上展示最新创建成果。建立信息报送制度,设立创建示范区工作简报,设立专职信息员,每 3 个月报送创建进展情况。

5. 健全考核体系

采取政府组织、专家参与的方式,定期进行公共文化服务体系建设评估考评,把公共文化服务的绩效评价由技术、方法层面提升到制度层面。加大公共文化服务建设在政府工作目标责任制考核体系中的比重,进行公共文化服务体系建设考核并通报,对工作突出的部门给予表彰和奖励。

第二节　创新公共文化服务的制度设计

一、拱墅区公共文化服务领域的制度创新

现代公共治理理论主张改变传统的政府是唯一管理中心的做法,鼓励政府与社区、私人部门和非营利组织等多方位的合作,通过市场运作,达到互利

互惠、共建共享的目的,从而更好地推进公共服务的社会化和市场化。[①] 拱墅区有效传承历史文脉、融合文化资源,开拓创新工作机制,将加强文化遗产传承和利用与创新公共文化服务机制有机结合,这对于历史资源丰富的地区创新公共文化服务机制具有重要示范意义,如何进一步开展工作,需要在制度上建立刚性保障,不断完善公共文化服务"三联模式"。

（一）创新社会资源整合机制

经费投入不足、专业文化人才缺乏、队伍整体素质不高等问题,是拱墅区推进公共文化服务工作面临的问题,要有效解决这些制约性因素,必须整合各种社会资源,拓宽社会力量参与公共文化建设的渠道。

1.拓宽公共文化设施建设的投资渠道

拱墅区公共文化设施建设的实践表明,在充分依靠民间力量建设公共文化的投资渠道方面,还大有潜力可挖,大有文章可做。如可以按照公共财政投入和村民共建相结合的原则,设立公共文化设施建设专项资金,动员社会参与,共同投资建设。文化民营企业比较发达的街道,可以出台政策鼓励企业参与文化活动的建设和管理。建立高效、透明的文化捐赠渠道,支持企业和企业家以冠名、建立文化基金会等形式,为文化中心建设捐款捐物、为群众购买戏剧演出等文化产品。积极引导非营利组织等社会成员为群众组织文艺演出、提供文化辅导培训等。充分发挥地方财政补助的"撬动"效应,带动有条件的乡镇（街道）、社区以及社会各界的投入。通过制定税收、用地、用电等优惠政策,鼓励乡镇企业和农民投资村级文化设施建设。通过采取企业冠名、文企结对等方式,组织经济效益好的企业和人才队伍稳定、制度健全的文化社团进行"一对一"帮扶,鼓励企业为文化社团提供办公用房、演出场地、器材车辆和经费支持。要为社会力量参与公共文化服务建设搭建平台,鼓励企业、社会组织参加基本公共文化产品的生产和供给,完善公共文化服务的市场化提供机制。推广政府购买、集中配送、联网服务等新做法,把健康向上的文化产品和服务送到基层。

2.整合公共文化人才

拱墅区内不仅有数量可观的高等院校、文化机构,还有在拱墅工作生活的文化人,有乐于从事文化工作的热心人、志愿者、内行人,如何将这些资源加以

---

① 崔琳:《政府公共服务理念创新的路径选择》,《中国行政管理》2009年第8期,第82页。

有效整合,是目前拱墅区文化队伍建设的关键。在整合公共文化人才方面,对热心公益文化事业,有一定经济基础的致富能手、返乡退休干部、老教师等,扶持其成为"公共文化带头人",把支持帮扶基层的图书、文体器材、电脑等文化资源有针对性地向示范户集中,并邀请专业人员予以指导,使其成为健康文化的引领者和科技致富的带头人,成为专职或兼职管理员或辅导员。通过公共文化服务联盟,建立对接机制,引导文化经费和资源投向基层文化建设。建立一支热心公益文化事业、具有文艺专长的志愿者队伍。建立和完善文化队伍竞争和激励机制,积极鼓励公共文化服务队伍创新创业。①

(二)创新文化资源供给机制

目前面向基层的文化产品和服务流通渠道主要有两种,一是自上而下标准配给制度,即上级政府按照标准,责成相关文化事业单位,指令性、指导性地配送文化产品和服务;二是属地化小范围流通制度,即本地(街道或社区)特色文化内容产品生产和服务单位,面向本地基层群众提供服务。这两种方式各有其局限性:自上而下标准配给的内容产品来源相对单一,容易给基层群众形成灌输的印象;本地流通的内容产品虽然生动丰富,乡土气息浓厚,为本地群众喜闻乐见,但流通范围狭小,兼容性差,不适合大众传播。

拱墅区应结合运河文化的特色,以及分区规划和主要项目策划特点,以充实文化产品内涵、提升拱墅区文化核心竞争力、塑造拱墅区文化品牌为宗旨,确定以公共文化服务为主旨、以漕运民俗市井文化为重点、其他文化产品为补充的产品发展战略,本着"立足保护、活化彰显、拓展内涵、提升品位"的原则,根据文化资源的空间布局和特色,在拱墅内打造一系列产品,形成拱墅区独具特色的文化产品体系(见图4.4)。

通过公共文化服务联姻,以"文教联姻"、"文体联姻"、"文旅联姻"、"文商联姻"等为载体,整合教育、体育、旅游、商业等政府部门,丰富公共文化服务产品、集聚公共文化服务效应、创新基层公共文化资源供给机制,因地制宜地推进公共文化建设,有效满足老百姓日益增长的公共文化需求。拱墅区以"统筹安排,因地制宜,面向群众,分类开发"为指导原则,充实、提高、完善公共文化产品类别谱系(见表4.3)。

---

① 杭州宣传网:《杭州公共文化服务体系建设研究》,2008年10月30日,http://www.hzxcw.gov.cn/dcyj/content/2008-10/30/content_758241.htm。

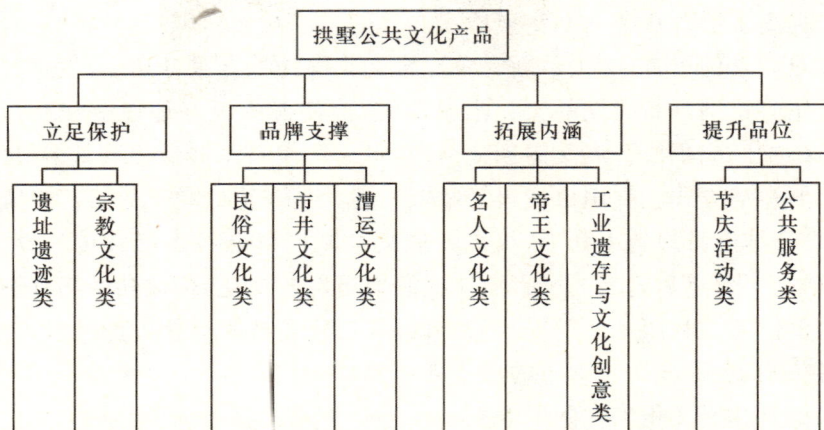

图 4.4　拱墅区公共文化产品体系

表 4.3　拱墅区公共文化产品谱系

产品类型	代表性产品和资源	服务定位
民俗文化类	民俗大观园、中国刀剪剑博物馆、中国扇博物馆、中国伞博物馆	面向国内外
市井文化类	小河直街历史街区、小河直街民宿等	
漕运文化类	富义仓、运河博物馆、运河第一码头等	
工业遗存与文化创意类	以"运河天地"为代表的创意文化产业园区、创意文化集市等	以长三角地区为核心
节庆活动类	运河文化节、半山娘娘庙会、大型文化踩街活动等	
宗教文化类	香积寺、禅之旅街区、张大仙庙、崇光寺、显宁寺等	面向省内为主
遗址遗迹类	水田畈农业遗址观光点、遗址遗迹博物馆、江墅铁路遗址观光点等	
名人文化类	名人历史纪念馆等	面向省内为主
帝王文化类	拱宸桥	
运河文化类	运河文化学习长廊、运河大讲堂、社区文化长廊、运河文化碑廊等	运河沿岸

（三）创新有效需求培育机制

　　需求培育机制是指在现有文化需求的基础上，通过不断提升文化服务的广度和深度，激发公众对文化的内在渴望，从而培育出新的文化需求，推动公共文化不断向前发展。拱墅区通过这几年的公共文化服务实践，老百姓的文化幸福指数得到很大提高。这说明公共文化有效需求是可以引导和培育的。

1. 提高基层群众公共文化素质

有效需求的培育,必须不断完善综合文化站的综合服务功能,发挥其宣传教育作用。特别是新时期的文化惠民政策,能使群众更好地理解和支持政府工作。拱墅区应积极开展文明创建活动,引导广大农民群众移风易俗,培养健康文明的生活方式。利用黑板报、网络、广播、电视、短信和文化示范户宣讲等多种形式,结合身边的人和事,组织开展适合基层群众特点的宣传教育活动,普及科学文化知识,提高居民素质。抵制消极腐朽文化,构建和弘扬社会主义核心价值体系。利用互联网等现代手段,开展实用技术等多方面的教育培训,充实科技知识、提高文明素质的拱墅新市民。

2. 提升基层文化工作队伍素质

有效需求的培育,有赖于基层文化工作队伍素质的不断提升。拱墅区定期对全区 10 个街道的社区文化管理员及业余文体队员进行培训,培训主题涵盖文化阵地管理、文化信息资源共享工程的运用、照片后期处理与制作、文学创作、新故事创作、文艺团队的编导与表演等。通过培训和交流,提高了基层文化工作者和农村文化指导员的思想水平和业务素质。通过提升文化工作员的素质,积极开展"种文化"与"送文化"活动,是培育有效需求的可行路径。经验表明,伴随着"种文化"与"送文化"的深入,公众文化需求不断增长,同时也自发地孕育出越来越多的公众文化组织和文化活动。

3. 增强外来务工人员文化认同

拱墅区是杭州市城乡接合部的老城区,外来务工约占到总人口的一半。为积极推进公共文化服务均等化,应把开展外来务工人员文化作为实践公共文化服务均等化的重要抓手。区宣传部举办"新杭州人"广场诗会;区总工会举办有厨艺、客房服务、保安员等内容的"外来务工人员才艺大比武";每逢除夕,辖区内企业都会邀请留守外来务工人员举办各类专场迎新文艺晚会。拱墅区努力做到让公共文化服务覆盖到每一位外来务工人员,让其充分享受公共文化服务体系的阳光雨露。

(四)建立双向多维的需求反馈机制

回应性与责任性构成了公共治理或社会治理主题下各种不同学科探讨的持续的核心问题。① 有效需求的培育要与需求反馈机制的建立同步推进,只

---

① 杨冠琼、蔡芸:《公共治理创新研究》,经济管理出版社 2011 年版,第 116 页。

有建立群众文化需求的表达和反馈机制，才能更有针对性地为群众提供文化产品和服务。要以公共文化服务均衡化为目标，建立双向多维需求反馈机制，以不同形式接收不同层面的反馈信息。需求反馈机制的服务对象应包括辖区内所有人员，包括各年龄段、各职业，涵盖常住人口及流动人口。不同服务对象所习惯采用的表达渠道也有区别，在被动反馈时要考虑到不同对象的不同表达习惯，构建多渠道、多层次的多维反馈机制，使意见征询对象更全面，反馈更客观准确。建议在综合文化站设立意见征集箱，及时了解基层群众的文化需求。除直接反馈外，间接反馈信息也不容忽视。如部分公共文化设施建好后乏人问津，部分文化活动参与人数较少等，通常是因为在设施设置、活动开展方面有不尽如人意之处，不能充分满足公众文化需求。因此，不能仅从直接意见的情况判断公共文化服务效果，只有将直接反馈与间接反馈相结合，才能对文化服务供给与需求情况做出正确判断。

（五）创新服务效能评价机制

长期以来，公共文化服务管理部门在管理模式上处于"单向约束"状态，即由政府主导的大包大揽式的统一管理：政府投入、政府管理、政府评价，这不可避免地带来资源浪费、效率低下等问题。同时由于缺乏广泛的社会参与和公众监督，公共文化服务体系建设缺乏活力，难以满足公众日益增长的公共文化服务的需求。在公共服务供给的绩效评价体系中，成本—效益原则是其中的"主纬度"。公共服务供给应在公营部门、私营部门和第三部门间进行成本—效益的核算与比较，通过竞争确定公共服务供给主体，寻求公共服务方案的最优。政府绩效的核心在于，充分发挥市场与社会配置资源的基础作用，通过"公私合作"、"合同管理"等方式，降低政府公共服务成本。[1]

1. 从重视公共文化投入向服务效能提升转变

当前，在广泛实践的基础上，如何以公共文化服务绩效评估作为切入点和抓手，以公众满意度、文化价值功能及社会效益的实现程度作为绩效评估的核心，构建公共文化服务绩效评估框架，探索形成公共文化服务常态化、制度化、优质化的工作机制和管理模式，是政府文化管理改革和创新的需要，也是进一步提升公共文化服务能力和水平的需要。政府应从完善公共文化设施网络、增强公共文化产品和服务供给能力、创新公共文化服务机制、开展文化工作创

---

[1] 沈荣华、汪波：《论地方公共服务的体制创新》，《理论探讨》2004 年第 5 期，第 16 页。

先争优活动、加强基层文化队伍建设等方面提升效能。

2.加大对街道文化工作的考核力度

现代公共文化服务更强调的是服务效能，更加关注群众需求导向的评价和服务效能导向的评价。要求以群众需求为导向，建立群众评价和反馈机制；以服务效能为导向，完善绩效考核评价机制。[①] 公共文化服务效能评估机制的创新，主要涉及评估要素的确定、评价原则的确立及评价指标体系的建立等，这是一个需要在文化建设实践中不断加以深化研究的重大的课题。公共文化活动开展得好不好，很大程度取决于街道的积极性、主动性问题。街道一级的文化管理体制问题，如果不予以切实有效的理顺，必将成为群众文化繁荣发展的"瓶颈"，并使当前面广量大的基层群众文化活动，在很大程度上处于"自生自发"、"自给自足"的"自然文化"状态。街道作为一级具有独立行政权的基层政府，大都还没有一个硬性的考核指标，即使有，在整个工作考核中所占比重也很小。因而，就基层公共文化服务评估机制的制度设计而言，亟须加强对街道文化工作的考核，将公共文化创建工作纳入考核评价体系，加强文化规划、建设、监管、评估等事关文化事业发展繁荣全局的系统化的指标体系建设。

3.建立群众广泛参与的"三联模式"效能评价机制

在中国公共文化服务体系建设逐步跨入健全、成熟、完善阶段的时间节点上和实践过程中，是否以人民群众为中心、为主体，是否不断扩大人民群众的参与性、激发人民群众的主动性和创造性，是否大力推动群众文化活动蓬勃开展，越来越成为中国特色公共文化服务体系现代化建设的重要标志。[②] 因此，有必要改变以往封闭单一的内部评价制度，通过制度建立群众广泛参与的公共文化服务效能评价机制。建立规范有序的评价运行机制，将辖区户籍人员、外来人员以及民间文艺团体、民间文化组织等都纳入评价主体范畴。拟建立一个由独立于政府的、有资质、值得信赖的学术团体——杭州公共文化研究会，以第三方研究机构为主体，通过当面交流、调查问卷、网络评价、大众传媒、热线电话等方式构成的立体化的评价体系，建立公开透明的信息发布机制。建立"政府引导、群众主体、社会参与"的长效机制，真正实现公共文化服务体系建设的健康、持续发展。

---

① 杨晓东、尹雪梅：《当代我国公共文化服务体系建设论纲》，天津社会科学院出版社2014年版，第210页。
② 巫志南：《长沙"群文湘军"的科学性和示范意义》，《中国文化报》2012年11月23日。

二、拱墅区政府培养社会力量参与公共文化

近年来,拱墅区群众文化团队活动开展得红红火火,涌现出了一批关心热爱群众文化的文艺爱好者,群众文化自觉自信不断增强,主动投身运河文化建设。据统计,全区有各类基层群众文体团队 300 余支,登记在册的活动骨干达4773 人,辐射带动着全区三万余文体爱好者加入锻炼身体、健康娱乐的队伍中。

在制度设计上,拱墅区先后制定印发了《拱墅区文体事业十二五发展规划纲要》、《杭州运河文化建设实施规划》、《关于建设运河文化名区的实施意见》、《运河文化带规划》、《关于引导和鼓励社会力量兴办公共文化的实施办法》、《加快推进基层文化体育事业发展的扶持办法》等政策文件,通过对场地设施、产品服务和人才队伍建设等方面的奖励扶持,来保障社会力量投入公共文化服务。就具体做法而言,主要围绕着以下几个方面:

（一）三联模式"联姻、联盟、联群"携手共进

在公共文化服务体系的创建过程中,拱墅区在组织机构保障上推陈出新,率先在浙江省建立公共文化服务联盟。文化主管部门牵头,整合辖区内各省属、市属单位、社会团体、大中型企业,通过联建活动、合作协议,以文化共建的形态,使得各单位积极参与全区公共文化服务建设,有效实现了文化设施共享、文化信息共享、文化人才共享,文化产品共享(见表 4.4)。如拱墅区文广新局杭州海空影视公司与浙江大学城市学院共同拍摄的数字电影《飘动的红丝带》填补了浙江青春校园电影的空白。[1] 辖区内各院校的社团文化也向社会开放,如浙江大学城市学院汉服社、国学诵读社,浙江树人大学茶艺社、手语社等等都已成为拱墅人文的一道独特风景。

表 4.4　拱墅区公共文化服务联盟成员单位文化共建项目

序号	联盟单位	联姻项目
1	中国刀剪剑、中国扇、中国伞及杭州工艺美术博物馆	传统手工艺活态展示
2	浙江大学城市学院传媒与人文学院	千名文体骨干培训
3	杭州市艺术学校	歌舞《湖墅三叠》
4	杭州市拱宸桥小学	运河文化少年研究院
5	中国计量学院人文社科学院	"运河文化展示区"探索研究
6	杭州初阳文化艺术策划有限公司	传统戏曲文化体验点

[1]　杭州宣传网:《拱墅:争创省级公共文化服务示范》,http://www.hzxcw.gov.cn/dtxx/content/2013-11/18/content_5422848.htm,2013 年 11 月 18 日。

续 表

序号	联盟单位	联姻项目
7	浙江儿童阅读推广研究中心	运河少儿影评院
8	西湖琴社	浙派古琴传承与研究
9	杭州柔之艺太极文化有限公司	太极文化传承与体验
10	老开心茶馆	老开心曲艺大舞台

政府和民营企业拥有不同的资源,这些资源的整合,可以加快推进公共文化服务体系建设,同时大大调动群众自发的文化热情。拱墅区文广新局与杭州金海岸演艺集团携手推出拱墅金海岸"民星大舞台",让喜欢表演的人有实现梦想的舞台,让广大群众成为舞台的"主角"和"民星",成为政企联合文化惠民的成功典范。拱墅区文化馆、金海岸演艺大舞台组织专家对参演选手、团队作进行初步筛选甚至海选,并对选手演唱技巧、台风等加强指导。金海岸演艺集团无偿提供拱墅金海岸"民星大舞台"的场地、设备,并指派专业策划人员指导节目的编排。群众不仅唱戏免费,而且看戏免费。政府同时通过拱墅新闻网、《今日拱墅》开辟"民星大舞台"专题、专栏,进行全程录播(见图 4.5)。拱墅金海岸"民星大舞台"已成为艺术家与广大群众互动交流的平台、文艺骨干与业余人才成长发展的舞台、民族精神和特色文化宣传展示的阵地;是文化惠民的载体,是百姓展示自我风采的舞台,是广大人民群众享受文化建设成

图 4.5　拱墅推出展示百姓才艺的"民星大舞台"

果、接受艺术熏陶的地方，也是由"送文化"向"种文化"、"育文化"发展转变的重要举措。[①] 民营资本进入文化产业，举办文化活动，推动公共文化事业的建设，离不开政府的支持和鼓励，政府在其中起着主导作用，可以通过各种文化资源，发挥民营资本的最大效用，合力打造大众喜闻乐见的品牌项目，实现政府、民营企业、社会大众三方的共赢。

公共文化服务的目的最终是普惠全民，根据人人公平享有基本公共文化服务的原则，破除制度壁垒，逐步缩小群体间基本公共文化服务的待遇差距。拱墅区以扩大覆盖、消除盲点、提高标准、完善服务、改进管理为原则，大力推进公共文化服务均等化建设。拱墅区通过开展文化进工地、进老人公寓、进看守所等文艺演出、免费摄影、书画交流、公益讲座等有针对性的文化惠民服务，将老年人、青少年、外来务工人员、残障人士等特殊群体作为公共文化服务的重点服务对象，为他们共享文化发展成果提供一切便利，提高了群众的参与率和满意度。

（二）吸引社会力量参与或主办公共文化活动

目前在浙江各地，无论是文化体制改革、文化单位股份制改造，还是文化设施建设、文化资源保护与开发，都有民营资本的积极参与。拱墅区政府根据《浙江省文化产业发展规划（2010—2015）》，一方面充分发挥政府在文化建设中的主导作用，不断加大对公益性文化事业的投入力度，另一方面又积极吸引民营资本、社会捐助等投入，形成以公有制为主体、吸收社会力量共同参与公共文化建设的开放格局。

拱墅区政府积极调动各项资源，着力打造品牌文化活动，在文化活动品牌打造的过程中积极调动各项社会资源，采用两种方式，第一种，积极调动各种社会力量参与到文化活动中去，让这些社会力量成为公用文化的消费者。第二种，积极鼓励各种社会力量参与到公共文化活动中去，让这些社会力量成为公共文化活动的参与者，协助者和生产者。通过多年的努力，拱墅区已逐渐形成一批社会力量广泛参与，获得群众好评，取得良好社会反响的系列品牌活动（见表 4.5）。

---

① 拱墅新闻网:《只要你有拿手的节目 就能上"拱墅金海岸民星大舞台"——拱墅将推出展示百姓才艺的群众性大舞台》,http://www.gongshunews.com/content/2012-08/20/content_5092096.htm,2012 年 8 月 20 日。

表 4.5　拱墅区社会力量广泛参与的系列品牌活动一览

活动名称	活动概况	举办单位
大运河文化节	运河文化论坛、杭州国际骑游大会运河拱墅分会场、运河学习节、中国龙舟公开赛总决赛、运河美食节——杭州"台湾美食节"	拱墅区区委、区政府
运河元宵灯会	赏灯游园、踩街巡游、欣赏戏曲、体验非遗、品尝美食、遗韵摄影等	拱墅区文广新局
运河学习长廊	包括运河沿线杭州段的中国刀剪剑、中国伞、中国扇博物馆,手工艺活态展示馆,杭州工艺美术博物馆,晓风书屋,星燎原书屋,茶道插花展示,舒羽咖啡等场所	拱墅区区委、区政府、杭州市运河综保委
"屈原杯"全国龙舟锦标赛暨	依托中国大运河举办的龙舟大赛,是拱墅区运河品牌的重量级赛事。千年龙舟与千年运河在拱墅激情相会,豪情四溢	国家体育总局社体中心、中国龙舟协会、浙江省体育总会、杭州市人民政府
京杭大运河中国龙舟公开赛	以专业龙舟赛为主体,辅以相关配套活动,承扬运河及龙舟文化,体现南北互动,唤起人们对传统龙舟文化的记忆,赋以时代的全新感觉	国家体育总局社体中心、浙江省体育局、杭州市体育局、杭州市旅委、杭州市运河综保委、拱墅区政府
全民健身新年运河健走	全民健身新年运河健走,是拱墅区最富运河民间特色的品牌活动。2006 年运河沿线 21 公里游步道全线贯通以来,连续八年在元旦或大年初一举办。活动除本区居民外,特意邀请杭州市各城区的健走爱好者、外来务工人员一起参与,一起用健走方式迎接新年	拱墅区区政府
杭州国际烟花大会运河分会场	烟花大会运河分会场注重整体艺术效果,分为运河之魂、运河之韵、运河之美、运河之梦等四大篇章,实施烟花与灯光、烟花与音乐交相辉映,中低空烟花、水面烟花和瀑布烟花互动穿插,多点同步施放,为市民游客奉献精彩绝伦的运河烟花胜境	杭州市政府
杭州拱墅运河美食节	"赛在胜利河"(千岛湖啤酒争霸赛)、"淘在运河上街"(杭州名优点心展)、"牛在大兜路"(全牛宴流水席)、"恋在小河直街"(运河人家传统婚宴)、"绝在信义坊"(绝活表演、宴席评比)、"爱在西塘河"(百姓"爱在厨房"厨艺赛)、"味在桥西直街"(桥西美食体验)、"潮在银泰城"(环球美厨课堂)、"品在胜利河"(胜利河美食免费尝)九大系列活动	拱墅区区政府、杭州运河综保委
春天的运河名家采风	沿着运河欣赏河岸风光,用美文美诗记录运河风情	拱墅区文广新局主办、黄亚洲书院承办

续　表

活动名称	活动概况	举办单位
拱墅运动会	该运动会已成功举办七届。如2012年10月28日开幕的第六届,以"运河润古都,活力扬拱墅"为主题,在区体育场隆重举行。来自拱墅区本土的20支业余文体团队近1000名全民健身活动爱好者共同参加	拱墅区文广新局
运河学习长廊	全国全民阅读媒体联盟的媒体代表来到杭州市拱墅区的运河学习长廊,发布了《运河读书倡议书》,并向拱墅区颁发了"运河读书长廊"牌匾	拱墅区委区政府、杭州市运河综保委
运河大讲堂	运河大讲堂作为拱墅区图书馆的一个活动窗口,创设于2008年,2012年拱墅区文广新局把运河大讲堂明确定位为"倡导运河文化、服务全区企业、提升干部素养、惠及市民读者"的综合型大讲堂,现已成为品牌活动,被居民亲切地称为"没有围墙的大学"。该讲堂根据不同的服务对象推出了运河文化、人文素养、家庭教育、健康养生和财富人生五大系列讲座,建立了讲师资源库,语言文字学家蔡勇飞、国学大师邓松林、亲子教育实践家周驰等都曾到运河大讲堂授课	拱墅区文广新局
半山立夏节	半山立夏节,已经成功举办三届。首届于2012年成功举办,通过民俗曲艺表演、非物质文化展示、民俗系列活动等丰富多彩方式,既为半山国家森林公园游客中心启动造了声势,吸引了人气,也弘扬了半山地区历史悠久的民间民俗文化	拱墅区区政府主办、皋亭文化研究会协办
杭州首届运河汉风婚典	以"情缘运河·相约拱墅"为主题,以古老的拱宸桥为背景,巧妙融合婚庆与旅游,呈现一场视觉和文化的盛宴,以六个环节呈现:一是"妆奁";二是"祈福";三是"走运";四是"同行";五是"正婚";六是"留影"	杭州市拱墅区旅游局、浙江省黑龙江商会、运河集团旅游运行中心联合主办,杭州雅欣婚庆、鑫益彩化妆摄影主持培训学校、秀我乐活网和杭州湘湖燕尔园婚庆礼仪服务有限公司联合承办
运河少儿影评院	运河少儿影评院是拱墅区图书馆今年新推出的少儿品牌活动,活动一经推出,就受到广大学生及其家长的青睐,每场活动爆满,现已举办34场,约7000余人次的孩子及家长参与	拱墅区文广新局

(三)政策扶持激励基层团队发展

近年来,拱墅区政府不断建立健全基层文化团队扶持、激励机制,制定出台了《拱墅区文体团队奖励办法》、《关于进一步推进拱墅区基层文化体育事业发展的扶持办法》等政策措施,明确基层文化团队的扶持办法,对优秀团队给予活动、场地、师资、经费等全方位的指导、服务和帮助,鼓励他们做优做强,创作文艺精品,向社会提供更丰富更优质的文化服务。区财政每年用于团队的表彰、培训、排练、演出、观摩经费近 25 万元。具体对发挥重要作用的骨干群众文体团队,给予每年办团资助经费 0.5—3 万元;对团队重点创作的文艺节目给予项目资助经费 5—20 万元;有特别突出贡献的,最高可给予 50 万元的奖励。对团体激励的效果很好,大大提高了他们的积极性。

(四)打造品牌文化团队

近年来,拱墅区不断加强和规范基层文体中心(站)的建设,拓展公共文化服务功能,延长公益服务时间,全区三级文化设施均实施免费开放,并积极探索错时开放制度,为基层群众文化团队开展文化活动提供了阵地。区文化馆定期邀请老百姓进馆免费参观演出、看戏文、听讲座、学技艺,2012 年,区文化馆被评为全省首个也是目前唯一一个"浙江省文化馆免费开放示范品牌基地"。[①]米市巷街道文化站全年无休,推行"志愿服务、错时定班"的全天候开放服务模式,招募文化志愿者参与管理,开放时间从早上 6:30 一直到晚上 8:30,长达14 小时,被省文化厅列为杭州市唯一一家街道综合文化站建设的试点单位。[②]

在不断完善文化设施建设管理的同时,充分发挥站点的带动和辐射作用,对基层群众文化团队的活动时间、活动形式、活动地点进行摸底调查,"建账立制"。通过街道文化站初选推荐、区文化馆举办展评,选拔精品团队入选"草营8 号"[③]进馆扶持,为这些精品团队免费提供训练场地,业务指导和培训,并组织他们外出观摩、学习,并优先推荐参加省市相关活动、比赛以及参加城市、省

---

① 《浙江举办文化馆免费开放区域共建系列活动》,《中国文化报》2012 年 4 月 25 日。

② 杭州群众文化网:《基层文艺团队建设的调查与思考——以杭州拱墅为例》,http://www.zjhzart.com/JournalView56321.htm,2014 年 1 月 6 日。

③ "草营 8 号"是由拱墅区文化馆推出的对外免费公共文化服务品牌,是一个新型学习型组织,于2011 年 3 月 18 日正式开营。自开营以来,"草营 8 号"在文化艺术辅导培训、公益性展览展示、指导群众文艺作品创作等方面让百姓共享文化发展的成果,聆听文化名师的教诲,对拱墅区公共文化服务体系的建设起到了积极的带动作用。参见拱墅新闻网:《草营 8 号》,http://www.gongshunews.com/zt/09_06_yun-hexuexi/2011-09/07/content_2987333.htm,2011 年 9 月 7 日。

际间,乃至对外的交流活动,逐步选拔和培养出了一批有特色、上水平的基层文艺品牌团队,活跃于区、市、省乃至全国的各类文艺演出活动。

根据参加基层群众文化团队的人员年龄普遍在 50 岁以上,较少接受过正规的业务培训的特点,拱墅区高度重视团队骨干的培养工作,采取脱产学习、在职自学、短期培训等多元化、多形式培训,进行理论和业务的教育,有效地提高了团队骨干的思想和业务素质,促进了文艺活动的蓬勃发展。目前,已培养由基层群众文化团队骨干担任的文化辅导员 118 名,这些文化骨干不仅成为先进文化的热爱者、实践者,更成为先进文化的传播者、宣传者,他们积极为居民开展业余文化活动提供免费指导和培训,推进了文化活动的全民化、科学化。由这些文化辅导员指导和创作的优秀作品也层出不穷,《运河蚕娘》、《运河情悠悠》等作品在浙江省社区文化艺术节上荣获多个奖项。

(五)搭建舞台提高百姓热情

公共文化服务建设不仅依靠国家自上而下的推动,而且需要民众自下而上的参与。在公共文化服务建设中,国家除了提供传统意义上的公共文化产品和服务之外,更为重要的是为民众参与文化建设提供平台与载体,通过提供体制机制、法律政策,把社会中的文化资源调动起来,把基层民众参与文化的积极性、主体性调动起来。[1] 拱墅区因势利导打造拱墅金海岸"民星大舞台",通过"政府牵头、企业搭台、百姓唱戏"的模式,打造了一种政府投入小、社会影响大、百姓广参与、群众得实惠的"文化惠民"新模式,[2]让更多喜欢表演的人有实现梦想的舞台,让广大群众成为舞台的"主角"和"民星",2014 年以来,累计开展 60 余场演出,服务 18000 多人次,迎合了广大人民群众日益增长的文化需求。区级各部门、街道、社区通过举办主题文艺晚会、戏剧擂台赛、团队汇演,并结合各类节庆活动,邀请群众文化团体登台献艺,为基层群众文化团队搭建展示的舞台,激发群众参与健康向上文化活动的热情,对推广和普及群众文化起到了积极的推动作用。

---

① 张良:《文化参与机制:公共文化服务建设的制度供给——以宁波市鄞州区为分析对象》,《学习与实践》2012 年第 7 期,第 123 页。

② 拱墅新闻网:《"民星大舞台"唱响文化惠民好声音》,http://www.gongshunews.com/kjww/content/2013-10/17/content_5399521.h·m,2013 年 10 月 17 日。

三、对目前拱墅区公共文化政策的评述

目前拱墅区在公共文化建设方面已出台相关政策,重谋划、抓统筹、强措施,有力推动各项文化工作,文化事业发展成效明显。政策覆盖品牌文化活动建设、公共文化服务体系、传统文化保护传承、文化惠民、文化市场管理等,构建完备的政策管理及多元化政策扶持。

(一)品牌活动项目推陈出新

在政策积极引导下,拱墅区各类文体活动精彩纷呈,已成功举办新年运河健走、运河元宵灯会、半山立夏、大运河文化节广场交响音乐会、"情系运河 太极同源研习会"、运河大讲堂、"运河少儿影评院"等各类公共文化活动,吸引各方社会力量积极参与。在拱墅,围绕运河的文化活动风生水起,为运河文化染上时代的色彩:《运河南端话变迁》、《运河南端说码头》、《运河南端草根谭》等系列运河文化丛书相继出版;草根画家创作的《运河风情图》绘下杭州段运河,被礼品商购买版权制作成城市礼品;由草根外来创业者组成的"金瀚艺术团"创作演出《运河组歌》,频繁被邀请演出……不论雅俗,不论古今,各种文化在这里交融汇聚,在拱墅大气包容、鼓励创新的土壤中开花结果,让运河文化时至今日依旧生机勃勃。[①]

(二)积极培育传统文化展示点,努力完善公共文化服务体系

一方面,推出三联模式,整合文化资源。通过辖区文化企业联建,有效实现公共文化设施共享、信息共享、人才共享和产品共享。以"就近、便利"为原则,既满足普通百姓公共文化服务需求的基本性,也体现老年人、青少年、外来务工人员、残疾人士等弱势群体公共文化服务的均等性,为他们共享文化发展成果提供便利。形成全区范围内人与人、单位与单位、区域与区域之间各尽所能、各得其所、互助互动、互惠互赢的良好氛围。另一方面,努力扶持街道传统文化展示点。拱墅区基层公共文化服务单位在公共文体建设中,努力传承与发扬本区域的市井文化、工业文化、漕运文化、码头文化和民俗文化,[②]充分发挥公共文体单位在创作和服务提供方面的重要作用,为群众提供优质高效、多样的公共文体产品和服务(见表4.6)。

---

① 晓云、钟鸣、汤臻:《拱墅运河南端绘就创新画卷》,《浙江日报》2013 年 7 月 31 日。
② 拱墅新闻网:《拱墅文化惠民"双十双百"工程提升百姓幸福指数》,http://www.gongshunews. com/shizheng/content/2013-12/11/content_5439377.htm,2013 年 12 月 11 日。

表 4.6　拱墅区各街道代表性公共文化服务项目

序号	责任单位	服务项目
1	上塘街道	皋亭文化科普馆
2	祥符街道	祥符映月景泰蓝工作室
3	和睦街道	非遗传承领头雁工程
4	米市巷街道	幸福文化"六百"工程
5	拱宸桥街道	拱宸书院
6	湖墅街道	运河丝竹馆
7	半山街道	金秋文化节
8	康桥街道	康桥群文大舞台
9	小河街道	"小河之春"群众文化艺术节
10	大关街道	草根讲堂

（三）优化服务文化惠民有新突破

探索供需对接的公共文化服务供给模式，就要逐步建立便捷通畅的需求表达机制、公开透明的信息发布机制和公众参与的反馈纠偏机制，做到了解需求、对接需求、满足需求，综合保障各类人群的基本文化权益。[1] 拱墅区坚持文体设施的建设、管理、服务三位一体化，规范制订了《拱墅区全民健身设施建设和管理办法》、《拱墅区体育健身设施活动人员意外保险办法》，建立健全健身设施管理的责任主体、经费投入、设施维护、场地卫生、报废更新、伤害保险等一整套长效管理机制；创新出台了《关于进一步加强和改进拱墅区基层文体中心（站）公益性服务的意见》，所有街道文体中心（站）均实行了错时工作制，尝试推出了公共文体设施辖区文体志愿者托管机制，使基层文体活动中心（站）从单向供给转变为双向互动，从看门守站转变为开门办站，进一步增强了文体设施功能的辐射力。

（四）文化市场繁荣有序管理更趋规范

围绕拱墅经济社会发展实际，创新市场管理手段，把严格管理和有效引导有机结合起来，确保拱墅区文化市场繁荣有序发展。拱墅区目前在以下方面着重落实：第一，行政审批工作规范有序进行。积极配合行政审批服务中心窗口调整工作，做好文化市场行政审批许可工作，认真做好文化市场行政审批许可工作。第二，文化市场监管深入有效开展。围绕不发生重大责任事故、围绕

---

[1]　新星网：《需求导向的公共文化服务供给模式研究》，http://www.ccgov.net.cn/xinxing/Vieww.aspx? id=1065,2013 年 2 月 10 日。

文化市场安全保障,加大巡查频率,错时执法,定期开展集中整治和交叉执法,抓重点专项整治,严密监控市场经营行为,进一步规范了市场,取得了明显成效。

第三节 "三联模式"的经验启示

一、"三联模式"的完善

（一）处理好文化建设的"引发"与"自发"关系

在基本公共文化服务多元供给格局中,政府要摆正自己的角色,对公共文化服务体系起着规范引导和宏观调控的作用,而将具体的操作工作交给文化企事业单位、非营利组织以及其他的民间力量,文化企事业单位、非营利组织以及其他的民间力量,基于平等对话和协商交流等方式,共同构建公共文化服务体系。[1] 拱墅区文化主管部门应从自身做起,切实转变职能,从"办"文化向"管"文化转变,由主要管理直属单位向社会管理转变。区政府有责任对社会力量参与公共文化建设自觉主动地进行有效引导、科学指导。

政府在引导和激励民营资本对公共文化的投入过程中,发挥着重要作用,但要由引导发展向自行发展过渡,改变民营资本企业主的观念,提升他们的价值观念和社会责任感,提高公共文化参与素质,自发投入文化建设中来。具体可以采用：

第一,表彰典型。对热心公益文化的企业进行多种形式的报道。

第二,营造氛围。积极倡导企业自身加强文化建设,如在中秋国庆、元旦春节等节假日,开展运动会、歌唱比赛、志愿服务等多式多样的文化活动,丰富企业员工的业余文化生活。

第三,培养学习。对区内积极参与公共文化建设的民营文化企业负责人,应当为他们创造进一步学习和深造的机会,提升自身文化素质,培养文化自觉,增强其社会责任感。

（二）丰富参与模式,完善组织保障

拱墅区提出的联盟、联姻、联群的"三联模式"具有重要的理论及实践指导

---

[1] 张博：《公共文化服务供给中的政府作用》,《人民论坛》2014 年第 8 期,第 77 页。

意义。目前,拱墅区已经积累了一批三联合作单位,推出了一批文化共建项目,也取得了良好的效果。但三联模式的推出必定需要配套必要的组织人才资源,根据目前的运行方式,拱墅区文广新局基本是采用临时调派的方式来协调解决,遇到一个项目安排一个协调人,这对于整个三联项目的延续性和深入推进产生了一定影响。因而,笔者建议在拱墅区文广新局设立专门的工作组统筹负责,再细分为若干小组分工分头协作,最大化"三联"工作组的工作责任意识和工作积极性。在此基础上,继续搜寻各种可能的社会力量充实到"三联"项目之中。

根据调研,笔者发现,目前拱墅区内部分相对优秀的民营文化企业在落户拱墅区时,往往采取以下几种方式:一是由民营实体单位根据自己需求主动找上门,然后投资兴业在拱墅,比如老开心茶馆等;二是这些社会力量前期和拱墅区相关部门有了一定的合作基础,然后,双方达成合作的默契,并进入拱墅区,像浙派古琴等;三是拱墅区积极主动出击,寻找与拱墅区公共文化有交集的社会力量,并积极推动促成这些社会力量的入驻,像黄亚洲书院等。但这些社会力量加盟到拱墅区文化大舞台中,很多时候基本是拱墅区及文广新局领导在不断推进,随着入驻民营实体的增加及相关文化活动推广,需要进一步增强对社会力量参与公共文化建设的关注度和支持力,故相关社会力量参与公共文化事务办公室是一个必要的手段。可以进一步统一设点工作目标,协调相关人员及资源,最终实现大力推进社会力量参与公共文化建设的良好局面。

(三)拓展合作区域,提高社会力量参与积极性

网络组织内涵的动态性、自组织性、自学习性、自适应性、协作性、创造性和复杂性特征决定了其与科层和市场相比的竞争优势。[1] 首先在组织机构保障上,推出公共文化服务联盟,整合各部门各单位,包括机关、事业单位、社会团体、大中型企业等,通过联建活动、合作协议使得各单位有效实现文化设施共享、文化信息共享、文化人才共享,文化产品共享。其次在文化产品供给上公共文化服务联姻,整合教育、体育、旅游、商业等政府部门,丰富公共文化服务产品、集聚公共文化服务效应、打造公共文化服务高地。再次在文化服务对象上,推出公共文化服务联群,既考虑到普通老百姓的公共文化服务需求的基本性,更考虑到公共文化服务弱势群体的均等性,为更广泛、更全面的公众提

---

[1]　蔡立辉:《信息化时代的大都市政府及其治理能力现代化研究》,人民出版社 2014 年版,第 385 页。

供便利的公共文化服务。

在举办文化活动的过程中,要积极挖掘活动的价值点,并适度开发这些活动的趣味性,让公众能有一个比较高的参与兴趣与热情。加强宣传动员,努力培育全社会共同参与的自发文化意识。此外,还要实现文化自觉,加大宣传力度,促使公共文化建设理念深入人心,使社会公众了解公共文化建设的重要意义,政府文化职能部门有责任对社会力量参与公共文化建设的各类政策规定进行宣传与解释。还要树立社会新风,增强社会力量办文化的动力,增强其对文化的热爱和追求,提升其对文化魅力与传播文化的责任感与使命感。此外,还需要提升全体公民的文化素质,使公民更加重视文化权益,关注文化建设,形成公共文化建设的"善治"结构,使公民公共文化需求得到表达,政府通过尽可能的民主化与科学化达到政府、公民社会与私人部门的健康有益的对话与互动。理想的公共文化服务,应当是既有公共部门的必要承担与主导,又有公民社会的积极响应和参与。通过全社会的共同参与,发挥能动作用,有效地提高公共文化服务的效率,满足人们娱乐、休闲、健身、求知、审美、交际等各种精神需要。

(四)积极争取或开拓资源获取渠道

1.完善公共文化供给体系

从公共文化的供给角度而言,完善的公共文化供给体系是保证高质高量提供公众文化需求的重要方式。当前拱墅区在社会团体的培育、品牌文化活动的打造等方面均取得了很好的成绩,但在社会力量参与公共文化建设供给系统中的角色分布上,还可以进一步优化提升。根据调查,当前参与运河文化带的一些企业如韵和书院、柔之艺太极馆、剑瓷视界艺术馆等民营实体中,很多是基于拱墅区相关领导的引荐推动之下成功设立起来的,并且这些具体的文化项目基本也都是由这些企业自身选择确立的,这也在一定程度上限制了民营实体进入拱墅文化项目的效率。因而,可以由拱墅区各文化片区结合自身文化项目的特色,协同招商部门共同推动相关文化项目中社会力量和资本的引入。此外,还可以进一步拓展社会力量在公共文化建设中的角色定位,尤其在捐赠者和经营者方面可以尝试通过更多的突破来继续完善拱墅区公共文化的整体供给系统。要以文化体制改革为重点完善公共文化服务体系治理结构。市场取向改革和政府职能转变,要求破除过去政府"大包大揽"的做法,创新公共文化发展模式,形成有助于推动公共文化服务均等化的体制机制,挖掘一切社会资源以提高公共文化的供给能力和效率,实现人民群众文化利益的最大化。[①]

2. 多方渠道争取土地资源

政府对民营文化机构的支持既包括荣誉激励,也包括土地政策优惠、经费扶持和演出机会的提供等。如果不能从制度上确立民营文化机构与国有文化机构平等的"国民待遇",那么就会极大地抑制民间力量进入基层文化领域的积极性。民营文化机构的建立可以依靠民间热情,但其持续发展则要靠政府激励制度的支持。[②] 目前,场地资源的短缺成为困扰拱墅区公共文化实体企业入驻的重要瓶颈。运河文化是拱墅区的核心文化资源,而运河文化资源又集中分布于运河带一线,但这些运河带沿线的房产场地资源基本集中在市属企业运河集团手中,想要调度或安排这些房产场地资源十分困难。因而,拱墅区需要考虑进一步开拓自有资源或获得争取这些资源条件的渠道,一方面积极争取市委领导的支持,基于打造运河文化的基础上,搭建拱墅区与运河集团的协作桥梁,设立协调办公室,协同解决拱墅区引入社会力量参与公共文化建设的场地问题;另一方面盘活拱墅区自有资源,进行区域规划,为社会力量的引入储备场地资源。

3. 探索文化人才互动机制

在公共文化建设中,人才具有至关重要的作用,对此拱墅区可以打破现有编制的障碍,充分融合体制内外的人才,完善人才沟通和流动机制,加强人才的沟通和流动,通过人才引进、人事代理、劳务派遣等多种形式将存在于文化类社会组织与民营机构的大量优秀人才引入国有公益单位,或者通过建立沟通机制强化与人才的联系,进一步充实公共文化人才队伍,丰富文化活动,带动文化项目。

4. 实现非物质文化的"物质化"、"实体化"、"项目化"

《文化部关于鼓励和引导民间资本进入文化领域的实施意见》(文产发〔2012〕17 号)提出,要鼓励民间资本积极投入非物质文化遗产基础设施建设,支持民间资本结合文化旅游、民俗节庆活动等建设非物质文化遗产博物馆、展示馆、传习所等基础设施,开展保护、展示、传承、宣传活动。鼓励和引导民间

①　杭州社科门户网站:《推进公共文化服务均等化的思考——以杭州为例》,http://www.hzsk.com/portal/n2502c98.shtml,2013 年 11 月 27 日。
②　傅才武、余川:《我国农村文化建设中民间力量参与的价值及其实现路径——基于湖北省的农村文化调查》,《江汉论坛》2011 年第 2 期,第 29 页。

资本利用现有优惠政策,参与非物质文化遗产生产性保护。[①] 拱墅区拥有丰富的非物质文化遗产和为数众多的非物质文化传承人,这些非物质文化作为公共文化的瑰宝可以深挖和发扬光大,可以充分发扬这些民间艺人的文化价值。拱墅区可以有选择地、分批地将这些非物质文化"物质化"、"实体化"和"项目化",让公众能够更好地认知这些优秀文化和文化传承人。在形式上可以设立工作室,这些工作室可以独立也可以与拱墅区各文化事业单位挂钩,建立起长期的固定展示时间的协作模式;对于部分才艺展示类的非物质文化(如武林活拳、杨氏太极等),可以以项目的方式进行扶持,寻找其有效载体;而对于有良好市场需求和市场化机会的项目(如康桥烧鸡、半山泥猫、微型风筝、丝绸国画等),应当积极实施实体化、产业化发展模式,使其发挥更大的社会价值和文化生命活力。

二、"三联模式"的示范意义

2014年3月,国家层面的公共文化服务体系协调组已经正式成立并开始运转。协调组的建立旨在推进重大公共文化服务政策的制定和实施,建立稳定的公共文化服务保障机制,推动基层公共文化资源共建共享,促进公共文化服务均等化发展。作为对中央部门的回应,拱墅区根据自身实际,建立起"三联模式"这一协调机制。其他地方政府也可适当借鉴拱墅区的实践经验,注重发挥基层党委政府作用,建立统一的基层公共文化服务平台,加强各类重大文化项目的统筹实施,加大跨部门、跨领域、跨系统文化项目的交流与合作,探索整合基层公共文化服务资源的方式和途径,实现共建共享,提升综合效益。[②]目前,拱墅区"三联模式"的做法和经验已先后被宁波北仑区、温州瓯海区等地学习并推广。宁波市北仑区正在强力推进公共文化服务体系建设,从扩大文化视野、壮大文化团队、加大文化服务着手,创新机制,采取公共文化服务联盟、联姻、联群"三联战略",开创公共文化服务新路径、新空间、新格局,全面提升公共服务水平。[③]

---

① 《鼓励和引导民间资本进入文化领域》,《中国文化报》2012年7月9日。
② 人民网:《加快构建具有中国特色的现代公共文化服务体系——访文化部党组副书记、副部长杨志今》,2015年1月15日,http://culture.people.com.cn/n/2015/0115/c1013-26387503.html。
③ 浙江文化信息网:《宁波北仑施行"三联战略"全面提升公共文化服务水平》,2014年11月10日,http://www.zjwh.gov.cn/dtxx/zjwh/2014-11-10/172993.htm。

（一）形成"双管齐下"的政府保障机制

一是公共财政的经费保障。仅以政府为主导、以公共财政为支撑、以公益性文化事业单位为骨干的公共文化服务"大包大揽"的模式，难以满足人民群众日益增长的多层次、多方面、多样化的精神文化需求，必须大力引导和鼓励社会力量参与公共文化建设。[①] 要完善文化投入专项资金制度，建立文化服务体系经费保障机制，设立群众文体团队专项资金、文体设施对外开放专项资金等，鼓励社会组织、机构和个人捐赠、赞助文体事业。

二是配套完善的制度保障。目前拱墅区已经出台了《关于进一步加强和改进拱墅区基层文体中心（站）公益性服务的意见》《创建浙江省公共文化服务体系示范区工作实施意见》等一系列政策文件，进一步增强了文体设施功能的辐射力，完善鼓励高端文体专业人才落户拱墅，文体事业发展得到了全方位的扶持。

（二）开创"三位一体"的社会参与机制

现代公共治理模式由开放的公共管理与广泛的公众参与二者整合而成，超越了传统的管理型思维，强调以分散、开放与协商为特征，以目标为导向，大量运用褪去许多命令强制色彩的软性管理手段。[②] 从 20 世纪 90 年代初期开始，脱胎于计划经济模式下形成的政府主导型中国公共服务供给模式，开始向政府与市场、社会合作供给的模式转型。[③] 服务型政府建设不是某一级、某一地政府的"单边行动"，而是多方主体"双向互动"的过程。一方面，政府作为居于主导地位的一方，应在避免"单边行动"的情况下主动作为；另一方面，市场主体、社会主体等则应积极、全面参与，共同推进服务型政府建设。[④] 公共服务方式创新的"双向互动"，其在微观上表现为任何两个公共服务方式创新主体之间的关系都是"双向"的，而在宏观上则表现为各个主体之间的关系又形成一个"多向"的"六边形"（见图4.6）。

---

① 《引导社会力量参与公共文化建设》，《中国政府采购报》2013 年 3 月 15 日。

② 罗豪才等：《软法与公共治理》，北京大学出版社 2006 年版，第 1—2 页。

③ 孙晓莉：《政府公共服务创新：类型、动力机制及创新失败》，《中国行政管理》2011 年第 7 期，第 47 页。

④ 朱光磊、薛立强：《服务型政府建设的六大关键问题》，《南开学报》（哲学社会科学版）2008 年第 1 期，第 47—48 页。

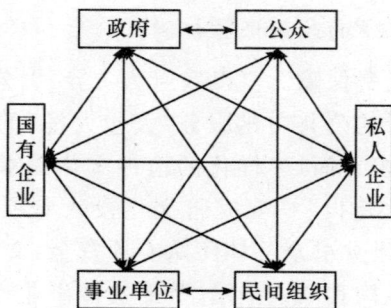

图 4.6　公共服务方式创新中的"双向互动"

资源来源:薛立强、杨书文:《"双向互动"视角下的公共服务方式创新——中国经验的总结》,《中国行政管理》2010 年第 7 期,第 57 页。

从拱墅区的实践看,一是企事业单位参与公共文化服务。拱墅区内拥有丰富的社会公共文化设施资源。浙江大学城市学院、杭州艺术学校、半山发电有限公司等企事业单位作为群众文化生活的有益补充,较好地满足了不同层次群众的文化需求,引导群众文化生活方式的健康转变,为公共文化服务体系的建设发挥了积极的作用。社会化运作不仅让群众享受到的文化更加多样化,同时促进了民间文艺团体的发展。从更深层意义上说,社会化运作让政府的角色真正从办文化向管文化进行了转变,更让社会上的文化资源得到了有效整合,为社会力量办文化、参与公益文化建设拓展了渠道,提供了平台。[1]从其他政府部门融合推进工作的角度看,"三联模式"关于提升对公民需求的整体性回应,加强治理层级、治理功能和公私部门的整合,运用信息技术建设电子政府以及加强组织间协调等方面的有益尝试无疑都具有积极意义。[2]

二是"民营文化体验点"参与公共文化服务。通过公共文化服务培育和促进文化消费,是现代公共文化服务体系建设的一项新功能和新任务。这主要通过培育公众文化素养、拓展公众文化享受范围、激发公众文化消费欲望来实现。人们的基本文化需求得到满足之后,必然会追求更为丰富多彩的文化享受,这就必然要求基本公共文化服务走向优质化、多样化,文化服务的标准化与个性化也要达到有机统一。[3] 融文化、教育、休闲、娱乐为一体的民营文化

---

① 《积极鼓励社会力量参与文化建设》,《中国文化报》2009 年 9 月 25 日。
② 曾凡军、韦彬:《整体性治理:服务型政府的治理逻辑》,《广东行政学院学报》2010 年第 1 期,第 22 页。
③ 李国新:《激活社会力量参与公共文化服务》,《经济日报》2015 年 1 月 16 日。

体验点能够推进文化产品的生产观念、经营观念、品质观念、消费观念和管理观念等方面的创新,促进文化市场营销机制建设和衍生产品的开发与经营。[1]

三是普通公众参与公共文化服务。杭州拱墅区积极引导和鼓励社会力量通过建设文化节点、打造文化项目、研究文化课题等形式,全面参与文化活动,提供各类文化产品,拓宽了文化服务的社会基础,深受群众好评。[2] 张小泉剪刀锻制技艺传承人施金水、朱养心传统膏药制作技艺传承人李邦良、西泠印泥制作技艺传承人曹勤、天竺筷制作技艺传承人王连道等一大批热心拱墅文化事业的普通公众,作为文化志愿者,为拱墅区的公共文化服务建设作出了不可忽视的贡献,同时也为文化的加速发展提供了有力支撑。

（三）建立"四化合一"的人才服务机制

一是人才引进"柔性化",为吸引高端文化人才提供条件。通过创建合作、项目引进、名人工作室等多种途径,打破地域、身份、人事关系等人才流动中的刚性制约,吸引高端文化人才入驻拱墅。

二是人才培训"体系化",确立科学的高校标准化人才的培养模式。拱墅区文化主管部门与辖区内高校签订文化人才培训计划,利用高校师资及专业培训手段,系统培养标准化文化人才。

三是人才使用"项目化",为发掘创新型人才提供途径。对文化工作实行"项目化管理",被确定为重点人才工作项目的,加大创新经验的总结、宣传和推广,着力打造有影响、有特色、有内容、有效益的人才工作亮点和创新品牌。

四是人才激励"差异化",为强化专业型人才提供动力。实施"差异化"激励机制,根据考核验收和平时掌握的情况,在一定范围内通报,给予表彰和奖励,并纳入人才工作目标责任制考核内容。

政府整合通常意味着众多行为者间多重、共享的责任关系。对于日益多元化的治理体系来说,多重责任制或许是一种合适的解决方法。而多维度的责任途径最终需要多元化的政治行政体系予以支持。合作网络中整体责任落实的关键点在于:一方面如何能够促成整合行动、共同标准以及共享的体系;另一方面,如何才能把纵向的责任机制融合于个体机构的绩效体系。[3] 在追

---

[1] 《激活市场 民营资本编织演艺网》,《四川日报》2007 年 3 月 8 日。

[2] 浙江文化信息网:《杭州拱墅区积极引导社会力量参与公共文化服务》,2014 年 5 月 9 日,http://www.zjcnt.com/content/2014/05/09/229108.htm。

[3] 谭学良:《政府协同三维要素:问题与改革路径——基于整体性治理视角的分析》,《国家行政学院学报》2013 年第 6 期,第 104 页。

求公共文化权益的过程中,区域中的社会互动与共同责任应当由多元主体共同承担,并促进公民、私人部门及非营利组织等的广泛参与及其合作关系的确立。而要达成多元主体的信任与合作,必然要求公共权力和责任的重新分配。[①] 近年来,拱墅区始终把文化建设放在突出的位置,与经济建设相统一,与城市建设相推进,与社会建设相融合,着力于弘扬中华优秀文化和传承地方特色文化。[②] 以拱墅区"三联模式"为代表的新型公共文化服务机制,发挥着计划性的政府干预机制、竞争性的市场调节机制、自治性的社区参与机制的互补性制度优势,实现了公民参与、政府引导、市场介入之间的良性互动,对现代公共文化服务体系建设具有重要的借鉴和启示意义。

---

① 曹爱军:《基层公共文化服务均等化:制度变迁与协同》,《天府新论》2009 年第 4 期,第 108 页。
② 张晨:《拱墅:流淌的运河 复兴的史诗》,《浙江日报》2012 年 5 月 24 日。

第五章　基层文化的生动样本：
街道、社区的理论与实践

　　由于受计划经济体制的影响，我国长期实行管制型科层制文化体制，公共文化服务主要依靠各级文化部门自上而下组织和开展。这一模式导致我国公共文化服务在发展过程中，"公共权力逐渐部门化，文化部门权利逐渐利益化，部门利益愈趋制度化"。① 现代公共文化服务体系建设的立足点和出发点是保障文化权利，实现文化民权，培育激发文化创造的活力。作为一种制度创新，它尊重和认同公民文化权益实现，完全不同于以往自上而下的文化事业单位动员体系。②

　　随着城市管理的重心下移和社区建设的不断推进，文化工作已向基层延伸，落脚到村和社区。③ 基层文化是指基层人民群众以满足自身精神文化生活需要为目的进行的以文学艺术为中心，涉及文艺、科普、教育、娱乐、体育等人们文化生活各个方面的文化活动和工作。④ 基层文化是大力开展社会主义先进文化建设的前沿阵地 是国家公共文化服务体系中的关键环节。加强地方县级和城乡基层宣传文化队伍建设，对于推动社会主义文化大发展大繁荣、

---

　　① 曹爱军、杨平：《公共文化服务的理论与实践》，科学出版社 2011 年版，第 118 页。

　　② 高宏存：《政府公共文化服务要满足时代需要》，《光明日报》2014 年 11 月 22 日。

　　③ 杭州人大网：《对拱墅区基层文化建设的认识和思考》，2004 年 8 月 24 日，http://www.hzrc.gov.cn/rdgz/dcyj/200408/t20040824_19744.html。

　　④ 倪愫襄：《论国家软实力中的基层文化建设》，《武汉科技大学学报》（社会科学版）2013 年第 4 期，第 443 页。

兴起社会主义文化建设新高潮具有重要意义。[①] 在基层文化建设中，资源要素的优化配置是核心，突破体制障碍是关键，而体制内外文化团队建设则逐渐成为基层文化发展的最紧迫任务。

基层文化队伍是文化兴盛的推动力量，也是文化兴盛的重要标志。建设文化强省需要一支强有力的文化人才队伍作为保障。加强基层文化队伍建设是完善公共文化服务体系的一个重要组成部分，在公共文化服务体系建设中具有基础性、战略性、决定性的作用。[②] 当前，我国基层文化辅导团队的业务能力需要进一步提高，存在的问题较为严重，如业务从业人员趋于老龄化，从业人员的学历较低，专业技能相对薄弱，基层部门中行政管理人员、业务从业人员及文化骨干的自身素养有待提升。没有专业的高水平文化队伍，我国的基层文化建设自然很难得到快速发展。[③]

群众文化事业作为国家公益性社会文化事业，在社会文化发展中具有龙头、导向和示范作用，对于规范社会市场的方向，促进三个文明与和谐社会建设具有重要作用。基层群众文化工作者已成为群众文化事业发展的重要力量，因此，基层文化工作者的队伍建设和培养成为群众文化事业发展中非常迫切的问题。[④] 在当前形势下做好基层文化工作，必须遵照建设公共文化服务的标准需求，增强整合基层文化辅导资源工作，创建一支技术能力强、创新能力高的基层文化辅导团队，为民众提供优质的文化服务。[⑤] 一方面，文化工作者是来自于不同的文化单位或有一定文化艺术特长的人，为实现文化服务的专业性、有效性，不宜将他们笼统地推向乡镇文化站工作，应根据文化工作者的背景专长，对他们进行细分，如博物馆展厅讲解、民间艺术保护与传承、群众文化辅导等，使文化服务更加具有针对性。[⑥] 另一方面，要不断加大基层文化队伍教育培训力度，建设一支高素质的文化管理干部、文化经营人才、专业人

① 蔡武：《大力促进基层文化队伍建设》，《光明日报》2010 年 7 月 23 日。
② 张卫中：《浙江省基层文化队伍建设研究》，《文化艺术研究》2014 年第 1 期，第 16 页。
③ 刘成骥：《浅析民间艺术团体在基层文化建设中的地位和作用》，《群文天地》2012 年第 4 期，第 115 页。
④ 闫瑜：《浅谈对基层文化工作者的培养》，《群文天地》2012 年第 10 期，第 26 页。
⑤ 郑郁：《公共文化服务的基层文化辅导资源整合问题初探》，《大众文艺》2014 年第 1 期，第 24 页。
⑥ 郑懿新：《基层文化人才队伍建设的调查与思考》，《学习月刊》2015 年第 2 期，第 76 页。

才队伍，真心求才、政策揽才、事业富才，①加强构筑新世纪文化人才高地，提升文化事业发展水平。

作为一名基层文化工作者，要贴近群众，贴近生活，扎根群众，真实了解群众的精神状态和心理需求，通过开展优质高效的文化服务，提供高雅健康的文化产品，组织丰富多彩的文体活动，提升群众的文化生活品味。熟悉群众，工作深入基层，多探求具有地方特色文化，特别是在基层挖掘地方传统文化、风俗、民间技艺，不断雕琢，去粗取精，使其成为文化精品。同时，基层文化工作者还要努力成为一专多能、身兼数职的复合型人才，要善于组织群众，调动群众，激发蕴藏在群众中的文化传造力，不断激励自己成为一名优秀的基层文化工作者。

基层群众文化要创新发展，必须有自己的特色和品牌。近年来，杭州市拱墅区 10 个镇、街道综合文化站根据自身本土文化实际，开拓创新，抓特色、出精品，优化"一街一品"、"未成年人第二课堂""爱在图书馆"、"运河探索之旅"、"运河大讲堂""运河少儿电影院"、"草营 8 号"、"诗人之家"、"外来民工创业基地"等基层品牌活动，形成"一站一品牌"，站站有特色"的局面。② 拱墅区 10 个街道的街区乡土文化不断贴近生活、走进百姓、精彩纷呈、各具特色：米市巷街道的"百姓学堂"、半山街道的"民俗文化"、上塘街道的"诗人之家"、和睦街道的"非遗传承"、大关街道的"百姓书场"、湖墅街道的"古驿新韵"、小河街道的"市井文化"、拱宸桥街道的"国学讲堂"、祥符街道的"悦读之家"、康桥街道的"健身排舞"，有力促进了基层运河文化的多样性，增强了本土文化艺术的感染力。③

同时，拱墅区委、区政府高度重视群众文体团队的建设和健康发展，在全区范围内推行"点菜式"团队业务培训，范围涵盖全区各街道、社区的文体团队，以及各单位、部门、企业下属的业余文体团队，有效地提高了团队骨干的思想和业务素质，促进了文艺活动的蓬勃发展。目前，拱墅区通过各类培训，培

---

① 为提高基层文化工作者的综合素质和服务能力，2010 年 9 月，文化部出台了《关于开展全国基层文化队伍培训工作的意见》(简称《意见》)。根据《意见》要求，"十二五"期间，文化部将大力推动全国基层文化队伍培训工作，逐步建立基层文化队伍培训长效机制，建立健全覆盖全国的基层文化队伍培训网络，建立网络远程培训服务平台，推动培训工作科学化、系统化、常态化。参见《文化部加大基层文化队伍培训力度》，《中国文化报》2010 年 11 月 2 日。

② 石永民：《论群众文化"一站一品牌"的打造和形成》，《杭州》(周刊)2011 年第 8 期，第 57 页。

③ 《打造拱墅运河文化金招牌》，《中国文化报》2013 年 10 月 17 日。

养了由基层群众文化团队骨干担任的文化辅导员 118 名,社会体育指导员654 名,他们不仅成为先进文化的热爱者、实践者,更成为先进文化的传播者、宣传者。近年来,由这些文化辅导员指导和创作的优秀作品层出不穷,《运河蚕娘》、《运河情悠悠》等作品在浙江省社区文化艺术节上荣获多个奖项。①

第一节 公共文化服务末梢的文化思考

一、基层群众文化活动的组织与开展探析

公共文化是社会文化生活和文化活动的总称。而公共文化服务体系是为满足人民的基本文化需求和文化权益,提供公共文化产品和劳务的系统之总称,是政府公共服务体系的有机组成部分。建设基层公共文化服务体系,是构建覆盖全社会的公共文化服务体系中最基本又最重要的一环。②

完善的公共文化服务体系是基本的物质条件和保障。公共文化服务体系的建立和完善,既是全面建设小康社会过程中民生建设的重要内容,也为维护文化民生,提高群众生活幸福感提供了重要途径。因此,公共文化承担着文化强民的重任,文化强民要优先发展公共文化服务体系,公共文化服务体系的建立和完善重点在基层、在农村、在城市社区。通过创新多元投入机制,在城市社区加大文化事业的投入,推进文化设施建设,完善公共文化网络,丰富基层公共文化服务资源,推动基层群众文化活动广泛开展,建立和完善覆盖全社会的公共文化服务体系,让每一个公民都能享用公共文化服务,彰显了文化强民的着力点。③

优秀基层文化主要是面向百姓、面向群众的、普遍的、大众的各类积极文化表现形态。它主要包括三个方面:一是群众自发组织形成的文化表现形式

---

① 杭州群众文化网:《基层文艺团队建设的调查与思考——以杭州拱墅为例》,2014 年 1 月 6 日,http://www.zjhzart.com/JournalView56321.htm。

② 洪艳、冷新科、傅端林:《基于社区视角的湖南公共文化服务体系的完善研究》,《湖南社会科学》2014 年第 1 期,第 173 页。

③ 王桂兰:《完善我国城市社区文化建设保障机制的思考》,《郑州大学学报》(哲学社会科学版)2013年第 5 期,第 39 页。

和审美认同。这是基层文化的主导。二是通过组织进入基层丰富百姓生活、提高审美情趣的外来文化。它是基层文化的补充。三是经过挖掘整理,集中打造推广赢得社会普遍认同的区域特色文化表现形态。这是基层文化的提升。①

活动是基层群众文化的生命和重要载体。随着经济发展、社会进步,人们已不仅仅满足三饱一倒的生活状况,追求高质量生活成为社会主流,群众文化活动的成为人们生活的主题。基层群众文化活动的组织与开展直接关系到千家万户群众的根本利益,是文化工作面临的重点和难点,同时也是一项需要长期抓实抓好的工作。集中与分散相结合,是新时期群众文化活动呈现出的新态势,基层文化工作者们必须认清当前的新格局、新态势,开展组织好群众文化生活,满足群众日益增长的多方面的精神文化需求。

(一)群众文化的定位

1.以人民为中心的服务理念

社会经济结合以市场经济为核心的转变,必然回到东方文化形态的变化。因为经济、文化相辅相成,其产生的社会影响是大众文化、娱乐文化国办的概念逐步从人们的观念上消除,群众文化的社会地位和功能日渐模糊。一些地方的群众艺术馆、文化馆为适应人们的文化观念的转变,更为了适应市场经济的需要,同时也是为了自己的生存,简单地向大众文化和娱乐文化看齐,群众文化逐渐丧失了社会地位和功能,群众文化陷入一种尴尬境地。在我国,人民群众是国家的主人,群众文化有其特殊的社会地位和社会功能,根本不可能被大众文化和娱乐文化所代替。

2.基本特点

集中与分散相结合是当前群众文化活动的特点。具体表现为三个方面。从地点上说,既有分散在社会各方和千家万户进行的,又有集中在广场、公园、文体场馆等公共集聚场所展开的;从项目上说,既有各人依照各自兴趣爱好分散选择参加的不同项目的活动,又有不同兴趣爱好的人在同一时间、场所集中统一选择参加的同一项目的活动;从参与人数上说,既有以群体形式进行的集中活动,又有以个体形式出现的分散活动。

3.要素分析

---

① 唐献玲:《发展优秀基层文化凝聚地方精神力量——以宿迁市优秀基层文化调研为例》,《云南社会主义学院学报》2013年第4期,第6页。

基层文化建设本身也是制度体系重新建构过程,作为制度体系的建构应有理论创新、管理理念、体制框架、服务目的和手段等软件建设,也应包含基础设施、网络平台和文化市场等硬件建设,还应涵盖与基层文化建设相关的行业建设。[①] 群众文化的生命和重要载体就是活动,经常举办丰富多彩的群众文化活动,才能更好地为人民群众提供精神食粮,丰富人民群众的文化生活,提高人民群众的文化品位,真正体现社会文化社会化,群众文化群众化。因而举办大型群众文化活动是推进群众文化深入开展的关键。无论是各级政府、企业、机关和一些民间组织,不管是何种类型的主办方,都会有其明确的动机和目的,没有目的的文化活动是根本不存在的。内容是由主办方的意图显示、所需资源的数量和质量、群众的认同程度三个方面决定的。形式的确定,主要来源于动机、目的与内容,新的活动形式的产生是策划者通过长期社会实践,在群众喜闻乐见的形式基础上发展而成的。

4. 价值取向

2015 年 1 月,中央办公厅、国务院办公厅印发的《关于加快构建现代公共文化服务体系的意见》指出:"发展先进文化,创新传统文化,扶持通俗文化,引导流行文化,改造落后文化,抵制有害文化。"群众文化不等于主流文化,但群众文化和主流文化一样,具有主导型和价值取向。群众文化具有鲜明的主题,能弘扬主旋律,讴歌新风尚,激发爱国情感,让群众在参与中获得艺术享受。因此,群众文化活动是做好思想政治工作的一个有效载体,可通过群众喜闻乐见的文艺形式宣传党的方针政策、法律法规,使群众在愉悦的气氛中了解政策和法律。

(二)如何开展好基层群众文化活动

城乡人民群众的文化生活的不断丰富,有力地促进了全区经济和社会的发展。但从总体上看,目前的基层文化建设仍然十分薄弱,基层文化工作现状不容乐观,与全面建设小康社会的目标要求还不相适应,与经济社会的协调发展还不相适应,与人民群众的精神文化需求还不相适应。具体表现在:不少基层文化机构名存实亡;基层文化工作队伍配备不齐、人心不稳、青黄不接;基层文化设施陈旧简陋;基层文化工作投入不足;当前精神文化产品的生产与人民日益增长的精神文化的需求之间的矛盾十分突出,城乡文化发展水平差距也

---

① 丁言:《建构我国基层文化制度体系的理性分析》,《广东行政学院学报》2006 年第 3 期,第 86 页。

较大。这种状况制约着经济社会的发展，制约着人民群众素质的提高，制约着人民群众生活的改善，必须引起高度重视，迫切需要采取有效措施，切实加以改变。[①]

基层公共文化服务水平的高低、质量的好坏，是衡量公共文化服务体系建设成效的重要标志，也直接关系到广大城乡基层群众基本文化权益的有效实现。浙江省"农村文化礼堂"，一年多时间全省建立了1300多家集政策宣传、文艺活动、党员教育和电影放映等多功能于一体的"农村文化礼堂"；广西壮族自治区推行"五个一"项目，各区行政村推进建设以1个舞台、1个篮球场、1栋综合楼、1支文艺队和1支篮球队为主体的"五个一"村级公共服务中心；广东省积极推进"流动图书馆"、"流动博物馆"和"流动演出服务网"建设，有效盘活各级公共文化资源……各地探索创新的公共文化服务模式，给出了因地制宜的答案。[②]

满足人们日益增长的精神文化需求，开展多种形式的群众文化活动是建设和谐文化的正确选择，也是广大人民群众对建设和谐社会的迫切愿望的集中体现。开展群众文化活动，必须按照"积极健康、丰富多彩、服务人民"的要求进行，做到"两个体现"：

一是体现群众性。面向基层、面向群众，增强先进文化的辐射力、渗透力，把健康向上的文化意识变成社会性的文化理念，这就要求文化工作者大力开展群众性的文化活动，让群众在活动中自我教育，自我完善，提高审美情趣，提高思想道德水平。[③] 群众在心理上是否乐意，在行动上是否自觉地参与到文化活动中，是衡量群众文化活动成败与否的重要标准。只要文化工作者们在组织开展群众文化活动的方式方法和内容形式上多想想群众意愿，多听听群众的呼声，真正把活动办到群众心思上，就一定能够调动群众参与文化活动的积极性，把民心凝聚到和谐社会的建设上来。

二是体现崇尚文明。弘扬社会主义核心价值观，对于推进中国特色社会主义建设事业具有不可替代的基础性意义，是一项事关我国现代化建设全局的重大课题。在构建现代公共文化服务体系过程中，必须把弘扬社会主义核

---

① 朗希：《浅谈如何做好基层文化建设》，《大众文艺》2010年第12期，第195页。

② 中国新闻网：《打通最后一公里 我国探索基层公共文化服务建设》2014年5月30日，http://www.chinanews.com/cul/2014/05-30/6233369.shtml。

③ 杨岁祥：《加强基层文化建设 全面推进和谐社会发展》，《西安社会科学》2010年第2期，第82页。

心价值观作为实施方向、重点内容和衡量标准。[1] 培育文明道德风尚是和谐文化建设的重要任务,作为广大群众参与的文化活动,更应该注重培育文明的道德风尚,牢牢定位在人人崇尚文明,使群众在参与、欣赏喜闻乐见的文化活动中,知荣辱、树新风、讲正气、促和谐,真正实现思想道德素质的升华。

总之,抓好基层群众文化活动的组织与开展,是有序开展好群众文化活动的坚实基础。只有丰富了百姓的业余生活,才能使整个国家的文化生活得到提升,从而也带动了经济的发展,让更多的国家看到我国健康、积极的群众业余生活。这也在不断地鞭策从事文化活动的工作人员,为创办一个群众喜闻乐见的文化活动付出更多的努力。

二、社区文化建设和创建工作的思路

在现代城市里,社区是具有一定共同利益关系的人们,在同一地域内共同生活的有机体。随着城市现代化进程的加剧,快速的生活节奏和相对封闭的居住空间限制了社区居民之间的交流,而社区文化建设能够促进居民之间的相互交往与沟通,使社区居民在形式多样的社区文化活动中通过心灵的交流建立互信与互爱,增强居民的社区认同感和归属感,有助于在一种彼此相知、相容、平等、友爱与和睦的关系中强化社区成员之间的亲和力和凝聚力。[2] 如今,城市社区已成为各种"社区人"社会交往的平台和利益结合点,也成为建构公共文化服务体系的基础单位。[3] 社区作为这类人群的聚集地,在公众文化需求的洞悉上有着其他组织无法比拟的便利性,它汇集有关公共文化服务的民间诉求,适于矫正公共生活和服务中的"非自主性参与"现象。[4] 社区文化是指在特定社会区域内人们的各种行为所构成的文化系统。在社区建设中,社区文化是社区的气质和灵魂,是社区建设与发展的重要内容。蓬勃开展的社区文化,有利于培养社区居民的归属感和责任感,对我国和谐社会的形成发挥着积极的推动作用。[5]

---

① 《弘扬社会主义核心价值观 提升基本公共文化服务的精神内涵》,《人民政协报》2014 年 7 月 23 日。

② 王平:《社区文化建设的多维度思考》,《毛泽东邓小平理论研究》2006 年第 7 期,第 43 页。

③ 孙政:《社会资本视角下的社区公共文化建设——基于宁波市后大街社区的调查与思考》,《中共浙江省委党校学报》2012 年第 5 期,第 126 页。

④ 芦苇、张立荣:《依托社区提升公共文化服务效能——基于组织输送的视角》,《理论与改革》2014 年第 5 期,第 57 页。

⑤ 王媛媛:《利用互联网推动城市社区公共文化服务》,《辽宁经济》2010 年第 7 期,第 42 页。

社区文化建设是最基层、最前沿的公共文化服务体系建设，是和谐社区建设的重要内容，是新形势下社会主义精神文明建设的重要组成部分。社区文化参与和服务的对象都是社区自然人居民和法人居民，它面向群众、面向社会，实现了社会办文化。[①]

社区文化建设水平是衡量一个国家城市化水平、现代化程度和一个民族文化教育素质高的重要标准。经过几十年的努力，我国社区文化建设取得较大的进展，但由于城市化进展不断加快，社区文化建设基础还相当薄弱，与城市社区日益增长的文化需求相比，还存在巨大的挑战。不仅如此，还存在社区文化设施还不能充分发挥作用，基层文化资源没有得到有效整合等问题。目前对于社区文化资源的开发利用存在"三多三少"现象，即对有形资源重视多，对无形资源利用少；对现有资源使用多，对潜在资源挖掘少；对自家资源管得多，对盘活资源协商少。科学合理地开发利用社区资源，实现社区文化资源共享，推动社区文化事业发展尚没能形成切实有效的制度和体制，缺乏政策的指导和保障。[②]

公共文化服务要想在基层开展就必须借助社区的力量整合基层文化资源，将社区打造为公共文化服务基地，使民众能够随时随地享受公共文化服务。以社区为基础能更好地将公共文化服务嵌入基层，解决公共文化服务供需脱节的问题，提高服务质量与效率，避免公共文化服务在基层流于形式，使公共文化服务被民众认可，从而促进核心价值体系的普遍认可。社区化转向符合国家公共文化服务的逻辑，符合社会主义先进文化建设的要求，更符合国家治理的逻辑。[③] 公共文化服务社区化能够弥补目前部门供给模式的不足，深化文化事业体制改革，提高公共文化服务的质量及效率，需要发挥文化部门及社区"两驾马车"的作用，使二者协调发展、互相补充，从而建构自上而下的"送"文化与自给自足的"种"文化相互结合的公共文化服务机制。具体如下：

(一)工作目标

(1)繁荣社区文化，凝聚人心。通过社区资源整合，突出文化特色，实行共驻共建，利用社区现有资源与社区居民群众一道，共同开展丰富多彩的社区文

① 倪愫襄：《论国家软实力中的基层文化建设》，《武汉科技大学学报》(社会科学版)2013年第4期，第443页。

② 罗陟姝：《浅析上海市社区公共文化服务工作现状》，《经营管理者》2015年第6期，第328页。

③ 庄飞能：《公共文化服务的社区化转向——基于宁波后大街社区的调查与思考》，《中共浙江省委党校学报》2012年第5期，第119—120页。

化活动,打造文化品牌。在繁荣社区文化的同时,凝聚人心,力争80％的社会单位参与社区活动。

(2)提升社区文明,促进和谐。通过社区文化建设,进一步巩固社会和谐的思想道德基础,培育自尊自信、积极向上的文明市民,建立互助友爱、融洽和谐的人际关系。力争在新年度,把绍兴路社区建设成为管理有序、服务完善、文明祥和的走群众多样化新型"艺术社区"。

(二)工作任务

立足社区实际,学习借鉴先进社区经验,创新理念,突出特色,打造精品文化品牌社区。因地制宜地开展贴近群众、形式多样、内容丰富的文、体、教、娱等活动,吸引凝聚群众广泛参与到精品文化社区活动工作中,以特色激发活力,以活动凝聚人心,以活动充实居民精神生活,升华居民道德境界,提升居民整体素质。

1.开展社区教育,提高居民素质

按照党的十八大提出"建设社会主义核心价值观体系,增强社会主义意识形态的吸引力和凝聚力"的要求,以学习型社区创建为载体,以居民思想教育、素质教育为重点,不断提升社区文明程度。一是以诚实守信为重点,加强社会公德、职业道德、家庭美德和个人品德建设。大力倡导"爱国守法、明礼诚信、团结友善、勤俭自强、敬业奉献"的公民道德基本规范。把树立社会主义荣辱观作为精神文明建设的着力点,以丰富多彩的道德教育和主题实践活动吸引群众广泛参与,在全社会形成共同的理想信念和道德规范。二是以典型培育为重点,弘扬时代主旋律。采取多种形式,大力宣传勇于改革、无私奉献、艰苦创业、大胆创新、廉洁奉公、爱岗敬业、关心集体、服务群众的企业职工和居民先进典型,树立学习榜样,弘扬时代精神。三是以资源整合为重点,打造社会化、开放式的教育网络。着力拓展社区教育阵地和文化活动场地,充分利用社区学校和活动场所,开展社区文化教育活动,实现资源共享。四是建设一支高素质的社区教育队伍,推进分类教育。积极吸收学校、单位、社区的优秀人才及辖区在职党群干部,组建一支高素质的社区教育志愿者队伍;并从居民的实际需要出发,针对不同群体安排各具特色的学习培训教育,促进学有所思、学有所用、学有所乐。

2.开展丰富多彩的群众文化活动,营造和谐氛围

和谐社区文化是社区文明祥和的重要标志。创建精品文化特色社区要顺应广大群众求知、求美、求健、求乐、求新的要求,依托社区平台,将社区文化资

源和人才优势组织起来，以社会主义、爱国主义、集体主义教育为主线，唱响时代主旋律，开展丰富多彩的社区文化活动，大力营造和谐社区良好的氛围。通过社区老年、计划生育、科普、残疾人维权等协会和中老年歌咏、舞蹈文艺队伍等组织，利用传统节假日和休息时间，开展群众性的"唱红歌、读经典、讲故事、传箴言"等自娱自乐全民健身文化活动，发展社区民间文化，抒发人民群众热爱生活的心声。

3. 搞好文明创建，培育社区新风

公共文化服务的核心任务是有效配置公共文化资源，组织并向公众提供基本的公共文化产品及文化服务，以保障公民文化权利的实现。① 公共文化服务的产品和成果只有实现了均等性和普惠性，才能使公众的基本文化权利具有普遍的人文价值。推动以社区文化为代表的基层公共文化服务建设，就是为了更好地促进公民文化权利的实现，提升城市公共文化服务水平。在社区内，应组织社会单位和居民群众共同开展"三爱、五情促和谐"评选活动，强化文明细胞建设，培育社区文明新风。一是将"三爱"作为文明单位评选标准。用"爱我社区、爱我楼院、爱我家庭"作为文明楼院、文明家庭评选的主要标准和内容，引导市民爱祖国、爱社区、爱家庭，齐心协力共建美好家园；二是将"五情"作为邻里典范评选的标准。用"夫妻恩爱情、父母养育情、婆媳体贴情、兄妹手足情、邻里互助情"作为和谐家庭、好婆婆、好媳妇、好夫妻、好儿童、好邻居以及文明市民评选标准和内容，旨在发掘在生活、家庭、情感等行为中体现中华传统美德、家庭美德和良好社会风尚的典型，用正确的舆论引导人，用身边的典型感召人，在辖区掀起倡导真善美的热潮，培育健康向上、文明进取的新风尚。

4. 加强团结协作，形成共驻共建活力

创建精品文化特色社区是一项社会系统工程，需要辖区社会单位和居民群众的大力支持、积极参与和协调配合，才能完成。社区党委、居委会将依托社区党建联席会、理事会、文明促进会、社区成员代表会等基层民主自治形式，研究确定创建工作计划、年度工作目标、活动主要内容、经费筹措等具体意见，形成地区活动共驻、共议、共建的良好局面。

---

① 陈威：《公共文化服务体系研究》，深圳报业集团出版社 2006 年版，第 53 页。

（三）具体做法

1. 加强"文化共建"组织领导，落实责任，营造氛围

城市社区公共文化资源是社区公共领域的一种形式，是社区建设和社区管理的重要场域，是文化活动和各种社会关系构建所依托的载体。[①] 以社区党委书记、居委会主任为组长，建立一支高素质的创建"文化型"特色社区的领导班子及骨干队伍，设立专人负责创建工作，做到工作有计划、有总结，责任到人。走出传统工作模式，树立开放意识，充分利用社区人力、物力资源，发挥社区文化资源的效应。在实践中，本着资源共享、优势互补、互利互惠的原则，组织和引导辖区单位和社区居民积极参加到"文化型"特色社区工作中来。

2. 广泛宣传，使创建活动家喻户晓，深入人心

以社区黑板报、宣传窗等为载体，向社区居民和辖区单位广泛宣传创建活动的目的、意义，使之家喻户晓，增添社区文化氛围，凸显文化社区特色。

3. 努力开展社区文化活动，丰富社区群众文化生活

为使创建工作深入人心，社区将开展一系列的特色宣传活动，如：5月份举办庆"六一"活动，6月份组织参加庆建党90周年活动，9月份举办庆重阳活动，等等。另外，以社区排舞队、健身队、和唱团等队伍为基础，培养文艺骨干，拓展文化队伍，大力开展日常文化活动，丰富居民的业余文化生活，全力打造文化型社区，满足群众日益增长的文化需求。

4. 加大力度，强化社区文化基础设施建设

要从社区文化建设的全局和整体出发，拆除围墙，打破条块分割造成的单位文化资源封闭管理的状况，使社区内一切文化资源向社会全方位开放，从而实现社区文化资源的整体共享。要打开大门，破除围墙，把"锁"在社区单位里的文化设施解放出来，充分发挥各种文化资源的功能，最大限度地满足社区居民的文化生活需求。[②] 加大对社区图书室图书的更新速度和设施的投入，充分发挥硬件设施的利用率，开展阅读、赠书、征文比赛活动。要形成活动有阵地、学习有环境、教育有目的的格局。

三、群众文艺团队建设：以米市巷街道为例

随着经济社会的不断发展和人们对精神文化生活追求的不断提高，群众

---

① 高春凤：《需求视角下城市社区公共文化资源规划研究》，《经济研究导刊》2014年第1期，第219页。
② 王平：《社区文化建设的多维度思考》，《毛泽东邓小平理论研究》2006年第7期，第47页。

文体团队不断涌现，发展迅猛。公共组织理论认为，组织就是个人行动的产物；而群众文体团队就是这样一种组织——基于个人对文体项目的兴趣或特长而聚合在一起的群体。是组织，必然存在着管理——无论这种管理是"正式的"还是"非正式的"——而人们总是倾向于把群众文体团队看成是一种"自治组织"——自我产生、自我管理、自我行动，乃至自我消散。群众团队与生俱来的局限性，既不利于群众文体团队的可持续科学发展，也阻碍了群众个人的文体水平获得更好提升。而"服务型政府"应该对此有所作为，因为这既是大力开展群众文化建设、提升基层工作水平的需要，更是服务民生、提升群众文化生活品质的现实载体和有效抓手。

（一）非正式组织和正式组织：辩证的实践

在管理学上，相对于正式组织而言，非正式组织一般被看成是个人相互接触中、无意识地、带有体系化、类型化特征的多种心理因素的体系。如果我们不把它局限于非产生于正式组织不可，并用它来考察群众文体团队的实际，可以看出，群众文体团队具有一些非正式组织的基本特点，比如：自发形成，没有成文的规章制度（只有约定的活动规律）；有较强的内聚力和行为一致性，成员间自觉进行互相帮助；有一定的行为规范，有不成文的奖惩办法（更多的是精神层面的，比如疏远、冷漠等）；组织中的所谓"领导"与团队形成的历史有关（也许是最早的主要组织者），有着较强的实际影响力，但一般与个人在其他正式组织中的权力和地位无关。

在实践中，群众团队往往是政府发展基层及民间文化时很容易也着意关注的因素之一，因为它是群众文化体育事业的呈现载体，在一定程度上代表了一个地区群众文化开展和发展的现实水平。如果我们充分认识到引导和发挥好群众团队作用是发展和繁荣当地群众文体事业的有效途径，那么如何让这些非正式组织靠近（而不是成为）正式组织，使之能消除非正式组织天然的松散性带来的局限性，就会走入基层文化工作视野——近年来，米市巷街道在此方面进行了尝试。

民间艺术团体是一种非营利性的社会组织，它是吸纳民间艺术人才的载体，它是发挥民间艺术人才为文化建设服务的重要平台，它在推动基层文化建设方面起到重要的作用。[①] 2009 年，米市巷街道成立了当时拱墅区首家街道

---

① 刘成骥：《浅析民间艺术团体在基层文化建设中的地位和作用》，《群文天地》2012 年第 4 期，第 116 页。

一级的文化体育协会,并以此为组织基础,整合了辖区内涵盖十多项艺术门类的各种群众文艺团队超过 30 支,成立了古新群众艺术团(见图 5.1)。这一系列的政府行为体现了正式组织所具有的规范化向度——健全的运行和管理制度、层次清晰且结构完整的组织架构、相对有保障的稳定的运行资金、体现出专业化和制度化的定期训练,以及周期性和相对固定的展示活动;有别于"政府打造"的正式组织,这个"政府扶持"的古新艺术团秉承"自编自演、共创同乐"的发展原则。从而,在体制上,米市地区的群众团队从非正式组织走向了准正式组织;在方向上,从纯粹的自娱自乐走上了有组织、准专业化的团队发展道路;从形态上,从"散落民间的星星"走上了统一的"米市文化"品牌建设道路。正式组织和非正式组织的某种辩证关系,在米市巷街道的这一项政府文化服务计划中得到了生动体现。

图 5.1　米市巷街道古新群众艺术团举办迎新春团拜会

(二)人本主义的组织:人力资源管理

在非正式组织的视野下,维持群众团队运行和发展的,与其说是"管理",还不如说是"沟通"。有效的沟通产生信任感,带来归属感,也激励出发展力。

众所周知,非正式沟通的缺点主要表现在——非正式沟通难以控制,传递的信息不确切,容易失真、被曲解,并且,它可能促进小集团、小圈子的建立,影响正式组织个人关系的稳定和团体的凝聚力。在米市巷街道古新群众艺术团这样的准正式组织(以此区分正式组织和非正式组织)中,"分散消遣、集中训练"依然是团队运行的日常形态,政府行为意图的顺畅贯彻和有效传递,取决于团队个体的认可、信任和好感，因此要充分关注这些团队中的"意见领袖"在其中所起的影响力。在这一过程中，还要注意适度满足他们的一些基本心理：

（1）希望被政府认可：乐于和街道文化站合作，这是在实践中发现的群众团队的基本心理之一，因为"与政府合作"意味着自己的团队在某种程度上上升到了官方地位的水平上，已经不再是"自己搞搞"的层次，"代表街道"则更意味着专业水平的提升程度。与此同时，他们希望被充分尊重，也就是与政府部门的"平等合作"而不是"被指挥"；他们更希望感觉到自己是"被需要"的。

（2）希望被成员认可：在团队内部，他们希望自己能有调动和调整队员行动的充分自由，这首先取决于他们的文艺专业水平，其次，他们手中所拥有的资源也会影响到他们个人在团队中的影响力。这给政府有效管理群众团队的提示是——为他们提供提升专业水平的机会，并赋予他们使用官方资源的自由。比如专业性很强的培训，经常性、选拔性的演出展示机会，古新群众艺术团对群众团队的授权（可以体现为多大程度上与政府部门直接"对话"和"游说"、有权力决定哪些团员可以参加某项官方活动，甚至支配某些奖励经费的使用，等等）。

（3）希望被社会认可：很多群众团队并不满足于自己小范围的"小打小闹"，他们希望在专业水平有所提升的同时能"走出圈子、走向社会"，希望自己能不时地出现在一些大的演出场合、一些有名气的展示平台，乃至能获得一些有分量的比赛奖项。显然，这些资源同样大多集中在政府手中，如果能用好这些资源，就能有效地引导和发动群众团队为基层文化发展积极出力。

（三）民间领域的"政府之手"：基层文化服务

公共文化服务的供给，应该立足于转换机制，引入市场竞争。唯有切实保障政府公益性文体事业投入的基础上，通过吸收社会的广泛参与，实现真正意义上的"以钱养事，以事养人"，基层文化建设才能具有更加长久的生命力。而社会广泛参与的实现需要政府部门扶持多元化的文化主体，特别是要促进民间文化组织的发展。[①]

服务型政府的行政行为的核心是"服务"——从理念到行动，服务应始终贯穿其中。但"服务"一词绝不是要政府去做一名"仆人"——因为仆人往往意味着没有、也不能有主观能动性，他总是根据主人的命令行事，同时他也不会

---

① 路冠军、郭宝亮：《公共文化服务体系构建中的农民组织化——基于农村基层文化社团的实践考察》，《前沿》2010 年第 23 期，第 124 页。

去为主人决策和行动的后果负责——而是包含有引导、扶持、主动、谋划等含义在内的一系列策划和行动。米市巷街道近年来的系列群众团队建设行动，就是这样一种基层公共文化服务。因此，政府在其中担当的，就不再只是"管理者"的角色。

1. 群团组织中政府服务的"干预者"角色

"干预者"一词来自当代组织管理大师克里斯·阿吉里斯（Chris Argyris）在研究关于人性与组织之间关系时的界定。他认为，大多数组织发展计划都需要一位干预者，这位干预者通常情况下来自组织的外部，他的任务是和该组织的成员一起工作，以便增进既有的人际关系的效率，或者在组织运作中促进计划性变迁的执行。阿吉里斯认为干预者的基本任务有以下三项：（1）协助当事人产生有效并且有用的信息；（2）为当事人作出明智而自由的选择创造条件；（3）协助当事人对其选择作出发自内心的承诺。总之，干预者的角色可以说是协助个人与组织去学习。

干预者角色理论为米市巷街道群众文体团队建设提供了基础和一种思路。在米市巷街道文体协会及古新群众艺术团的组织架构中，文化站负责人担任了协会秘书长和艺术团团长的职位。相对群众团队而言，政府部门由此承担了"干预者"的角色，这一职位更是成为群众团队与一级政府的融合结点，为协调、支持和沟通提供了常态化可能。在这里，干预者角色可以看成是公共文化服务中的"政府的手"。

2. 群团组织中政府服务的"资助者"角色

除了人力以外，资金是一个组织或团队维持运行的基本要素。群众团队的发展显然离不开资金。米市巷街道通过文体协会为群众团队发展提供的资金主要包括三个方面，一是以年度为周期，为艺术团提供稳定的运行经费，并通过购置器材的方式资助群众团队；二是在特定或专题活动中，另外给予资金补助；三是为其建设成果进行额外奖励，比如在某次文体比赛中获奖。在当前基层文化领域的非政府组织并不发达的现实条件下，政府成为群众文体团队的"幕后老板"是合适和有效的，也是必须的。除此以外，资助者需要提供的资源还包括排练场地、设施设备、培训项目等等。近年来，米市巷街道在资助者角色上已经走得更远——请来相关领域专家为艺术团的集中培训讲课、根据米市文化和群众团队特色量身定制原创节目，甚至为艺术团的某位艺术团团员举办一场个人独唱音乐会。

3. 群团组织中政府服务的"协调者"角色

鉴于群众团队这一组织及成员自身的特点，实践中的米市文化建设工作其一项重要的"隐性"工作内容，就是做好群众团队的"和事佬"。尽管在既定的岗位职责方面并没有这方面的内容，但做好群众团队内部成员之间以及团队与团队之间的协调沟通工作，需要耗费大量的工作精力。可想而知，"讲和气、要团结、给面子"等这些似乎不登大雅之堂的词汇，会更多地出现在这些非正式组织中的沟通管理过程中。"协调者角色"实际上是基层群众团队系统正常运行的一种润滑油，它减少了系统内部损耗，提高了系统运行效率。当我们意识到在非正式组织中人本主义的重要性时，我们就会更加重视政府在群众团队发展中需要承担的这一角色。

政府积极引导和鼓励社会力量投入文化建设，逐步实现由政府投入为主向政府投入与社会投入相结合转变，努力形成"政府扶持、社会参与、市场运作"的多渠道、多元化的文化投入机制，为文化事业和文化产业的融合发展提供了一个崭新平台。① 近年来，米市巷街道文化站在区相关职能部门的指导支持和街道党工委办事处的正确领导下，根据"拱墅区十佳优质服务示范基层站所"工作相关要求，秉承"为民、便民、亲民"的服务原则，以浙江省文化强街道的高度要求，创新文化事业发展思路，着力打造基层文化公共平台，展示了一流形象，作出了一流业绩。②

四、社区文化品牌的打造：以大关街道为例

品牌文化跟特色文化密不可分，只有充分挖掘地方特色，结合地方人口的喜好，系统梳理文化脉系，把独特的基层文化资源优势转化为基层文化发展优势，着力打造基层文化品牌，把经常性文体活动与创建品牌文化相结合，重点形成具有街道、社区特色的文化品牌项目，通过品牌建设，提高文化品牌的知名度和辐射力，健全公共文化服务体系，让文化真正成为凝聚基层社会的"黏合剂"。③

社区文化是一定区域内社会共同体所反映出来的居民的行为模式、社会习俗、生活方式、价值观念、地域心态等文化现象的总和。对内是社区内在的

---

① 王柏全：《文化惠民 品牌联动 "文化周末"创新基层文化服务模式》，《网络财富》2009 年第 12 期第 137 页。

② "杭州·拱墅"门户网站：《米市巷街道文化站被评为拱墅区十佳优质服务示范基层站所》，2013 年 5 月 17 日，http://www.gongshu.gov.cn/gsdt/jczx/jddt/201305/t20130517_452514.html。

③ 龚增斌：《基层文化服务产品供给研究》，《大众文艺》2014 年第 5 期，第 21 页。

凝聚力,对社区成员起到导向、凝聚、激励和规范作用;对外是社区识别的尺度,展示社区的品牌形象和精神风采。拱墅区大关街道成立于 1996 年,下辖 8 个社区,总人口约 7.8 万,是一个建于 20 世纪八九十年代的纯住宅小区。近年来,大关街道围绕群众需求、立足特色资源,经过不断探索和实践,打造出了一批人文色彩浓郁的社区文化"金名片",如百姓书场、大关实验京剧社、葫芦丝乐队、秋之韵艺术团等。

(一)社区文化建设现状

1. 文化阵地逐步完善

坚持基础先行,自 2007 年至今,大关街道多方筹措资金近 300 万元,多渠道加大对社区文化阵地和文体活动设施的投入,为社区特色文化品牌建设奠定了坚实的基础。大关文体活动中心占地面积达 1500 平方米,电教室、阅览室、培训室、展览室一应俱全,上万册各类图书、近千套电子读物、百余种报纸杂志成为辖区居民的免费精神食粮库;街道还与辖区 22 家共建单位签订长期合作协议,确保各种文体活动场地向社区居民开放,共同推进文化资源共享和文化阵地建设,不断拓展公众对文化资源的享受度;辖区内的大关公园、科普(南苑)公园和德胜公园等 10 余处固定活动场所,成为大关居民晨练、散步、健身、交流等休闲活动的最佳乐园。

2. 文化骨干人才荟萃

为加快社区文化建设的步伐,大关街道为所有社区配置了文化员,并由文化站站长具体指导和落实,确保各项群众文化活动的有序、健康、蓬勃开展。2011 年,"爱·在大关"草根人家系列活动、2012 年大关街道草根文化年暨"天翼杯"草根运动会,在大关街道党工委的大力支持和推动下成功举办,省级优秀社区服务项目"百姓书场"、德胜社区的"百家宴"、南苑社区的元宵节"猜灯谜"等文化活动也都由所在社区的文化员牵头组织和发动。

群众自办文化是社会力量参与公共文化服务的重要表现,它对丰富和活跃基层群众的精神文化生活的作用日益明显,已经成为公共文化服务体系建设的重要补充力量。[①] 辖区各种文化团队的带头人在促进社区文化品牌创建中也起到了至关重要的作用,如实验京剧社的王琳、葫芦丝乐队的邵卫明、健身气功队的吴美娟、秋之韵艺术团的张宝铨等人带领所在的团队积极参加各

---

① 戴珩:《创新与跨越——公共文化服务体系前沿报告》,南京师范大学出版社 2014 年版,第 109 页。

类文体活动比赛,不断提高团队的影响力和知名度,为社区文化团队的发展壮大乃至特色文化品牌的创建作出了突出贡献。

此外,各社区党支部的党员,如骊马兴、汪孙聚等也是社区文化活动的踊跃参与者、策划者和带头人。通过这些"文化骨干"的"传、帮、带"作用,大关街道社区文化的品位和档次不断提升,各种文化团体的辐射力和知名度不断提高。

3. 文化载体丰富多样

近年来,大关街道不断健全工作机制,通过创新各种文化载体、搭建多种形式文化平台,推动社区文化的蓬勃发展。

2011年上半年,大关街道成功举办了为期三个月的"爱·在大关"草根人家系列主题活动,以发动海选、自主参与、专家评委、群众投票的方式,陆续组织了有声有色的才艺、红歌、作品、舞蹈、戏曲"五秀"专场活动10场,吸引群众参与1.5万余人次,引来多家媒体的关注和报道。通过组织草根社戏、挖掘草根故事、寻访草根名人、收集草根名作等活动,大关街道回顾和浓缩了一批展现大关15年发展历程的感人之人、之事、之物,最终以群众喜闻乐见的形式编印和发行了《草根人家》一书。[①] 2012年大关街道草根文化年暨"天翼杯"草根运动会、2013年大关街道"护河节"暨第二届草根运动会,把大关百姓的参与热情带到了前所未有的高度。

将庭院改善工程与美学、历史文化元素相融合,在西一社区入口处围墙设置京剧文化墙,在社区中心地带搭设戏剧舞台,同时设置"廉政文化清风林",开创了社区文化建设的新局面。

结合全国文明城市创建工作,大关街道组建以五好文明家庭、妇联骨干为主体的"垃圾分类巾帼义务督导队",并编制"垃圾分类七字诀"和垃圾分类宣传小贴士,全面提升居民的环保意识和文明素养。

各社区还结合元宵节、端午节、中秋节、重阳节等传统节日,开展走访慰问、厨艺大赛、技能比拼等文化活动,营造友爱互助、充满活力的温馨家园。

4. 文化品牌各有特色

基层文化建设要从区域乃至全国的角度,审视本地文化资源优势,突出地方文化特色,科学系统地挖掘开发,努力培育一批立得住、叫得响、传得开的特

---

① 拱墅新闻网:《大关街道〈草根人家〉一书正式发行》,2011年6月7日,http://www.gongshun-ews.com/mtjj/content/2011-06/07/content_2944251.htm。

色文化品牌。① 近年来,大关街道利用全国文明城市创建、庭院改善、物业改善等契机,以丰富社区文化内涵、提升社区文化层次、展现社区特色文化为目标,按照"点上突破、面上推进"和"成熟一个、扶植一个"的思路,逐渐创建了各具特色的"一社一品"文化品牌,如西一社区的百姓书场、大关实验京剧社,东一社区的健身气功队,南苑社区的秋之韵艺术团,香积社区的葫芦丝乐队、快乐排舞队,翠玉社区的登山队等均有一定的群众基础和活动特色,初步形成了党群共建、政企联手、多元文化齐头并进的格局。

百姓书场自 2006 年开办以来,已先后聘请 26 位民间说书艺人,陆续开讲多部优秀历史剧目以及革命英雄题材书目,开讲大书达 1000 多场,听众达40000 多人次;大关实验京剧社先后荣获西湖新梨园开园演出一等奖、天津"和平杯"京剧票友大赛银奖(见图 5.2),"跳财神"被列为市级非物质文化遗产,2015 年年初还受邀参与拍摄革命电视剧《护国英魂传奇》中的京剧角色。

图 5.2　大关京剧汇演

(二)社区文化建设存在的问题

近年来,在街道上下的不懈努力下,大关街道的社区文化建设取得的成效是显著的。但受主客观条件的限制,街道在推进社区文化品牌的创建中仍存

---

① 何事忠:《加强基层文化建设要处理好四个关系》,《光明日报》2008 年 9 月 13 日。

在一些困难和问题，主要表现在：

1. 文化建设经费来源有限

尽管街道对社区文化建设的资金投入逐年增加，但随着社区居民文化需求的不断增长，社区文化工作不断拓展，各社区的文化活动经费往往只能勉强维持日常办公开支，经费不足仍是影响和制约社区文化发展的重要因素。目前，大关街道社区文化建设资金主要依赖于街道和社区下拨经费，其维护、管养也主要由街道承担，资金短缺矛盾日益突出，从而造成部分社区群众性文化活动的开展缺乏经常性和持续性。

2. 参与群众结构单一化

街道和社区在组织开展各种群众性文化活动时，依靠的对象、参与的对象和服务的对象以社区下岗、失业、离退休人员为主，多为老年人群体，而社会建设的"主力军"（中青年）却参与不多，社区文化活动参与群体在年龄结构上呈现"一头大、一头小"的局面。由于缺乏以社区成员为主要角色的全员、全方位的社区文化建设观，中青年群体参与度低是一个普遍的现象，参与群体的单一化成为现阶段街道社区文化建设的一个制约因素。

3. 文化发展水平参差不齐

文化设施是基层文化建设的基础和文艺繁荣的载体。提供文化设施，提供公共文化产品和文化服务，满足广大群众日益增长的精神文化需求，是各级政府的重要职责。[①] 大关小区是老小区，社区文化配套设施不足、建设滞后是普遍性的问题，加上不同社区在自身资源、条件方面存在一些固有的差异，导致社区文化发展不平衡。一些资源足、条件好的社区，领导比较重视，社区文化设施较为齐全，文化活动开展得如火如荼，活动质量自然较高，由此一些社区文化精品就应运而生；而一些资源匮乏、文化设施配套性差的社区既缺乏场地，又缺乏阵地，文化活动难以大规模开展，文化发展陷入僵局。

（三）打造社区文化品牌的对策

1. 加大投入，联建共创

加大投入力度，推动设施建设，是大关街道打造社区文化品牌的重要物质保障。为克服文化建设经费不足的问题，街道首先要发挥主导作用，指导和动员各种社会力量，加大在社区文化设施上的投入，逐步建立多渠道筹措资金的

---

① 　姚树强：《谈如何弥补基层文化建设的制度性缺陷》，《大众文艺》2009年第7期，第183页。

机制,为社区文化发展做好基础性工作。其次,要按照《公共文化体育设施条例》的规定,加强对社区文化设施的建设和管理,抓好与小区人口、面积相匹配的社区公共文化设施建设。再者,充分利用辖区 13 所大、中、小学和幼儿园和 10 余处固定活动场所的教育文化资源,积极争取辖区共建单位的资助,与辖区学校、企业联合举办一些社区文化活动,共同推进文化资源共享和文化阵地建设。最后,各社区要积极发挥社会化功能,增强自我的"造血"功能,用于补充社区文化活动经费的不足。

2.立足需求,全民参与

文化兴则社区活,和谐社区建设离不开浓郁的文化氛围。从这个意义上说,社区文化不仅以其最活跃、最生动、最易于为群众所接受的方式丰富了广大居民的精神生活,还是营造文明、和谐、安定的社会氛围的重要载体。大关街道人文荟萃,草根文化资源丰富,戏曲、书画、根雕、剪纸、摄影等民间文化有着广泛的群众基础。2013 年以来,大关街道充分发挥"草根文化年"热量,以"同城共享 文化互惠"为理念,开展"大关街道草根文化走亲——走进米市"等活动,弘扬草根文化,实现共建共享。街道先后荣获全国体育先进街道、浙江省城市体育先进街道、浙江省特色综合文化站、浙江省"东海明珠工程"等荣誉,民间传统艺术《剪纸》喜获全国特色课程。[①] 近几年已经涌现出慈善达人丁天缺、剪纸艺人方建国、空竹老人王阿杨、根雕美术名家沈登骥、滑稽越剧创始人黄宪高、画家苗青等草根名人,已有的社区文化基础在一定程度上满足了辖区特定人群,特别是老年人群体的精神文化需求,但仍普遍存在群众参与结构单一、中青年群体参与度低等问题,无法满足不同年龄段群众的多样化文化需求。

因此,街道今后应在活动内容上,开展多种形式的文化交流活动,通过问卷调查、座谈、访谈等形式对社区成员的闲暇时间、兴趣爱好作广泛的了解分析;在活动形式上体现亲和力,既要有新颖热闹的群众性文化活动,把群众请出来,又要针对不同的人群特点把文化工作做到楼道里,做到家庭中,把文化送进去;在服务对象上注意满足不同社区居民的需求,将社区文化、企业文化、校园文化等融为一体,做到大、中、小年龄段兼顾,更加注重中青年群体的参与,确保不同年龄层次、不同文化需求的人群都能从中陶冶情操、愉悦心情、锻

---

① "中国杭州"政府门户网站:《拱墅打造"一街一品"宣传思想文化工作精品》,2013 年 8 月 26 日,http://www.hangzhou.gov.cn/main/xxbs/T455423.shtml。

炼身体。

3.以大带小,典型推动

社区文化建设是一项系统工程,也是一项民心工程,是社区精神面貌的重要风向标。目前大关街道已经成功创建百姓书场、实验京剧社、葫芦丝乐队、健身气功队等有口皆碑的社区优秀文化服务项目,在这些品牌的引领下,大关街道社区文化活动逐渐呈现出一社一品、一社多品的发展趋势,一个"学"在大关、"乐"在大关、"爱"在大关、"和"在大关的社区文化氛围已然形成。

但也应看到,一些社区文化建设仍处在发展初期,存在文化设施滞后、组织经验不足、文化经费匮乏、文化形式单一等问题。因此,街道将在大力倡导"一社一品"的基础上,通过规划社区文化品牌,加强分类指导,认真组织开展各类文化交流活动,积极做好已有社区文化品牌的成果巩固、宣传引导、榜样示范、典型推动等工作,带动后进文化团体的发展壮大,不断推动社区文化建设向"人无我有、人有我优、人优我特"方向发展。结合本辖区人口文化特点,围绕"社区文化"、"企业文化"、"校园文化"、"节庆文化"、"非遗文化"开展特色鲜明的主题文化活动,培育成长性的草根文化,树立引领性的书香文化,弘扬时代性的先进文化,充分发挥文化的熏陶、教化、激励作用。以活动为牵引,着力打造基层文化品牌,把经常性文体活动与创建品牌文化相结合,重点形成具有街道、社区特色的文化品牌项目,通过品牌建设,提高文化品牌的知名度和辐射力,健全公共文化服务体系,让文化真正成为凝聚社会的"黏合剂",和谐社会建设的"助推器"。[①]

第二节 打通最后一公里:最接地气的活动策划

公共文化服务的"最后一公里"不仅事关当前基层群众文化生活,亦关系到社会未来公共文化服务新起点、新局面。[②] 构建现代化的公共文化服务体系,需要更接地气。首先,要从实际出发,从广大群众最现实的基本文化需求出发,了解群众需要什么、欢迎什么,使公共文化服务真正落实到民之所需上。

① 张绍棪:《提升基层文化机构产品与服务的供给能力》,《特区实践与理论》2012年第3期,第94页。
② 中国文明网:《"最后一公里"也是腾飞新里程》,2015年5月28日,http://www.wenming.cn/wmpl_pd/yczl/201505/t20150528_2639659.shtml。

其次,要尊重文化差异性、地域性、多样性,避免标准"一刀切"、内容供给"一锅煮"。公共文化服务以普通群众为参与主体,只有跟上时代发展脚步,切实立足群众需求,才能让文化的根深扎到百姓的心里。[①]

群众对一个地方基层文化建设的认可,基于其有没有富有感染力和创新性的公共文化活动品牌,有没有群众喜闻乐见、乐于参与的文化活动项目。因此,基层文化要取得发展,必须创新公共文化服务项目,塑造在当地有影响的公共文化服务品牌,在内容和形式以及运作方式上做大做强;兼顾演出、展览、创作、论坛等,建立社会化运作的新模式,推出公益服务品牌,最大限度地满足群众的文化需求;必须坚持和唱响主旋律,鼓励广大文化工作者深入基层和群众,努力创作思想性和艺术性相统一的优秀文艺作品;必须以艺术文化的普及为重点,举办覆盖各个艺术门类的文化艺术节,最大限度地满足群众的文化需求。[②]拱墅区围绕群众需求,立足各个街道社区特色资源,搭建面向大众的文化平台,吸引百姓参与互动,培养"一社区一文化品牌"。近年来,通过在辖区内推进文化软硬件设施建设、挖掘保护传统文化、推进文化团队建设等工作,挖掘城区有限的可利用空间资源,为老百姓打造方便亲民的文化家园。[③]

一、群众文化活动的策划和组织

社区文化是社区建设的灵魂,也是城市文化的基石。丰富多彩的社区文化,对于改善社区居民的生活质量,提升社区居民的精神境界,提高整个城市的创造力、竞争力和软实力都具有重要意义。文化品牌是提升社区文化的有效载体,品牌建设是社区文化的重要途径。

作为经济条件比较发达的杭州市,居民们在精神文化生活方面有着更大的需求。社区是最基本的社会组织,经常性地举办文化体育活动,提升辖区精神文明建设和积极向上的正能量,已成为社区一项重要的工作内容。

元宵节、"三八"、"五一"、"七一"、国庆节等节日,往往是社区组织各项活动的时间节点。另外还有邻居节、纳凉晚会、地方性民间活动,都是展示社区文化的最好的平台。举办好一场文体活动,既是对社区工作者的一个考验,也

---

① 光明网:《公共文化服务需要更接地气》,2015 年 3 月 24 日,http://culture.gmw.cn/newspaper/2015-03/24/content_105393345.htm。

② 姚广才:《基层文化建设浅议》,《攀登》2010 年第 2 期,第 126 页。

③ 浙江在线新闻网站:《发掘街道社区特色资源拱墅区营造百姓文化家园》,2011 年 12 月 13 日,http://zjnews.zjol.com.cn/05zjnews/system/2011/12/13/018070386.shtml。

是融洽居民与居民之间、社区组织与党员和群众之间、共建单位与各小区之间的关系，为打造和谐友善的环境奠定良好的基础。

（一）做好策划是办好活动的前提

（1）策划的第一步是构思。作为策划人，要考虑到当时的大背景，包括国内外形势如何，本次活动需要由哪几个环节构成，舞台和场地的设计规模要多大，哪些元素会成为全场的亮点等等。思考过程最好能多方听取社区负责人、文体骨干和在艺术方面有一定造诣的居民的意见和想法，结合自己的思路，系统地进行梳理和组合。有了成熟的构思，策划人的头脑中就有了较完整的一幅画，上面很清晰地标注了各点各处的设置，同时，还展示了活动的全景，并且是动态的。

（2）确定活动主题。由于活动的节点不同，内容不同，参与人的身份不同，所以选择的主题要有针对性、时代感。如2014年四月底在祥符街道阮家桥社区举办的庆"五一"活动，来参加的有退休的劳动模范，有银行职员，还有各行各业的居民群众。因此，该社区把活动主题定为"把最美的音乐献给劳动者"，给到场的人烙下深刻的印象，引导大家在活动中和活动后，有意识地朝着这个方向去思考，去行动。

（3）安排活动内容。根据策划的思路和想法，来规划整场活动的顺序和结构，使这一节点的时间与空间始终保持着紧密性和舒畅感，让人在观赏与参与中觉得不枉此行。

首先，要抓住文艺表演这个主要内容。平时，要多扶持和孵化群众文体团队，让他们多储备一些形式多样的节目，同时，还要经常留意、挖掘有一技之长的文艺爱好者，有意识地给他们创造表演的机会和平台。预约节目时，要明确告诉表演者本次活动的主题，要求他们提供的作品基本上要与主题相关，个别主打节目则需要紧扣主题，以突现整场活动所反映的中心思想。

第二，在节目出场顺序的编排上要有讲究。社区居民的文体活动一般以舞蹈、太极拳（剑、扇）为多，它们的优点是场面较大，有一定的气势。不足之处是风格相仿，节目集中。为此，在邀约节目的时候，要与参加人员沟通协商好，尽量避免互相之间雷同，以免给观众带来视觉上的疲劳。同时，要将演唱、演奏、戏曲等节目穿插进去，让舞台富有弹性，充满活力。

第三，将另类的内容结合进活动中，可以起到锦上添花的作用。除了专场的活动外，掺入其他元素，往往会给人一种耳目一新的感觉，参与的居民也会更多。2013年元宵节，阮家桥社区将活动地点放在撤村建居的小区，主题是

"合家欢乐闹元宵"。因为那里基本上都是三代或四代同堂的家庭，能营造比较好的节日气氛。于是，在传统的文艺表演之外，活动主办者安排了晚辈给百岁老人送花、喂汤圆的环节；党员志愿者为居民烧汤圆、发汤圆；辖区医疗单位现场咨询服务；民警防诈骗宣传，以及给小朋友准备的猜灯谜、小游戏等活动。这场大型的、综合性的活动，吸引了近千人的参加，收到了非常好的效果。

辖区内的许多商铺、单位是社区共建的很好的资源，它们也有参与社区活动，提升自己服务品牌的愿望。因此，在非专场活动中，根据不同的主题，选择不同的单位来参加，是社区、居民、单位共赢的一件事，很值得一试。

第四，做好活动的经费预算。因为组织者在做方案的过程中，已与社区领导和相关人员有了充分的沟通，达成了共识，所以，经费预算必定是在设定的框架内的。组织者要根据确定的价格将它细化，把无太大出入的预算结果报社区党组织和居委会，经同意后再实施。

（二）做好组织工作是活动成败的关键

一场活动，不但要有良好的策划，还要依靠精心的组织才能完成。如果在组织过程中考虑不周，或者没有做到位，那么，很可能会出现瑕疵，甚至出现混乱，给大家带来遗憾。为了避免出现这样的情况，作为主办和承办方，应该注重做好以下几个方面的工作：

（1）对策划方案进行把关。要从实际出发，反复推敲策划书的每一个细节，主要是看它的可行性和可操作性。有的方案做得很诱人，很让人精神为之一振，但与现场硬件条件、社区经济能力、参与者的身份不是很相符，运作起来就会有困难。比如在一次"七一"活动中，策划书是由与党建有关的单位做的，组织这次活动又是由社区负责党建、文体及其他人员来完成的，所以在早晨7点的升旗仪式上就出现放不出音乐、绳子解不开的问题。升旗结束后，下一个环节是两小时后到主会场举行重温入党宣誓仪式的活动和文艺演出，但在这么长时间内如何安排参加活动的人员，大家一概不知，造成了主场活动开始后，还有人缺席的情况，大家都搞得很被动，整个活动支离破碎，很不流畅。所以，对策划方案与组织工作的衔接非常重要。

（2）现场分工要细化到每个人。作为组织者，要估算好本次活动的工作量，确定好所需人员的数量。在安排人选时，一是要考虑其特长和胜任能力，二是要考虑培养新人，三是要考虑在这次活动中主要工作人员不与其他比较重要的工作相冲突。比如在安排主持人时，不光要选普通话比较标准，形象比较好的人员，还应该采取每次活动让其他人员轮流担任的办法，给大家创造锻炼的机会，为今后的基层文化活动多储备一些后备力量。

社区组织的大型文艺活动，一般都要设主持人、现场指挥、舞台监督、场记、音响管理、现场维护、摄影等岗位。如果是综合性的活动，还要配各引导员、各服务台的联络员、游戏区的管理员等等。

（3）前期的准备工作要考虑周全。组织者按照策划方案，一条一条地列出所要准备的各项工作和各类物品、设备、文稿，并规定好到位的具体时点。

首先是节目和其他活动项目要提前确定，并把演出、活动的要求、时间、地点、人员所处方位通知到位。二是根据清单采购、收集所需的物品，分类打包。三是舞台、背景的设计和制作，音响的先期调试。四是主持词的撰写、节目单和桌牌、其他宣传品的制作。五是对整个会场的布置。六是召集工作人员开会，明确每个人的任务和所处的位置，遇到问题应采取的办法，等等。

（4）对于突发的情况要有预案。在大型活动准备就绪后，将全套的资料，包括场地平面图报派出所备案。如果警方认为有必要增派安保力量的，则是最理想的。另外，社区还要准备急救的药品、材料，以及处理突发情况的预备方案。

综上，完善基层公共文化服务体系，需要政府回归国家文化治理的逻辑，做好顶层设计，合理、均衡地配置文化服务资源；尊重公民的文化诉求，重视公民在文化决策中的重要地位，建立回馈机制及民主的公共文化参与机制；在文化部门积极作为的同时，作为文化权利主体的公民更需要充分的文化自觉，重拾主体性参与的价值，与政府形成良性互动的善治关系，共同致力于公共文化服务体系的持续健康发展。[1] 一方面，要充分利用辖区内机关单位、团体、商家、学校的资源，共同打造具有一定水平的社区文化品牌。另一方面，要充分利用文化志愿者的作用，既要关心、扶持各支文体团队的健康发展，又要鼓励他们多训练、储备质量较好的作品，积极参与社区的各项活动。再一方面，社区文化工作者要聚合各方的资源和力量，利用良好的教学场所和小区广场，引导居民群众参与社区的文化建设，形成"日日有课堂、月月有演出"的文化氛围，以满足广大群众多层次、多方面、多样化的精神文化需求。

拱墅区历史积淀深厚，京杭大运河在区内蜿蜒十余里，穿境而过。留下了大量的历史古迹和文化遗存，自古就有"十里银湖墅"之美誉。近年来，拱墅区通过挖掘历史文化积淀，打造运河特色文化品牌，进一步夯实了基层文化基

---

① 吴理财、邓佳斌：《公共文化参与的偏好与思考——对城乡四类社区的考察》，《中华文化论坛》2014年第 8 期，第 33 页。

础,使一批文化设施拔地而起,一批地域、特色文化得到彰显,一批社会文化资源得到了整合、扶持和利用,各基层特色文化呈现出异彩纷呈、亮点迭出的可喜局面。[1]

二、和睦街道李家桥社区:2014 年社区敬老月暨重阳节活动

(一)活动背景

重阳节作为中华民族传统的敬老节日,一直有着深厚的文化底蕴和广泛的社会影响力。每年的金秋十月——敬老月,正是大力弘扬"尊老爱老"、"敬老爱老"传统美德的大好时机。各社区应积极开展内容和形式多样的活动,紧扣社会主义核心价值观的培育和弘扬这个大主题,传递社会正能量。

(二)活动目的、意义

坚持以"奉献、友爱、互助、进步"的志愿者精神为指导思想,以关注老人生活质量和身心健康为服务目的,组织广大志愿者在"敬老月"期间开展关爱老人志愿服务活动。

(1)开展"敬老月"活动,旨在进一步深入贯彻党和政府老龄工作的方针政策,落实新《中华人民共和国老年人权益保障法》,让广大老年人切实感受到党和政府的关怀和温暖。

(2)弘扬尊老敬老、爱老助老的优良传统,增强全社会的老龄意识和敬老意识,营造良好的社会氛围。

(3)为老年人办实事、做好事、献爱心,让老年人共享社会发展成果,安享幸福晚年生活。

(4)让老年人能够老有所养、老有所依、老有所盼、老有所乐,从而为重阳节增添喜庆、温暖、和谐的节日气氛,为营造一个文明和谐的社会氛围贡献自己微薄的力量。

(三)活动主题

敬老爱老,幸福养老。

(四)活动时间

2014 年 9 月 30 日——2014 年 10 月 25 日。

---

[1] 石永民:《拱墅区基层文化建设亮点迭出》,《杭州通讯》(生活品质版)2008 年第 6 期,第 21 页。

（五）活动地点

和睦社区居家养老照料中心及和睦公园等周边。

（六）活动内容

（1）大力营造尊老、爱老、助老的宣传氛围。张贴"敬老月"宣传标语，利用橱窗、公示栏、LED电子显示屏大力宣传，增强并强化居民敬老爱老意识。制定细致的活动计划，从老人实际需求出发，开展具有特色的敬老爱老助老活动。

（2）邀请特殊老人共度重阳佳节。重阳节前夕，三墩水业集团走进社区，邀请失独家庭、孤寡老人共聚一堂，共度佳节，倾听他们的心声，让这类特殊老人群体真真切切地感受到全社会的关怀和身边人的关爱（见图5.3）。"敬老月"期间，社区工作人员开展走访慰问送温暖活动，切实关心困难老人生活，尤其是五类老人。

图5.3　重阳节前迎重阳，编织社内老人忙编织

（3）开展为老服务系列志愿者活动。组织大学生志愿者、党员志愿者到老人家里上门问候，了解老人在生活中遇到的困难并提供力所能及的帮助，如打扫卫生、帮忙超市购物、陪行动不便老人去社区医院配药等志愿服务。除提供

必要生活照料志愿服务外,每逢节假日,组织大学生志愿者到6位孤寡老人家里探望,陪老人聊天,让老人重温亲人陪伴左右的愉悦之情。

(4)开展树立尊老爱老典型活动。进一步弘扬孝道文化、颂扬中华民族的传统美德,进一步倡导文明新风、树立孝老爱亲道德典型,积极营造全社会尊老敬老的浓厚氛围,深入推动精神文明建设和和谐社会建设。开展尊老、爱老、敬老、孝老先进人物评选,号召大家学习模范和典型孝敬老人的感人事迹。

(5)积极开展老年文化体育活动。在"敬老月"期间,积极组织开展内容丰富、形式多样、健康有益的老年文化健身娱乐活动,丰富老年人的精神文化生活。倡导科学、健康、文明的生活方式,展现当代老年人热爱生活、积极乐观的精神风貌。组织年轻志愿者在老年人群体中大力宣传健康饮食的方法,搜寻一些促进老年人身体健康的养生资料,并做成小卡片或者传单发给老人,让他们知道正确的生活方式,是安享健康晚年的基本保证。

(七)活动具体开展情况

(1)"邀您共度重阳佳节"重阳慰问活动。时间:2014年9月30日上午10点;地点:金乐平、周新光老人家中及居家养老中心;活动形式:水业集团领导给老人送慰问品;社区助老站工作人员招待老人们吃团圆饭。

(2)"送温暖,献爱心,尊老爱老进家门"。时间:2014年9月30日—10月25日每周五下午3点;地点:蒋保荣、范瑞鑫、沈海仙老人家中;活动形式:上门帮高龄行动不便老人提供打扫卫生、扛重物、购买生活用品等家政服务;陪老人去户外进行一些锻炼活动,如散步、健身等;和老人聊天,在交谈中化解老人们的寂寞。

(3)"我在您不再感到'空心'"。时间:2014年9月30日—10月25日每周二、五下午2点;地点:居家养老中心健康养身屋;活动形式:听老人讲那过去的故事,做一个耐心的倾听者;给老人读报、讲新闻,和老人唠嗑,做一个细心的陪聊者;帮老人做理疗按摩。

(4)"我运动 我快乐"文体健身系列活动。时间:2014年9月30日—2014年10月25日;地点:和睦公园及居家养老中心等;活动形式:早上6点—8点太极拳队健身活动;中午12点物美商场边腰鼓队培训;9月30日下午2点举办迎双节老年人象棋、双扣比赛。

(5)评选首届社区"孝亲敬老之星"。时间:2014年9月27日—2014年10月10日;地点:居委会及居家养老中心;活动安排:9月27日发动宣传,拟通知,联系赞助单位杭州银行;9月29—30日整理、汇编事迹,制作展示板;10月

1—7 日在社区展出，8—9 日组织居民投票；10 月 10 日召开首届社区"孝亲敬老之星"颁奖活动。

（八）活动过程

1. 前期准备

（1）联系服务资源：浙江树人大学社会工作专业大三群体，社区第 18、19 支部在职党员，杭州银行，三墩水业集团等，确定活动人数、活动礼品；

（2）招募大学生、党员志愿者，并志愿与 6 位孤寡老人结对子；

（3）做好敬老月活动的宣传（张贴、广播），并负责邀请与接待媒体；

（4）邀请、联系老人，明确活动场地、时间、地点；

（5）请示有关领导指导活动开展。

2. 活动开展

（1）关爱老人志愿服务实行"一对一"或"多对一"的服务模式，有针对性地开展生活照料、心理疏导、文体健身、健康保健等活动；

（2）通过组织志愿者与老人开展多种志愿服务的方式，让老人们感受社会各界给予的关爱，重拾生活的乐趣，提升幸福指数。

3. 后期工作

（1）撰写活动信息、活动总结，将活动照片等整理归类后存档；

（2）及时开展工作总结，吸取经验教训，争取在下次活动中改进。

（九）注意事项

（1）事先告知志愿者：在参加志愿服务活动中志愿者需统一服装（红色马甲），并佩戴好志愿者小红帽、红袖章。在服务过程中，志愿者应服从管理，当老人需要帮助时志愿者应视自己的能力而行，对自己不能解决的问题应及时报告给相关负责人。时刻谨记自己是一名大学生志愿者的身份，在活动中注意自己的言行举止，树立好志愿者形象。

（2）最好能建立长效机制：把"关爱老人"活动作为青年志愿者协会的精品活动长期开展下去，在发展协会的同时大力弘扬尊老爱老的传统美德。

（十）活动主办、协办单位

主办单位：和睦社区居家养老照料中心。

协办单位：浙江树人大学社会工作专业学生，社区第 18、19 支部党员志愿者，三墩水业集团，杭州银行等。

三、小河街道文化站："小河之春"系列活动

小河街道的"小河之春"群众文化艺术节是一项深受居民喜爱的活动,至今已举办了23届,是小河街道知名度和美誉度都较高的文化活动之一。小河街道近年来不断加强文化建设,创新开辟文化阵地,发展群众文体团队,开展民俗文化活动,保护传承非遗文化,挖掘大众草根文化,打造独具特色的市井文化,已摘得"中国人居环境范例奖"、"中国杰出人居项目范本"、"长三角世博体验之旅示范点"、"2010当代城市化项目杰出蓝本"等桂冠。[①] 为进一步推进街道文化建设,创新文化工作特色亮点,打造具有小河特色的文化品牌,丰富活跃群众文化生活,倡导积极健康的生活态度,2014年,小河街道结合街道社区实际情况,将通过第24届"小河之春"群众文化艺术节的一系列活动,让运河文化在小河街道形成一种动态的展示,让"市井民俗文化看小河"深入人心。

（一）活动内容及具体安排

社区文化汇演作为提高市民文化素质,陶冶人们思想情操的重要载体,在倡导文明、健康的生活方式,提升城市品位中发挥作用,不断地为群众文化注入新的、时代元素,成为政府联系群众的纽带和惠及百姓的民心工程。通过汇演的舞台向广大群众传达政府决策,表达了对广大群众的关心、关爱,群众通过活动感受到温暖。[②] 第24届"小河之春"群众文化艺术节将开展"春之忆"、"春之美"、"春之韵"三大系列活动（见图5.4）。其中"春之忆"为"真善美"国学诵读会,"真善美"露天电影周活动,"春之美"为"最美小河人"先进事迹展、"最美小河"书画摄影赛,"春之韵"为市井文化戏曲大汇演、市井文化"民星大舞台"汇演。通过3个系列10项活动充分展示小河地区的市井风情和居民的精神风貌。

1. 文化艺术节"春之忆"系列活动

（1）"真善美"国学诵读会

活动时间:2014年6月。

活动地点:长征桥社区文体活动中心。

活动内容:以个人、家庭或小组团队等形式参加;朗诵《三字经》、《弟子规》、《治家格言》、《诗经》、《易经》、《礼记》、《孝经》《大学》、《中庸》、《论语》、《孟子》等作品。通过开展以"诵读国学经典,宣扬真善美"为主题的活动,弘扬民

---

① 《小河街道倾力打造一流滨河型街道》,《杭州日报》2010年5月19日。

② 宋振灿:《浅谈社区文化服务机制创新与品牌打造》,《大众文艺》2014年第10期,第19页。

图 5.4 "小河之春"群众文化艺术节开幕

族文化,培育"五德"公民。积极营造"诵读国学经典,积淀文化底蕴"的书香小河、书香家庭,让诵读活动成为小河人的一种生活,一种习惯,促进和谐小河的发展。

(2)"真善美"露天电影周

活动时间:2014 年 7 月。

活动地点:各社区文化广场。

活动内容:利用一周时间在各社区播放"弘扬真善美,传播正能量"为主题的电影,如《等花开》、《离开雷锋的日子》、《背起爸爸上学》、《离别广岛的日子》、《共和国之旗》、《法官妈妈》等,通过影视传媒的形式,大力弘扬文明之风,传播社会正能量,倡导社会公德、职业道德、家庭美德、个人品德建设,激发小河人向上向善向美,提升全民文明素养和幸福指数,为实现和谐小河梦凝聚精神力量和道德支撑。

2.文化艺术节"春之美"系列活动

(1)"最美小河人"先进事迹展

活动时间:2014 年 5 月。

活动地点:各社区宣传长廊。

活动内容:以"尚德向善,争做最美小河人"为活动主题,在社区广泛组织开展"最美小河人"寻找活动,评选和推荐出可亲、可敬、可信、可学的"最美小河人",街道设立"最美人物"光荣墙,各社区因地制宜设立"最美人物"光荣栏,通过广泛宣传推荐"最美小河人"先进事迹,让辖区更多的干部群众受到教育、得到启迪,在小河地区形成一种浓厚的敬重最美、崇尚最美、争做最美的良好氛围。努力在社会中扩大活动影响力,让"最美精神"深入人心,转化于行。

（2）"最美小河"书画摄影展

活动时间:2014年8月。

活动地点:紫荆家园墨香书画社。

活动内容:各社区选送表现运河、小河风情的优秀书画、摄影、篆刻等艺术作品,进行集中展示。

（3）"捐出一本书、传递一份爱、共建书香小河"图书捐赠活动

活动时间:2014年6月25日—7月10日。

活动地点:各社区服务大厅、街道文化站。

活动内容:通过开展"捐出一本书、传递一份爱、共建书香小河"图书捐赠活动,弘扬"互助、共享、节约、环保"的公益精神,让每一本闲置的图书流动起来,发挥其最大的循环利用价值,同时也丰富了社区和街道图书室资源,方便自己和他人在家门口读到更多的好书,让爱传递,共建书香小河。

3. 文化艺术节"春之韵"系列活动

（1）市井文化文艺团队大汇演

活动时间:2014年3月。

活动地点:杭州市福利中心会场。

活动内容:结合"三八"妇女节,通过舞蹈、民乐、越剧、合唱等文艺团队的表演、相互交流,有力推动街道居民群众文化活动的开展,为建设街道有影响力的文艺团队打下基础,为提高文艺团队的艺术素质、展示文艺团队的艺术风采、打造文艺精品、繁荣街道文化搭建广阔的平台。

（2）第十三届"小巷总理"演讲比赛

活动时间:2014年9月。

活动地点:小河街道文化站。

活动内容:由各社区推荐本社区社工代表参加,要求演讲稿原创,有真情实感,内容围绕社区工作,题材形式不限,并评出各奖项。

（3）小河家缘艺术团喜迎国庆文艺演出

活动时间:2014 年 9 月。

活动地点:长征桥社区国旗广场。

活动内容:一支来自民间的草根乐队——吉祥民乐队于 9 月下旬在长征桥社区进行民乐演出,让各位爱好民乐的居民在欣赏演出的同时可以和草根乐队的队员们在艺术方面进行沟通交流。

(4)用皮影戏为老人献上重阳节祝福

活动时间:2014 年 9 月。

活动地点:长征桥社区国旗广场。

活动内容:为了在重阳节前夕能让社区老人感受到社会带来的老有所乐,小河家缘艺术团特意在 9 月底为社区老人献上儿时的回忆——皮影戏。让老人能在重阳节来临之际再次感受到大家庭带给他们的欢乐。

(5)第 24 届"小河之春"群众文化艺术节文艺演出暨"市井文化民星大舞台"汇演

活动时间:2014 年 10 月。

活动地点:信义坊"民星大舞台"。

活动内容:通过市井文化文艺汇演的形式,让大家在欢声笑语之间体会感受传统文化的魅力以及非遗文化愈久弥新的韵味。

(二)其他事项

为确保艺术节系列活动有序进行,达到预期效果,须多方配合,加强协调,并做好以下工作:

(1)提高认识,加强领导。各社区要高度重视,加强领导,及时制定并上报方案,保证活动上档次、上水平。

(2)明确责任,抓好落实。市井文化系列活动,各社区要按照各自职责,明确分工,强化落实,确保各项活动顺利进行。

(3)加大宣传,营造氛围。要认真做好宣传发动工作,通过新闻媒体、宣传栏、宣传海报等载体,加大宣传,扩大影响。

(4)广泛发动,拓宽层面。第 24 届"小河之春"群众文化艺术节期间,各社区要广泛发动,拓宽参与层面,激发群众参与的热情和积极性。积极调动和挖掘辖区文化资源,联系辖区的机关、学校等企事业单位参与到艺术节活动中来,推进文化资源共建共享。

四、半山街道：第四届"半山立夏节"跑山活动①

（一）活动背景

随着经济社会的发展、体育文化的繁荣，近年来国内跑步市场呈现出爆发式增长的态势。马拉松、越野跑、徒步、健康跑等赛事活动方兴未艾，跑步运动作为一项情景体验式活动，成为各地扩大区域知名度和美誉度的重要载体。

图 5.5 　2015 年拱墅区第 4 届"半山立夏节"暨半山跑山活动现场

---

① 　近年来拱墅区一直致力于打造"运河文化山水健身"文体品牌，依托"一山一水"，一水为大运河，一山就是半山。半山是杭州市首个双"国字号"森林公园，环境优美空气清新，把文体活动放在这里开展，自然令人心旷神怡。参见杭州网：《去半山，奔跑吧！拱墅区的立夏跑山活动真有意思》，2015 年 5 月 8 日，http://hznews.hangzhou.com.cn/wenti/content/2015-05/08/content_5761437.htm。

为弘扬传统文化，全面落实"浙江省首届生态运动会"和非遗保护10周年活动，积极打造运河文化展示区，吸引更多的杭城百姓体验传统节庆活动，感受民俗文化魅力，拱墅区举办了2015年拱墅区第4届"半山立夏节"暨半山跑山活动(见图5.5)。通过跑山赛的形式挑战自我，既展示半山、拱墅的绿色环保成果，同时旨在让选手们传播健康激情的生活理念和积极向上的生活方式。

（二）活动概况

活动主题：立夏"跑山"共品民俗。

活动时间：2015年5月6日（周三）9：00—11：00。

活动地点：半山国家森林公园仙人谷景区（入口处）。

项目组别：设体验组，名额500人，报满为止。

（三）组织机构

主办单位：拱墅区人民政府。

承办单位：拱墅区文广新局（体育局）、拱墅区住建局、拱墅区半山街道。

协办单位：皋亭文化研究会、杭州爱度体育文化策划有限公司。

合作媒体：钱江晚报、杭州日报、体坛报、杭州电视台综合频道、今日拱墅。

（四）路线规划

以虎山公园牌坊为起点，经过虎山、龙山、半山，终点设在半山游客服务中心，全程约2.7公里。

（五）活动亮点

一是首次面向杭州跑山爱好者开跑。此次活动是在半山首次举行跑山活动，并面向全杭州跑山爱好者。通过三至五年的努力，力争将此项活动打造成半山立夏节的品牌赛事活动。

二是丰富的配套活动。在起点设置音乐嘉年华互动表演舞台，达到暖场热身的效果；在终点设置半山立夏免费派发的乌米饭，欣赏王承武"双钩书法"等民俗节目表演，参与的不仅仅是一场比赛，更是一场狂欢派对。

（六）参加办法

（1）年龄要求：参加者须本人持身份证（护照、军官证）等有效证件按照进行报名。具体年龄限65周岁以下（1951年5月6日后出生）；如年龄在13岁以下的儿童参加，必须有至少1名监护人陪跑。

（2）健康要求：参加者立身体健康，经常性参加越野跑步锻炼或训练。以下疾病患者不宜参加比赛:先天性心脏病或风湿性心脏病患者;高血压或脑血管疾病患者;心肌炎或其他心脏病患者;冠状动脉病患者或严重心律不齐者;血糖过高或过少的糖尿病患者;其他不适合运动的疾病患者。

(七)活动须知

(1)参加者必须按路线图上指定的路标行进,线路上凡是有岔路、危险路段,均放置指示牌及安排工作人员进行提醒。

(2)路线大多为山路,请参加者谨慎评估身体状况后再决定报名;活动前自行做热身活动,补充一点水分,自感不适应自觉告知工作人员,慢走或停止这次活动;参加者做到参加自愿,自己对安全负责。

(3)本次活动不计成绩,只要在规定时间内完成全程路线,即可获得纪念品1份。

(4)参加者请自行开车前往或乘坐131路、535路公交车"施家塘"站下,往前行走至第一个红绿灯左转。

(八)报名办法

(1)报名时间:2015年4月底,额满为止。

(2)报名方式:在组委会指定的报名点领取报名表进行报名;也可通过合作媒体渠道进行报名。

(3)每名报名者均可获得报名套装(含束口袋、遮阳帽、矿泉水、路线图、纪念品券)。

(4)本次活动不收取任何报名费,名额500名,报满为止。

(九)时间节点

4月上中旬为策划筹备阶段:完成整体活动方案策划、路线勘测考察、整体经费预算;寻找赞助合作单位、签署合作协议;制定媒体宣传计划、各项物料设计制作;完成相关部门的报批和备案工作。

4月中下旬为报名启动阶段:通过拱墅区体育局官方渠道(街道文体站等)发布活动报名信息;通过《钱江晚报》《体坛报》发布活动报名信息;借助新媒体,利用"杭州动动帮"、"跑吧"等平台,进行线上的活动信息发布及报名。

4月底至5月初为活动筹备阶段:完成活动视觉系统设计及制作;物料、器材采购和订制;工作人员、志愿者的招募及培训。

5月6日为活动执行阶段。

（十）部门分二

组委会下设办公室、活动组织部、宣传接待部、场地安保部、后勤保障部共5个部门。

（1）办公室：负责对整个活动的统筹安排，内容包括：召开组委会会议，活动总体协调，活动方案报批，参加开闭幕式领导邀请。

（2）活动组织部：负责赛事整体活动的组织和安排，包括：路线的勘测、标准丈量，通知的制定和下发，报名的启动和汇总，场地分布及各类活动用品的准备，工作人员、志愿者的组织，赛事保险的办理，配套活动相关人员的落实。

（3）宣传接待部：负责活动的宣传和接待，包括：撰写新闻宣传通稿，活动预热与报名环节的宣传，媒体接待，新闻报道收集。媒体宣传方案见表5.1。

表5.1 "半山立夏节"跑山活动媒体宣传方案

期数	见报日	主题	内容	杭州电视台综合频道	钱江晚报	体坛报	杭州日报
1	活动前1周	报名发布	本项活动的特性、宗旨、由来历史；报名须知	\	★	★	\
2	5月6日	活动全景报道	采访活动主办方及选手	★	★	★	★

（4）场地安保部：负责场地的提供及安全保卫和医务急救工作，包括：赛场的布置（音响、拱门、背景板、舞台、指示牌、沿途水站等），活动期间与属地交警、公安、城管、卫生等部门的协调，起终点及周围的保洁、卫生，起终点及沿线安全工作保障，机动车停放安排并指派专人现场协调，落实医务急救车及绿色通道医院。

（5）后勤保障部：负责活动的后勤保障工作，内容包括：参加人员的签到接待、物料物资的发放、活动当天所有工作快餐的订购发放。

（十一）应急预案

（1）遇暴雨或恶劣天气将延期举行。若活动前一晚下雨，道路潮湿，则联系有关部门在险要路段采取相关防滑措施。

（2）在出发时，应派足够的警力和安保人员在出口通道维护好秩序，各医疗队应随时待命。

（3）活动环境问题方面，应该及时派专人清理现场及道路上遗留的塑料瓶、纸巾等垃圾，避免对环境造成污染。

五、拱墅区图书馆建馆八周年活动方案

联合国教科文组织和国际图书馆联合会在 1994 年颁布的《公共图书馆宣言》中明确指出，"公共图书馆是传播教育、文化和信息的一支有生力量，是促使人们寻求和平和精神幸福的主要机构"。同时，还指出公共图书馆应该提供个人创造力发展的机会。而从图书馆发展论的角度而言，公共图书馆以"第二起居室"和"第三空间"概念的提出使得传统实体图书馆的服务定位大大拓展，也不仅仅局限在图书的借阅和文献的查询。为了突出图书馆的文化特性，尽最大可能地利用图书馆的公共文化空间，以平等、免费、无障碍的服务理念提供给辖区内居民更多的文化产品。

现代公共阅读服务体系是现代公共文化服务体系的重要组成部分。深入研究现代公共阅读体系，积极构建现代阅读服务体系，对于保障公民的基本文化权益，丰富人民精神文化生活，提高公民素质，推动文化传承，促进人的全面发展，激发全社会的创造活力，具有重要意义。[①] 随着市民文化消费和文化需求的进一步提高，对公共文化平台提供的文化产品的质量和艺术性有了精细而更高的要求，而图书馆作为公共文化平台，应该是市民文化精神需求的引领者之一。在芜杂的文化生态中，图书馆人更多了一份责任和使命：担当健康文化活动的引导者。

（一）活动背景

拱墅区图书馆于 2007 年 9 月 28 日对外开放，是由拱墅区政府拨款设立的公益性、综合性、现代化、开放式的区级公共图书馆，为杭州市主城区首家区级图书馆。馆舍位于杭州市城北的运河文化广场，建筑面积 3000 平方米，以传承文化、普及知识、传递信息、共享资源，满足群众求新、求知、求乐等各类文化需求为宗旨，是辖区居民学习、娱乐和接受教育的重要场所。

截至 2013 年 4 月，馆内藏书总量 20 余万册，报纸杂志 600 种，办理借书证 34000 张，累计图书借阅量超过 70 万册，到馆读者 80 多万人次（日平均近 1000 人次），居杭州市区级图书馆的前列。[②] 同时，为服务社区，打造拱墅区的立体图书服务网络，拱墅区图书馆建立了以区馆为中心，33 个社区"一证通"

---

① 戴珩：《创新与跨越——公共文化服务体系前沿报告》，南京师范大学出版社 2014 年版，第 161 页。
② 拱墅区图书馆网站：《拱墅区图书馆简介》，2013 年 5 月 28 日，http://www.gsqlib.com/Html/201006/29/118.html。

服务点,24 个信息资源共享工程服务点为支点的网络服务体系。另外通过与学校、监狱、消防大队、卫生所以及运河水上巴士、漕舫船等多家单位合作,建立共建点,将图书服务逐步遍及拱墅区的方方面面。2009 年拱墅区图书馆被国家文化部授予"国家一级图书馆"荣誉称号。[①]

为给老百姓提供更加舒适的阅览空间,拱墅区图书馆新馆将于 2015 年 10 月在吉如板块落成,进驻之际正逢图书馆建馆 8 周年。

(二)活动目的

通过建馆 8 周年,回顾建馆历史,展示发展成果,创造发展契机;扩大影响,提高知名度,树立良好社会形象,争取社会各界更大支持,进一步提高读者的信息素养,拓展"运河大讲堂"的师资力量,为新一轮发展奠定坚实基础;加强与读者联系,加深了解,增进情感;增强图书馆凝聚力,向心力和号召力,努力办成一场有内容、有档次的精品活动,打响拱墅区图书馆读者活动的新品牌。

(三)活动主题

图书馆建馆 8 周年的主题是"'品文化·跃精彩'传承与跨越(2007—2015)"。拱墅区图书馆在建设初期条件有限,八年来图书馆全体馆员凭借着一股敬业爱岗、甘于奉献、刻苦钻研的劲儿,将图书馆打造成了辖区居民流连忘返的公共文化服务空间。

(四)活动原则

隆重热烈、简朴务实、有序高效、促进发展。

(五)组织机构

邀请局领导亲自挂帅,同时抽调图书馆各部门业务骨干,成立活动工作小组,统筹协调并执行各项工作的实施。

(六)活动主要内容

(1)庆典活动:庆典活动定于 2015 年 10 月下旬举行,并同时举行馆史图片展揭幕仪式,参观馆史展。

(2)馆庆及搬迁新馆的宣传工作:馆庆及搬迁新馆的公告于 2015 年 6 月前在拱墅区图书馆门户网站、微博平台、读者 QQ 群、馆内公告栏及宣传橱窗

---

① 《"杭州市基层文化建设示范点"区图书馆与运河博物馆榜上有名》,《今日拱墅》2010 年 6 月 4 日。

中发布;6月成立第一届读者书迷会,6月—9月开展"走进书迷"活动;10月召开信息发布会,将相关信息通过《今日拱墅》、《拱墅政务一点通》、拱墅区文广新局短信平台、社会主流媒体进行发布;9月收集整理反映馆史风貌的照片、图片及资料,并设计总体展示方案。

(3)主题板块活动——"品文化 跃精彩":①"品"——"我和拱图的那些事儿";②"文"——"那些年,我们一起读过的书"读者征文活动;③"化"——音同"画",馆史图片展;④"跃"——体验挑战大擂台;⑤"精"——音同"今","今天是你的生日 寻找特别的你";⑥"彩"——馆庆文艺活动。

(七)总体要求

"品文化 跃精彩"暨拱墅区图书馆建馆8周年活动是全体拱图人的节日,是内聚人心,外树形象,全面促进图书馆发展的一个良好机遇,也是对图书馆管理水平的一次集中检阅。为了调动馆员的积极性与参与性,工作小组要详细制定每个子活动的执行方案,按照馆庆活动总体方案要求,积极有效地组织好各项馆庆活动。

图书馆的各项主题活动是一个系统工程,在其策划、实施的每一个环节上都凝聚着图书馆人的智慧和心血。成功地策划图书馆读者活动,将图书馆读者活动办出特色、创出品牌,使图书馆的活动在读者中的影响力不断扩大和增强,提高公众对图书馆的依赖度,从而盘活图书馆各类资源,提升图书馆的社会地位,是图书馆人需要共同面对的课题之一。相信在全体拱图人的努力探索之下,图书馆的读者活动将会越来越焕发出蓬勃的生命力。

基层公共文化服务是贴近实际、贴近生活、贴近群众的终端体现,对改善居民生活质量、提升幸福指数和提高文明水平有着重要的意义。当前,我国的城市公共文化服务建设也随着公共文化服务体系建设的不断深入出现了重心下移的明显转折点,基层公共文化建设日益受到重视。[①] 近些年,浙江省各级政府为加强基层公共文化建设做了大量的工作,取得了显著成绩。覆盖城乡的公共文化服务设施体系基本形成,图书馆、文化馆、博物馆、乡镇综合文化站、农家书屋、文化礼堂、村文化活动室、城市社区文化活动中心等,都在老百姓身边,老百姓可以很方便地参与文化活动,享受文化生活。然而如何充分发

---

① 李秀娟、高敏:《社区文化:提升城市公共文化服务水平的基石》,《全国商情·理论研究》2013年第48期,第5页。

挥文化阵地的作用，使公共文化设施的效用最大化，提升公共文化服务的效能，伴随区域文化竞争的日益加剧，基层文化人才紧缺的现象日益凸显，并逐渐成为影响和制约地方文化事业发展的一大瓶颈。①

加强基层文化建设，是全面建设小康社会的内在要求，是全面落实科学发展观、构建社会主义和谐社会的重要内容，是建设社会主义新农村、满足广大人民群众多层次多方面精神文化需求的有效途径。在以人为本的大背景下，增强文化服务职能，均衡构筑文化服务体系，使广大群众得到实实在在的文化利益，是我们面临的新的课题和挑战。② 在经济体制深刻变革、社会结构深刻变动、利益格局深刻调整的形势下，只有加强基层文化建设，发挥社会核心价值引领，才能形成社会共识，整合社会力量，更好地推动科学发展，促进社会和谐。③ 因此，推动文化全面协调可持续发展，要加强统筹规划，把更多的资源投向基层，把更多的项目放在基层，深入推进公共文化服务体系建设和重点文化惠民工程，更好地体现公益性、基本性、均等性、便利性；要创新基层文化发展模式，拓展基层文化服务渠道，把政府扶持和市场机制结合起来，积极引导社会资金以多种方式投入基层文化建设、兴办公益性文化事业，鼓励开展丰富多彩的民间文化、群众文化活动；要树立以人民为中心、以普通大众为对象的创作导向，降低文化消费门槛，多提供群众喜闻乐见的文化服务，努力满足人民群众日益增长的精神文化需求，不断开创城乡基层文化建设新局面。④

由城市街道管辖的社区是社会的缩影，是以共同地域为基础，以共同的利益为纽带，有共同的认同感为标志的一种居住、工作人群的集合体。注重社区文化的渗透力，是构建和谐社会、和谐社区的重要因素。城市社区文化建设以城市社区为依托，发源于社区，发展在社区，通过以文化设施为载体，以丰富多样的文化建设活动等形式，吸引广大社区居民积极参与，使得争创文明社区和争做文明人落到实处。⑤ 在社区文化建设中，满足人民群众文化需求、丰富人民群众文化生活的重要途径，就是要广泛开展群众文化活动，丰富的文化活动不仅可以充分发挥人民群众参与文化创造的积极性，也可以成为推动群众文化繁荣发展的有效举措。而群众文化活动的内涵、主题、质量能否满足群众的

① 张卫中：《浙江省基层文化队伍建设研究》，《文化艺术研究》2014年第1期，第16页。
② 朗希：《浅谈如何做好基层文化建设》，《大众文艺》2010年第12期，第195页。
③ 鲁立新、俞鸿、陈国华等：《基层文化引领作用研究》，《辽宁行政学院学报》2013年第1期，第146页。
④ 《大力加强城乡基层文化建设 让文化发展成果更惠及人民群众》，《人民日报》2011年5月10日。
⑤ 甘蕙芬：《街道文化建设重在创新》，《大众文艺》2009年第13期，第207页。

精神文化需求,能否起到提高群众文化素质的重要作用,则是组织开展群众文化活动的关键。

因此,作为基层的文化工作者要善于组织开展不同内容、不同形式、不同风格,体现时代精神的群众文化活动,吸引更多人民群众参与进来,引导群众在文化活动中自我表现,让蕴藏于人民中的文化创造活力得到发挥。① 只有具备丰富的知识和过硬的业务技能,才能适应各种变化,才能跟上时代发展的步伐。这就要求每一位基层文化工作者必须不断学习,精益求精,掌握现代管理方法,不断提高业务水平,在实际工作中才能不断丰富和满足广大基层人民群众日益增长的精神文化需求。② 基层公共文化队伍建设有利于为基层公共文化服务提供人才基础和物质基础,同时也提高了基层群众的科学文化水平,对提高基层群众的精神文化生活水平是非常有利的。③ 在人民群众精神文化需求进入高速增长期的今天,基层文化工作者必须以高度的文化自觉和文化自信,增强推动文化繁荣发展的责任感、使命感、紧迫感,自觉把文化繁荣发展作为当前工作的第一要务,努力搭建起一个人人参与群众文化、人人建设群众文化、人人享受群众文化的广阔平台,为群众文化的繁荣发展作出积极贡献。

文化本质上根源于群众,还需要回归到群众之中。在构建现代化的文化服务体系、推动文化惠民项目实施的过程中,广大群众期待多一些家常味,多一些泥土气、小而活的文化产品和接地气的文化设施。只有当"心理距离"近了,文化才能深扎到百姓的心里。④ 鉴于此,拱墅区在未来的工作中,要进一步增强文化自觉和文化自信,大力开展群众性文化建设,积极推动民俗、非物质、传统节日等文化发展,深入挖掘区域文化资源,形成特色发展优势;要始终把满足人民群众文化需求作为出发点和落脚点,精心组织,广泛发动群众参与到文化建设当中,共建共享文明成果;要继续加大投入,完善文化阵地建设,不断加强内容创新、载体和机制创新,深入推进文化名城文化强市建设,全面促进文化大发展大繁荣。⑤

① 马婉儿:《基层文化繁荣发展的多维解读》,《科教文汇》2012 年第 12 期,第 201 页。
② 张萍:《浅谈基层文化工作者的形象和素质》,《大众文艺》2011 年第 8 期,第 189 页。
③ 徐益男:《社区文化建设与基层公共文化服务队伍建设》,《群文天地》2012 年第 10 期,第 16 页。
④ 中国文明网:《短评:公共文化服务要接地气》,2015 年 1 月 14 日,http://www.wenming.cn/wmpl_pd/wmkf/201501/t20150114_2401654.shtml。
⑤ 《繁荣群众文化 做强文化品牌》,《今日拱墅》2012 年 2 月 3 日。

第六章　文化志愿活动标准化

　　志愿服务是公民个人基于道义、信念、良知、爱心和责任，利用自己的时间、技能、资源、善心为他人、社区和社会提供的一种公益性服务。近年来，随着经济社会领域的深刻变革，人民群众的基本文化需求日益迫切，进一步催生了文化志愿服务工作的新发展。文化志愿服务作为一种社会公益文化活动，在参与群众性文化活动，构建和谐社会中发挥了重要的作用。[1] 经过不断实践探索，文化志愿服务已经不再是一项由地方和社会自主开展的公益活动，而是纳入了公共文化服务体系建设，融入了国家文化发展总体战略。[2] 当前，浙江省以培育和践行社会主义核心价值观为根本任务，以制度化、常态化、长效化建设为导向，积极推进志愿服务制度化建设。[3] 拱墅区以"传播运河文化，全面推进四个新拱墅建设"为宗旨，通过设计标识、树立品牌、细分服务队伍、开拓文化阵地等举措，创新载体，挖掘特色，长效推进文化志愿服务工作。[4]

---

　　① 杨文光：《大力发展文化志愿者体系建设 不断提高公共文化服务软实力——锦州市群众文化志愿者体系建设的思考》，《辽宁行政学院学报》2014年第6期，第165页。

　　② 《推动文化志愿服务成为社会新风尚——访文化部副部长杨志今》，《中国文化报》2014年1月17日。

　　③ 2014年年初，浙江省制订了《浙江省志愿服务事业发展纲要（2014—2017年）》《浙江省注册志愿者管理办法》《浙江省志愿服务工作委员会工作制度》等一系列制度文件，志愿服务的规范化水平有了大幅提高。其中，《浙江省志愿服务事业发展纲要（2014—2017年）》明确了浙江省志愿服务事业发展的指导思想、基本原则和总体目标，对进一步深化志愿服务工作体系建设、加强志愿服务队伍建设、强化志愿服务阵地建设以及健全志愿服务工作机制等作出了规划与部署。参见浙江志愿者网站：《浙江省志愿服务事业发展纲要（2014—2017年）》，2014年5月9日，http://www.zjzyz.cn/tztg/394148.htm。

　　④ 浙江共青团网站：《团杭州市拱墅区委积极探索运河文化志愿者服务工作》，2013年12月6日，http://www.zjgqt.org/Item.aspx? id=11987080。

第一节 文化志愿服务活动概述

一、我国文化志愿服务发展现状

所谓文化志愿者,是指利用自己的时间、技能、资源,协助政府文化部门和公共文化场馆(图书馆、博物馆、美术馆、群众艺术馆、文化馆、文化站、文化艺术中心、剧院、音乐厅等)为广大群众提供非营利性、非职业化的公共文化服务的人员。[①] 文化志愿服务以自愿、无偿、利他为前提,为具有一定文化艺术专长或热心公益文化事业的团队和人士搭建服务平台(见表6.1)。[②] 当下,文化志愿服务是志愿服务的重要组成部分,体现着公民积极向上的精神追求,反映着社会文明进步的良好形象,是推动社会主义核心价值体系建设的有力抓手,也是加强公共文化服务体系建设的重要内容。[③]

表6.1 香港文化艺术义工队一览

义工服务队名称	义工技能水准要求	对服务对象的贡献
摄影义工队	具有摄影技术及经验	为服务机构拍摄美好和珍贵的服务回忆
司仪义工队	具有司仪的训练及经验	为服务机构提供司仪人才,协助加强服务素质
艺术导师义工队	具有艺术技能的训练及经验(如舞蹈、绘画、乐器、歌唱、书法、写作、手工艺导师)	为服务机构提供有艺术技能的导师,到各团体或学校教授兴趣小组,加强服务使用者的艺术文化和修养
文化艺术活动支持队	具有博物馆的导赏员、活动采访员、手工导师和公共图书馆的顾客服务员的训练及经验	为博物馆和公共图书馆提供支持服务,加强推行文化艺术活动的服务素质

资料来源:上海市文化广播影视管理局网站:《两岸三地公益文化志愿服务体系比较研究》,2008年10月14日,http://wgj.sh.gov.cn/node2/node741/node743/node763/node1071/u1a29353.html。

---

① 陈一锋、曾昶:《深圳出台〈文化志愿服务促进办法〉》,《中国文化报》2014年3月26日。

② 中国文明网:《文化志愿服务正式纳入公共文化服务体系建设》,2012年10月19日,http://www.wenming.cn/whhm_pd/yw_whhm/201210/t20121019_895066.shtml。

③ 中国文明网:《在全社会掀起文化志愿服务的热潮》,2012年12月5日,http://www.wenming.cn/whhm_pd/yw_whhm/201212/t20121205_968364.shtml。

随着我国改革开放的深入和现代化事业的推进,志愿服务因能有助于人们休闲、担负公共责任、扩大交往、建立社会信任等,越来越受到大家的喜爱,参加志愿服务正逐步成为人们追求的时尚。① 进入 21 世纪,中国志愿服务发展迅速。2008 年北京奥运会的成功举办更是极大地推动了志愿服务规范在中国的传播。② 截至 2010 年年底,我国社区志愿者人数达 2900 多万人,其中注册社区志愿者达到 599.3 万人,参与社区志愿服务活动超过 5000 多万人次,服务小时数达 1500 万小时。③ 服务对象从老年人、残疾人、优抚对象等弱势群体逐步扩展到全体社区居民,服务领域也从社会救助延伸到再就业服务、卫生和计划生育、社区治安、文化教育、便民利民等方面。目前,各级共青团组织正在积极推进共青团关爱农民工子女志愿服务行动、大学生志愿服务西部计划、青年志愿者海外服务计划、大型赛会志愿服务工作四项重点工作。

"文化志愿服务是志愿服务工作的重要组成部分,是繁荣发展城乡基层文化的有效途径。"④广泛开展文化志愿服务活动,组织动员专业文化工作者和社会各界人士志愿参与基层文化建设和群众文化活动,是构建现代公共文化服务体系的重要环节。2011 年党的十七届六中全会《决定》第一次在加强基层文化人才队伍建设的阐述中提出了文化志愿者的概念:"壮大文化志愿者队伍,鼓励专业文化工作者和社会各界人士参与基层文化建设和群众文化活动,形成专兼结合的基层文化工作队伍。"⑤这是党和政府在深刻分析我国文化国情和文化建设战略任务基础上,按照为社会主义文化大发展大繁荣提供人才支撑的要求,围绕加强基层文化人才队伍建设作出的具体部署。由文化志愿者提供的文化服务是推进我国文化建设的创新之举,是实现文化大发展大繁荣的新思路和新方式。⑥

2012 年,文化部、中央文明办共同印发了《关于广泛开展基层文化志愿服

---

① 赵剑民:《作为文化时尚的志愿服务及其组织机制——兼论志愿服务事业的长效机制》,《学术论坛》2010 年第 1 期,第 88 页。

② 朱立群、林民旺:《奥运会与北京国际化:理解中国与国际体系的互动》,《外交评论》2010 年第 1 期,第 34 页。

③ 新华网:《目前全国社区志愿者组织达 28.9 万个》,2010 年 12 月 4 日,http://news. xinhuanet. com/politics/2010-12/04/c_12847985. htm。

④ 《文化部、中央文明办关于广泛开展基层文化志愿服务活动的意见》,文公共发〔2012〕31 号。

⑤ 新华网:《授权发布:中共中央关于深化文化体制改革推动社会主义文化大发展大繁荣若干重大问题的决定》,2011 年 10 月 25 日,http://news. xinhuanet. com/politics/2011-10/25/c_122197737. htm。

⑥ 闫平:《培育和壮大文化志愿者队伍》,《中国文化报》2012 年 1 月 10 日。

务活动的意见》(文公共发〔2012〕31 号),各地文化行政部门和文化单位按照
该意见的要求,采取切实措施,完善文化志愿服务工作机制,规范文化志愿者
队伍管理,并通过开展基层文化志愿服务活动和"文化志愿者边疆行"工作,摸
索出越来越多的好做法,积累了越来越多的好经验,涌现出越来越多的好典
型。文化部将 2013 年定为"文化志愿者基层服务年",服务年的系列活动由 2
项示范性活动和 8 个主题系列活动组成(见图 6.1),①对于培育和践行社会主
义核心价值观、建设现代公共文化服务体系、推进基层文化队伍建设、推动各
民族文化交流交往交融、促进社会和谐稳定具有重要意义。② 如今,文化志愿
者工作逐渐得到各级政府和有关组织的高度重视,各地整合志愿服务资源,组
织体系建设科学发展。

图 6.1 2013 年"文化志愿者基层服务年"系列活动启动

北京市的文化志愿服务工作机制起源于东城区,东城区在全市率先建立
了"文化志愿者队伍",并实现了每一街道聘请一家专业文化单位、每一社区聘
请一名专业文化工作者并适时向全社会公开聘请文化志愿者的目标。2009
年年初,北京市文化志愿者服务中心正式成立。全市 18 个区县也相继设立文

---

① 《"文化志愿者基层服务年"系列活动在京启动》,《中国文化报》2013 年 4 月 24 日。
② 《推动文化志愿服务成为社会新风尚——访文化部副部长杨志今》,《中国文化报》2014 年 1 月 17 日。

化志愿者服务分中心。① 为提高文化志愿者的整体服务水平,北京市还先后举办了文化志愿者工作培训班、项目带头人培训班、文化志愿者培训师队伍建设培训班,提升了服务管理水平和文化志愿者队伍素质;利用互联网等现代技术手段助力文化志愿服务工作,建立志愿者信息数据库,开通专门网站,形成了市、区两级文化系统以及各类志愿者协会之间的交互式网络管理机制,为招募文化志愿者、发布服务信息、加强成员联系、促进服务项目的供需对接等搭建良好的服务平台。②

上海市青年志愿者协会成立 10 年以来,在志愿者的组织管理上已经形成公开招募、系统培训、有序调配、合理使用、计时考核、评比表彰等一整套行之有效的做法。据悉,上海的注册志愿者将人人拥有一张服务卡,上面记录着志愿者的照片、姓名、性别、卡号和特长,需要志愿服务的单位只要将需要服务的内容输入志愿者信息网,就可以查找到相应的"身份证",以此来招募所需的志愿者。目前有关方面正在考虑出台新办法,让志愿者在提供服务后自己也可以凭服务卡获得学习、生活等方面的优惠服务。可以说,上海的各级各类志愿者协会在志愿者活动中的发动、协调、组织和管理作用正在完善过程中。③

成都市大力推行文化志愿服务活动,针对文化志愿服务的相关知识、专业技能等,拟定培训计划,定期组织培训,严格培训制度,并努力在培训内容、形式和效果上谋求创新和突破,以提升文化志愿者的服务能力和服务水平。在师资配备上,除邀请专业老师进行辅导、授课外,还邀请一线的文化志愿者骨干现身说法;在培训形式上,采取专题授课、座谈交流、模拟演练等形式,丰富、活跃培训课堂。在培养志愿者服务理念方面,成都市各级文化职能部门积极为文化志愿者提供参加各类文化活动的机会。如成都市文化局组织文化志愿者参加了"国际非物质文化遗产节"、"成都文化四季风系列活动"、"成都家庭艺术节"等大型群众文化活动。④

广西宣传文化系统以服务群众、践行雷锋精神为主题,整合公共文化艺术资源,建立自治区—市—县—乡四级文化志愿者网络机构。以文化系统事业单位为骨干,以各单位在职人员为主体,以自治区文化厅主管的社会团体和当地离退休人员、社会热心人士为补充,着力打造"千团万场——群众文化活

---

① 张承清:《浅谈群众文化与文化志愿者》,《神州民俗》(学术版)2011 年第 168 期,第 111 页。
② 《以志愿服务体现雷锋精神》,《中国文化报》2012 年 2 月 29 日。
③ 任菡瑾:《文化志愿者:角色分量日益加重》,《中国文化报》2007 年 10 月 24 日。
④ 《成都搭建文化志愿服务网络》,《中国文化报》2013 年 2 月 6 日。

动"、全区中小学生书法普及教育活动等文化志愿服务品牌；利用周末、下班时间，面向基层，为群众和中小学生开展音乐、舞蹈、戏剧、美术、书法等各门类文化志愿辅导培训活动，强化先进文化的传播能力，提高公共文化服务体系场馆和文化广场的利用率。在实践中，广西宣传文化系统不断研究和探索规律，推动了文化志愿服务活动和学雷锋活动常态化。[①]

　　总结起来，我国文化志愿服务工作呈现出整体推进、重点突破、快速发展的良好势头。主要有四个特点：一是文化志愿服务规范化水平进一步提高，文化志愿者已经成为公共文化服务的重要力量。二是示范活动发挥出品牌效应，带动了基层文化志愿服务活动蓬勃开展。三是推动了公共文化机构服务创新，提升了服务水平和服务效能。四是文化志愿服务领域不断拓展，内容不断丰富，增强了文化志愿服务的社会影响（见表6.2）。[②]

表 6.2　全国基层文化志愿服务活动优秀项目名单

序号	项目名称	执行单位
1	"送福到家"文化志愿服务项目	北京市文化志愿者服务中心
2	"暖心工程"文化志愿服务项目	北京市密云县文化志愿者服务分中心
3	"快板沙龙"志愿服务进社区	北京市东城区文化志愿者分中心
4	天津市和平文化宫"心目影院"	天津市和平文化宫
5	"优秀传统文化进社区"——秦皇岛市文化志愿服务活动	河北省秦皇岛市群艺馆
6	"手牵手，让梦想成真"公益性系列活动项目	山西省群众艺术馆
7	"文化进社区、和谐到万家"——呼和浩特市文化志愿服务系列活动	内蒙古自治区呼和浩特市文化局
8	"对面朗读"——辽宁省图书馆公益文化活动	辽宁省图书馆
9	"走近历史"——辽宁省博物馆志愿者进校园活动	辽宁省博物馆
10	长春图书馆"义务小馆员"志愿服务活动	吉林省长春图书馆
11	"幸福社区、快乐之家"创建活动	吉林省梅河口市文化广播新闻出版局
12	"送欢笑到基层"文化志愿服务活动	黑龙江省文化厅
13	"荣担文化使者，播撒都市文明"——上海图书馆系统文化志愿者服务项目	上海图书馆

---

　　① 党建网：《让文化志愿服务常态化》，2013 年 9 月 25 日，http://www.dangjian.cn/tbch/dywe/201309/t20130925_1490735.shtml。

　　② 中国广播网：《我国文化志愿服务将进行制度建设构建文化志愿服务体系》，2015 年 1 月 20 日，http://china.cnr.cn/gdgg/20150120/t20150120_517478129.shtml。

续　表

序号	项目名称	执行单位
14	"百姓家门口的文化使者"——上海社区文化指导员志愿者服务项目	上海市东方社区文化艺术指导中心
15	"美好江苏"——基层文艺巡演	江苏省文化馆
16	"群星"文化志愿服务活动	浙江省宁波市文化馆
17	"百团千场万人"活动	安徽省文化厅
18	厦门青年民族乐团文化志愿服务活动	福建省厦门市文化馆、厦门青年民族乐团
19	"崛美行动"——江西省老艺术家年表库工程	江西省南昌市崛美行动公益发展中心
20	"艺润心田"——文化志愿者在行动	山东省青岛市文化广电新闻出版局
21	周口市"周末一元剧场"	河南省周口市文化局
22	湖北省博物馆文化志愿者宣讲活动	湖北省博物馆
23	"服务农民工、文艺送春风"——湖南省文化志愿者服务农民工系列活动	湖南省群众艺术馆
24	"喜阅365"——亲子共读计划	广东省深圳少年儿童图书馆
25	"文化志愿大篷车"进"三区"(社区、校区、厂区)活动	广东省东莞市长安镇宣传文体局
26	海口市社区文艺辅导员培训班	海南省海口市群众艺术馆
27	桂林"英语角"——崛起中的民间阅读推广力量	广西壮族自治区桂林图书馆
28	重庆市少年儿童图书馆"小小义工真能干"活动	重庆市少年儿童图书馆
29	沙坪坝区农村文化志愿服务队送书进农户活动	重庆市沙坪坝区文化广电新闻出版局
30	四川省文化志愿者"大篷车"流动博物馆服务项目	四川省博物院
31	成都小馆员志愿者服务活动项目	四川省成都图书馆
32	贵州省大学生志愿者艺术团巡回慰问演出	贵州省大学生志愿者艺术团
33	"微笑小屋"文化志愿服务品牌活动	贵州省遵义市文体广电局
34	文化志愿者服务外来务工人员及农民工子女免费美术培训班	云南省文化馆
35	基层业务骨干培训志愿者行动	陕西省图书馆学会
36	"志愿者行动"——基层图书馆员培训活动	甘肃省图书馆学会
37	青海省化隆县文化志愿服务队基层文艺演出活动	青海省化隆县文化馆
38	银川市"踏歌起舞"文化工程——广场民族健身舞培训	宁夏回族自治区银川市文化艺术馆

　　资料来源:《文化部关于表扬全国文化志愿服务组织工作成绩突出单位、全国基层文化志愿服务活动优秀项目和2012年"春雨工程"——全国文化志愿者边疆行示范项目的通报》,文公共发〔2012〕46号。

二、推进文化志愿服务制度化的思考

随着我国文化事业的大发展大繁荣,文化志愿服务在传播服务理念、创新服务方式、延伸服务范围等方面的作用愈加凸显,并进一步得到了政府的支持和群众的拥护。2002年,共青团中央、中国青年志愿者协会颁布了《中国青年志愿者注册管理办法(试行)》,对注册志愿者的定义、基本条件、权利、义务、注册程序、管理和培训、激励表彰等都作了明确规定,有助于科学规范地调配志愿者资源。[①] 2012年9月,文化部在深入调研广泛实践的基础上,与中央文明办联合出台了《关于广泛开展基层文化志愿服务活动的意见》,第一次对加强基层文化志愿者队伍建设做出了全面部署,[②]标志着我国文化志愿服务开始进入制度化、标准化推进的新阶段。2014年2月,中央精神文明建设指导委员会印发《关于推进志愿服务制度化的意见》,作为指导志愿服务工作的重要文件,该意见为推进志愿服务经常化制度化指明了前进方向、提供了基本遵循。[③]

(一)文化志愿服务队伍建设制度化

近年来,在"奉献、友爱、互助、进步"的志愿精神引领下,社会中涌现出越来越多的文化志愿者,并成为公共文化服务体系建设的有生力量。文化志愿者队伍的发展壮大是公共文化人才的有力补充。培育文化志愿者队伍也是公共文化人才队伍发展壮大的创新举措之一,二者的有机统一为文化的大发展、大繁荣提供源源不断的人力资源储备。[④]

任何形式的志愿服务都必须以群众自身的制度性、规范性参与为根本,深切了解和把握不同地区群众面临的主要问题和社会需求,结合政府、公益机构以及市场的多重努力,激发群众在基层文化建设中的参与积极性。[⑤] 借鉴国内外志愿者管理的相关经验,为推进文化志愿服务队伍建设制度化,必须努力

---

① 《关于印发〈中国注册志愿者管理办法〉的通知》,中青发〔2006〕55号。
② 《文化部、中央文明办关于广泛开展基层文化志愿服务活动的意见》,文公共发〔2012〕31号。
③ 新华网:《中央文明办负责同志就〈关于推进志愿服务制度化的意见〉答问》,2014年3月6日,http://news.xinhuanet.com/politics/2014-03/06/c_119638372.htm。
④ 胡本春:《试论基层公共文化人才队伍的有益补充——以A省M市文化志愿者队伍建设为个案》,《长春大学学报》2014年第3期,第407页。
⑤ 董文琪:《乡村文化建设中的精英动员与志愿失灵——以"屈原乡村图书馆"为例》,《中国非营利评论》2011年第4期,第47页。

做到：

一是强化制度建设。志愿者队伍建设是国家赋予民政部门的一项重要职责。各地民政部门要提高认识，明确责任，统筹规划志愿者队伍建设工作。要制定有效措施，切实推进志愿者注册工作，建立志愿服务检查评估机制，加强志愿者队伍信息统计工作。[①] 推行社区文化志愿服务者注册制度，把注册登记作为社区志愿服务者参加志愿服务的基本凭证，持有者可以参加任何地方社区组织开展的其他志愿服务；推行社区文化志愿服务"时间储蓄"制度，把提供社区文化志愿服务与优先享受其他志愿服务结合起来，把社区文化志愿服务者参加服务时间、服务质量、服务实效的记录储存起来，在社区文化志愿服务者自身需要社会提供帮助的时候提取出来，优先得到相应时间的其他志愿服务。[②]

二是完善招募渠道。各级公共文化服务机构可采取公开招募与定向招募相结合、经常性招募与阶段性招募相结合、面向个人招募与面向集体招募相结合等方式开展招募工作，建立健全高效便捷的志愿者招募机制、稳定通畅的招募渠道。[③] 一是各级各类公共文化服务机构可根据志愿服务项目和岗位需求情况，通过报纸、电视、网络、广播、信息栏等多种形式向社会公开发布有关志愿者需求数量、岗位要求和报名方式等招募信息，为志愿者参与志愿服务创造便利条件。二是各级公共文化服务机构可深入社区、农村和机关、学校、企事业单位、社会团体等机构，有针对性地开展志愿者招募工作，吸引和动员热心公益的广大市民特别是有一技之长的专业人士就近、就便加入志愿者队伍，参加志愿服务活动。

三是加强人员培训。各级文化行政部门要利用多种形式开展文化志愿者培训活动，应根据本地文化建设实际，提出文化志愿者的培训计划，编写统一的文化志愿者培训教材，做好与文化志愿者服务相关的知识培训、专业技能培训和职业道德培训，提升文化志愿者的服务能力和服务水平。建立健全分类培训的文化人才培训体制机制，制定实施各类人才培训计划。依托党校、行政学院、干部学院、高等院校、职业院校、定点大型企业，发挥人民团体的作用，加强文化人才政治素养和道德素质教育，开展任职培训、岗位培训、业务培训、技

---

① 《民政部关于进一步推进志愿者注册工作的通知》，民函〔2010〕151号。

② 徐春林、曲宗文：《大力加强社区文化志愿服务者队伍建设》，《学习月刊》，006年第5期，第62页。

③ 敬彪：《对完善文化志愿服务管理体制的思考》，《大众文艺》（学术版）2014年第5期，第270页。

能培训。① 制定实施基层文化人才队伍建设规划,大力鼓励专业文化工作者和社会各界人士深入基层文化建设和群众文化活动中,形成专兼结合的基层文化工作队伍,整合民间志愿服务组织,丰富志愿服务内容,壮大志愿服务力量(见图 6.2)。建立文化志愿者教育培训的长效机制,用良好的制度规范培训机制的运作,提高文化志愿者的能力和素质,并且将志愿服务中已经形成的优秀的做法用制度的形式确定下来,并在实践中不断地丰富和完善,使文化志愿服务真正成为精品工程和民心工程。②

图 6.2　拱墅区的十百千培训

十百千培训即:扶持 10 个优秀群众文体团队,选送 100 名优秀文体指导员进基层,培训 1000 名优秀文体骨干

四是推进网络管理。在文化志愿者招募方面,要充分发挥互联网络的积极功能,鼓励市民直接在网上报名,填写文化志愿者申请资料,由后台工作人员根据报名者提供的信息加以筛选;在文化志愿者管理方面,可以利用网络围绕文化志愿者招募、志愿者培训以及考核等各个环节进行管理,从而增强文化志愿者管理的便捷性与有效性;在志愿服务方面,可以建立文化志愿者微信群、QQ 群、飞信等社交平台,使得文化志愿者和志愿组织之间、文化志愿者之

① 胡本春:《对文化志愿者队伍建设的调查与思考——以安徽马鞍山为例》,《长春工业大学学报》(社会科学版)2012 年第 3 期,第 41 页。
② 徐爱丽:《文化志愿者教育培训的长效机制探讨》,《邢台学院学报》2013 年第 4 期,第 72 页。

间、文化志愿者与服务对象之间能够通畅地交流。[1]

(二)文化志愿服务活动运行制度化

我国的志愿服务活动起步相对较晚,制度化建设相对滞后,缺乏长效的管理机制和工作机制,在服务领域、人员招募、项目策划与推广、组织管理、组织发展等方面均存在着系统化、组织化、规范化、专业化、制度化、持久化不足等缺陷与问题,导致志愿服务活动容易陷入短期行为和功利主义的境地,影响和制约了文化志愿服务事业的可持续发展。因此,笔者建议通过以下途径推进文化志愿服务活动运行制度化:

一是在技术层面上积极推进"文化服务记录"制度。通过"文化服务记录",对志愿者的服务项目、服务时间、服务地点、服务行为、服务质量等内容进行详细、准确、及时、规范的记录,对服务记录结果进行长久保存、权威证明与回馈激励,鼓励有关单位在招生、招聘时,同等条件下优先录取、聘用有良好文化志愿服务记录的志愿者。这样,可以激发文化志愿者奉献社会的荣誉感和使命感,引导更多文化专业人士加入志愿服务行列。[2]

二是探索分类管理工作模式,打造志愿服务品牌。在充分了解志愿者服务意向的基础上,按照专业、服务岗位、服务时段等项目对文化志愿者实行分类管理。建立、健全文化志愿者及其服务活动的档案制度,为文化志愿者建立包括基本状况、服务情况、累计服务时间的个人档案。文化志愿者组织可结合自身开展文化志愿服务的基础、特点和优势,创新服务内容、工作方式和活动载体,探索具有地方和行业特色的文化志愿服务模式,推动形成各具特色的志愿服务品牌。各级文化行政部门要加强文化志愿服务品牌项目管理,通过服务品牌项目评审、扶持、宣传推广等形式,形成示范带动效应。[3]

三是优化管理与服务流程,促进志愿服务供需有效对接。加强中华志愿服务网和全国志愿者队伍建设信息系统建设,建立全国志愿者基础信息管理和志愿者数据交换与共享平台,逐步整合全国志愿者和志愿服务信息资源,不断提高社会服务志愿者队伍建设科学化、信息化水平。[4] 通过创办"文化志愿

---

① 高和荣:《文化志愿者队伍的建设与完善——基于厦门的研究》,《湖湘论坛》2012年第6期,第86页。

② 阮可:《志愿服务有很多功课要做》,《中国文化报》2014年3月27日。

③ 《深圳市文体旅游局、共青团深圳市委员会关于印发〈深圳市文化志愿服务促进办法〉的通知》,深文体旅〔2014〕133号。

④ 《民政部关于印发〈中国社会服务志愿者队伍建设指导纲要(2013—2020年)〉的通知》,民发〔2013〕216号。

者"专题网站,搭建起集文化志愿者注册系统、培训考核系统、活动发布系统、评价激励系统全方位覆盖的文化志愿者服务的网络平台,实现对文化志愿服务过程的管理以及动态掌握,从而提高文化志愿服务的管理水平和工作效率,实现文化志愿资源管理的信息化、网络化和科学化。①

（三）文化志愿服务保障措施制度化

志愿者与工作人员不同,他们参与志愿服务具有自愿性、无偿性和动机的多元性等特点,所以对志愿者不能只采用常规的指令和强制措施进行管理和约束,这除了要求志愿者本身具有责任感和奉献意识之外,更需要志愿者管理组织采取合理有效的激励机制。② 以无私奉献为主的精神激励是志愿者激励的主要方式之一。但如果过于强调志愿服务的无私和奉献,也会给志愿者带来精神负担,不容易维持志愿者的参与热情,从而使志愿服务的长期性和延续性难以保证。

志愿者参加志愿服务要想取得预想的结果往往依靠个人和小群体的力量是难以实现的,他们的服务认可、工作条件等保障必须由有关组织和部门来提供。但由于组织者对志愿者和志愿服务的理解认识的偏差,目前为志愿者提供的保障还比较缺乏,保障工作还很不充分。不少自发的志愿服务组织虽然被有关机构、部门批准或认可,但在服务项目、骨干培训、队伍建设等方面获得的支持和帮助十分有限,有的甚至得不到任何帮助。并且,资金短缺一直是国内志愿者活动的主要障碍之一。③ 只有将志愿者纳入社会保障体系中,才能为志愿者及志愿服务活动创造一个良好的外部环境。

文化志愿服务保障措施制度化的前提是把志愿服务事业纳入国家社会发展规划中,从制度上保障志愿服务事业发展。④ 首先,加大对志愿服务的支持力度。借鉴国际经验,政府应从两个方面加大对文化志愿服务工作的经费投入力度:一是做好政府购买服务,尽快推进理顺政府购买服务工作机制,制定重点志愿服务项目目录,加大大型志愿服务活动和重点志愿服务项目资金支持力度。二是通过建立志愿服务基金会的方式,为文化志愿服务提供有效的资金保障,并建立基金规范使用与监督制度,同时,在政策上鼓励引导社会资

① 于丽艳:《探索"文化志愿者"专题网站建设的有效途径》,《河南图书馆学刊》2013年第11期,第95页。
② 孟志丹:《图书馆文化助残志愿服务的实践与思考——以辽宁省图书馆为例》,《河南图书馆学刊》2014年第2期,第30页。
③ 丁元竹、江汛清、谭建光等:《中国志愿服务研究》,北京大学出版社2007年版,第132页。
④ 魏娜:《我国志愿服务发展:成就、问题与展望》,《中国行政管理》2013年第7期,第66页。

源对志愿服务的投入。

　　志愿服务的法律法规是保障志愿者服务可持续发展的必要手段,文化志愿服务保障措施制度化的关键是推进立法。在我国,由于法律法规的缺失和不完备,导致各主体之间的关系界定不清晰;加之相关伦理规范与行为守则的缺失,容易引发志愿者和服务对象之间不必要的误解与冲突,从而影响志愿组织的公信力和志愿者的社会形象。志愿者的法定权利应该包括自主选择的权利,受尊重的权利,人士保障的权利,物质保障的权利,接受培训的权利,等等。① 我们应该对现有的各项立法规定进行归纳整理,进行全国范围内的统一立法,提升志愿者活动立法的法律地位,为文化志愿者活动提供明确的法律依据。② 只有通过统一立法,明确志愿者与志愿组织的法律地位,保护志愿者以及志愿服务对象的权益,才能及时预防志愿服务中可能出现的各种风险,最大限度地调动志愿者们的服务热情。因此,加快志愿服务立法,约束和规范志愿者的行为,是我国志愿服务管理中亟待解决的一个现实问题。③

　　志愿服务立法应当面对志愿服务领域的各种关系,志愿服务关系网络看似很复杂,但可以将其中的复杂关系作简化和解析,突出重要关系和基本关系(见图 6.3)。其中各机关和团体的相互关系、志愿服务联合会和志愿服务组织的关系、志愿服务组织与志愿者的关系等涉及志愿服务的管理、指导和协调,属于志愿服务关系网络中的重要关系;志愿者、志愿服务对象、志愿服务组织之间的关系,以及志愿者、志愿服务运用单位、志愿服务组织之间的关系,是志愿服务关系网络中的基本关系。为规范志愿服务关系,志愿者、志愿服务组织、志愿服务对象可以签订志愿服务协议,在特定情形下,应当签订志愿服务协议,志愿服务协议应当是三方协议,包括协议主体、志愿服务内容及实现方式、协议各方的权利义务、相关法律责任及志愿服务争议解决途径等。④ 政府在志愿服务立法方面,主要是扮演着制定法律、促进发展和事后有效监管的角色,引导、协调、激励志愿者参与行动,并鼓励社会民间团体共同支持志愿者组织事业的苗壮发展,尽可能提供宽松的空间从而促进志愿者组织高度自律、自治地发展。⑤

---

① 缪仲妮:《论我国志愿服务法律制度的完善》,《南京社会科学》2006 年第 7 期,第 92—94 页。
② 周丽娟:《中国志愿服务研究概述》,《青年与社会》2013 年第 36 期,第 54 页。
③ 党秀云:《论志愿服务的常态化与可持续发展》,《中国行政管理》2011 年第 3 期,第 51 页。
④ 肖金明:《志愿服务立法若干问题的思考》,《中国行政管理》2010 年第 8 期,第 27 页。
⑤ 黄信瑜、石东坡:《台湾地区志愿服务立法评述及其启示》,《江苏社会科学》2012 年第 6 期,第 119 页。

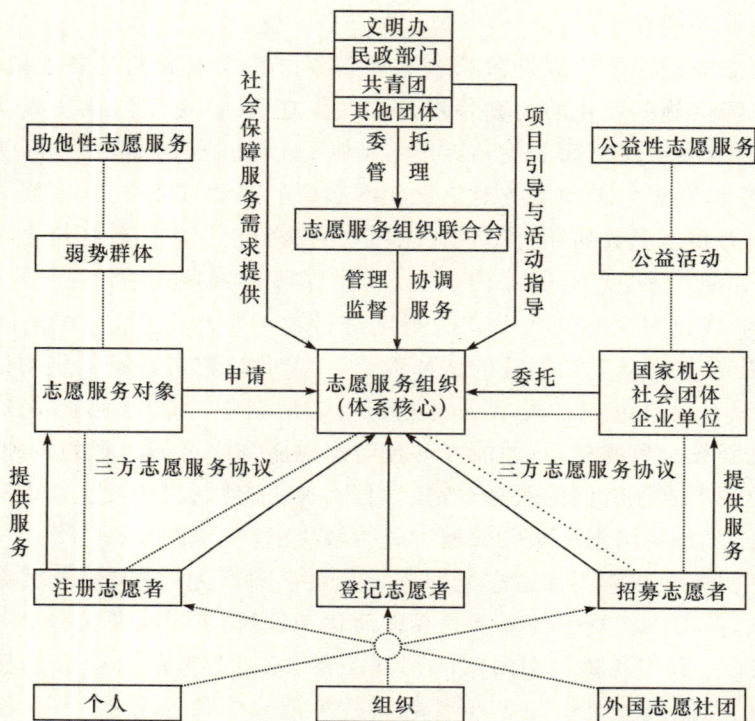

图 6.3　志愿服务关系网络

资料来源:肖金明:《志愿服务立法若干问题的思考》,《中国行政管理》2010 年第 8 期,第 26 页。

　　随着现代社会的快速发展,广大人民群众更加普遍地享受到经济社会发展的成果,奉献社会、服务他人的意愿空前普遍和强烈,开展社会志愿服务的群众基础和社会资源越来越丰富。但是必须承认,我国的文化志愿服务还处在初始阶段,活动开展不够经常、体制机制不够完善、服务水平不够高等问题,在一些地方不同程度地存在。作为志愿服务的一个重要方面,文化志愿服务面临着极为难得的发展机遇。健全的人才队伍、完善的服务网络、科学的服务机制是文化志愿服务活动深入开展的重要保证。[①] 推进文化志愿服务制度化,对于培育和践行社会主义核心价值观、在全社会形成向上向善的力量、促

---

　　① 定海宣传网:《关于文化志愿服务网络机制建设的实践与思考》,2010 年 8 月 4 日,http://www.dhxc.gov.cn/detail.aspx? art=29。

进文化事业繁荣发展等都具有十分重要的意义，是推进志愿服务持续健康发展的必由之路。① 近年来，拱墅区通过成立运河文化公益促进会，开设文化志愿者网站，制定文化志愿者培训计划，发挥运河文化传播使者和文化名人的效应，努力构建参与广泛、形式多样、活动经常、机制健全的文化志愿服务体系，②进一步完善了以"联盟、联姻、联群"为内涵的"三联模式"，成为杭州市文化志愿服务制度化的典型。

第二节　招募制：引入社会参与设施管理和运行

当前我国公共文化供给中的"一元"主体格局，存在权力寻租、公共部门垄断等现象，导致了公共文化服务的效率低下，再加上政府公共文化服务供给能力的有限性限制并降低了公众的信息满足度，第三部门、私营组织及个人的介入成为必然趋势。换言之，具有公益性的公共文化服务，要形成政府、企业和第三方力量"共同治理"的结构，才能优化政府与社会资源，提高公共文化服务的效率和水平。③ 同时，构建现代公共文化服务体系应该确立一个基本的理念，就是公民是构建公共文化服务体系的主体。从这个基本理念出发，构建公共文化服务重在最大限度地实现公民参与，应该在构建公共文化服务体系中强调公民共享、共建、共有的原则。公民参与公共文化服务管理有助于提高公共文化服务效率，有助于保障政府与公民的沟通协调，调动公民参与文化建设的积极性。④

随着中国社会结构的转型和经济的不断发展，志愿社团的自主管理、自主运作将成为今后的主要趋势。社会化的志愿服务就是允许和鼓励社会各种医素参与志愿事业，包括机构参与、社团参与、个人参与等，形成多样化和灵活性的参与局面，能够为社会发展和公民生活提供全方位的服务。同时在社会化

---

① 中国文明网：《制度化是推进志愿服务持续健康发展的必由之路》，2014 年 4 月 22 日，http://wh.wenming.cn/rdtan/201404/t20140422_1889168.htm。

② "杭州·拱墅"门户网站：《公共文化三联模式 暖到百姓的心坎里》，2015 年 1 月 28 日，http://www.gongshu.gov.cn/ztzl/ztzl_list/2015ngsqlh/cjyzw_20369/201501/t20150128_653123.html。

③ 何义珠：《政府职能视角下的公共数字文化服务体系建设——以浙江为例》，《新世纪图书馆》2014年第 7 期，第 47 页。

④ 人民网：《构建现代公共文化服务体系需要研究的七个重点问题》，2015 年 2 月 9 日，http://politics.people.com.cn/n/2015/0209/c1001-26531351.html。

过程中不断寻求社会的支持,从单纯以政府拨款为主转变为建立政府拨款、社会捐助、组织自筹等多元化获取资金的渠道,使志愿服务工作获得更多的资金来源,这些将为志愿服务的繁荣兴旺提供坚实的物质基础(见图 6.4)。①

图 6.4　2015"运河文化志愿者"活动日流程图手册

　　志愿精神是一种公民精神,它的弘扬与推广需要全体公民的积极参与,每个个体都是传播志愿服务精神的重要载体;与此同时,这种志愿服务的过程也是参与者自我教育、自我提高的过程,它对提供志愿服务的个体有一个的净化心灵的作用,为志愿服务工作的常态化运行积累了一个非常好的基础。② 建立社会化招募文化志愿者的平台不仅能广泛发动有志于文化志愿服务的人有

---

　　①　张育广、何婧云:《后亚运时期志愿服务的常态化、制度化和本土化》,《青年探索》2011 年第 4 期,第 42 页。
　　②　张育广、何婧云:《后亚运时期志愿服务的常态化、制度化和本土化》,《青年探索》2011 年第 4 期,第 41 页。

机会在大的平台上一展所长,而且也能充分体现志愿服务的社会性、公开性、公正性以及民主性。① 从实践看,只有加强制度设计,完善文化志愿服务队伍建设、活动运行、激励回馈、政策法律保障机制,健全社区志愿服务长效机制,才能有效推动志愿服务持续健康发展。②

为深入贯彻落实党的十八届三中全会关于"构建现代公共文化服务体系"精神,根据中共中央办公厅、国务院办公厅《关于加快构建现代公共文化服务体系的意见》,以创建浙江省"公共文化服务体系综合示范性示范项目"为抓手,围绕拱墅区委区政府建设"文化名区"、"文化示范区"的目标,进一步推进拱墅区公共文化服务"三联模式"的建设,创新公共文化服务机制,提高公共文化服务水平,并结合拱墅区公共文化服务体系建设的实际情况,杭州市拱墅区文化广电新闻出版局(体育局)专门制定了《拱墅区公共文化服务场馆引进社会力量的招募制度方案》。

(一)指导思想

以党的十八大关于"建设社会主义文化强国,让一切文化创造源泉充分涌流,社会文化生活更加丰富多彩、人民基本文化权益得到更好保障"和党的十八届三中全会关于"构建现代公共文化服务体系"为指导思想,全面建设社会主义核心价值体系、社会主义文化强国,将公共文化纳入基本文化服务,坚持以人民为中心的工作导向,展示现代化服务理念。以保障广大人民群众基本文化权益为出发点,坚持"公益性、基本性、均等性、便利性"的要求,加强文化惠民工作,大力推进公共文化服务工作的"三联模式",在全区创建网络健全、功能多元、结构合理、发展均衡、运行有效的公共文化服务体系,集成、整合、提升现代公共文化服务体系建设成果,在满足群众日益增长的精神文化需求的同时,全面打造拱墅区公共文化服务体系,为构建运河文化名区提供精神动力和文化支撑,为现代公共文化服务体系建设探索经验、提供示范。

(二)主要目标

以构建和完善拱墅区现代公共文化服务体系,强化和推进拱墅区公共文化服务"三联模式"的示范作用为总目标,创新现代公共文化服务运作方式,探索公共文化共建共享新路径。加强制度设计,营造社会力量参与公共文化服

---

① 首都文明网:《[嘉兴]着力探索文化志愿服务的理性成长之路》,2013 年 6 月 17 日,http://www.bjwmb.gov.cn/zxgc/sjjl/t20130617_526859.htm.

② 《刘奇葆:推动建立中国特色志愿服务制度》,《人民日报》2014 年 4 月 22 日.

务的良好氛围。搭建互动发展、互惠互利、共建共赢的文化与社会经济融合的平台,吸引更多的社会力量来参与公共文化服务、共建共享公益文化。建立和完善社会力量参与公共文化服务建设的科学、有效的管理机制、日常监管机制和激励机制。在服务管理上,统一标准,加强规范,提高质量,良性运行,确保全区公共文化服务标准化、均等化和服务效能显著提升。

(三)基本原则

(1)政府主导,社会参与。充分发挥政府在公共文化服务体系建设中的主导作用,牢牢把握基本公共文化服务的公益性质,积极鼓励引导各种社会力量参与,建立广泛参与的长效工作机制,着力提高公共文化服务体系建设的效率和活力。

(2)完善制度、创新机制。结合实际,围绕产品供给、服务能力、队伍建设、资源共享、标准建设,加强体制、机制、制度的基层创新实践,着力解决制约公共文化服务体系科学发展的突出矛盾和问题,总结经验,形成一些对公共文化服务体系建设具有普遍意义的示范成果。

(3)创新"三联",提升服务。这是对"三联模式"的一次形式创新,以公共文化服务基础设施建设更新提升为契机,进一步有效拓宽公共文化产品的供给路径,为群众提供多层次、多元化的公共文化服务产品,提升公共文化服务的效率和品质。

(4)资源整合,共建互赢。通过拱墅区公共文化服务场馆引进社会力量的招募制度有效实现文化设施共享、文化信息共享、文化人才共享、文化产品共享,打破文化资源的边界,促进优势文化资源整合、流动,发展壮大。推动"文教联姻"、"文体联姻"、"文旅联姻"、"文商联姻",努力实现社会效益最优化、经济效益最大化,形成互助互动、互惠互赢的发展局面。

(四)招募制度方案

1.明确招募制度的主体及相关义务和权利

(1)招募主体为拱墅区文化广电新闻出版局及隶属于文广新局的单位。

(2)招募主体的相关义务和权利:

①招募主体的相关义务:在保证招募项目的公益性的前提下,无偿提供合适的场地;保障提供的场地的基础设施(水、电)的配备齐全,具备安全使用的条件;在招募项目确定之后,要为招募对象提供入场和开展项目运营的便利条件;保证招募流程的公开性、科学性和公正性。

②招募主体的相关权利:对参与招募的文化项目开展尽职调查的权利;对参与招募的项目进行科学论证和遴选的权利;对入选招募项目的入场、装修、场地使用、运营等活动进行监督管理的权利;对入选招募项目的运营情况根据相关规定和招募协议进行考核评议的权利;对招募项目的违法、违规、违反招募协议、违背公益性的活动按照有关规定进行处理,直至终止协议的权利。

2.明确招募制度的对象及相关义务和权利

(1)招募对象为社会团体、企业和个人等非国有资本兴办的,向公众开放、提供公共文化服务的公益性文化项目。

(2)招募对象所应具备的资格:

①社会团体、企业:需有从事过相关产业领域的运营经验,在业界具有一定的知名度;须在民政或工商合法注册的独立法人;认同公共文化服务的公益性理念,愿意履行相关义务;须成立5年以上,无任何违法、违规经营的不良记录;必须具有所从事相关行业的部门的许可和审批证书。

②个人:需具有5年以上相关文化工作的经验;在文化领域具有一定的原创思想和突出贡献,在浙江乃至全国拥有一定的影响力;具有文化领域的副高及以上的专业技术职称;认同公共文化服务的公益性理念,愿意履行相关义务;创作、表演或直接辅导的文艺作品获得过省部级及以上的奖励。

(3)招募对象的相关义务和权利

①招募对象的相关义务:必须认同公共文化服务的公益性理念,不得在场所内进行任何营利性的运营活动;按照招募协议的内容,接受招募主体对招募项目的进度监督、场地使用的管理、相关文化活动的现场指导与管理、对场地使用效能的考核;配合招募主体做好上级有关部门对公共文化服务的考评;协助招募主体宣传和开展区内重大文化活动;做好场地的维护和招募项目运营中的安全工作;不得在场地内从事任何违法、违规、违反招募协议的活动;在有利于开展公共文化服务的前提下,接受招募主体的其他相关管理监督和奖惩处理。

②招募对象的相关权利:无偿使用招募主体提供的场地的权利;公平参与公共文化服务招募项目招标、竞争的权利;在场地内合法开展相关文化活动的权利;获得招募主体提供的相关文化活动的宣传和其他支持的权利;获得招募主体为开展招募项目的运营提供的其他方面的便利条件的权利;在有利于公共文化服务的前提下,通过协商途径,调整、变更及终止招募协议的权利。

3.招募流程

（1）确定招募方式：按照相关法律法规和规章制度，确定拱墅区公共文化服务场馆引进社会力量的招募方式为公开招募的方式。

（2）发布招募信息：招募主体应在公开发行的报刊、信息网站或其他媒介发布招募公告。

（3）招募对象资格预审：①招募主体按照有关规定，编制资格预审文件，向参加招募的申请人发放资格预审文件；②申请人在规定的时间内递交资格预审申请书；③招募主体按有关规定进行评审，资格预审结束后将评审结果用适当方式公开；④公示三日内无异议，招募主体可发出"资格预审合格通知书"，并通知其他所有不合格的招募对象。

（4）编制、发出正式招募文件：招募主体根据有关规定、原则和实际情况的要求编制招募文件。招募文件一经发出，招募主体不得擅自变更内容，确需变更时，须在截止日期前通知所有参与招募的对象。招募主体按招募文件规定的时间向招募对象发放招募文件和有关资料。

（5）编制、递交招募项目计划书：招募对象按照招募文件要求编制招募项目计划书，并按规定进行密封，在规定时间送达招募文件到指定地点。

（6）组建评审委员会：招募主体按照公正性、科学性的原则组建评审委员会。

（7）召开评审会议：①招募主体依据招募文件规定的时间和地点，开启所有按规定提交的招募项目计划书，公开宣布招募对象的名称、招募项目计划书的主要内容；②评审会议由招募主体主持，接受相关监督机构监督；③从发布招募文件之日起至评审，时间不得少于20天；④评审委员会根据招募文件规定的评审方法，对招募对象的招募项目计划书按程序要求进行全面、认真、系统的评审和比较后，确定出合格的招募候选人。

（8）确定招募对象：招募主体根据招募文件要求和评审委员会推荐的合格的招募候选人，确定最终招募对象。

（9）结果公示：招募主体在确定招募对象后，对招募的结果进行公示，时间不少于3天。

（10）招募项目协议签署：①公示无异议后，向确定的招募对象发放通知书；②招募对象在30个工作日内与招募主体按照招募文件和招募项目计划书，经过协商，订立书面招募项目协议。

4. 管理监督

（1）项目的进度管理：①签订协议书后，必须在协议约定的时间内进场；②

按照协议约定的时间节点,开展项目的运营。

(2)场地的使用管理:①进场之后,场地的装修必须符合场馆整体要求,不得破坏场馆的外观和功能区构造;②场地的装修应使用环保材料,进场的设施不得损害和影响场馆的正常运营;③场地的装修应符合消防和安全生产的相关规定;④使用场地开展各项文化活动必须保持公益性,不得开展营利性商业活动;⑤维护好场地的水电等固定设施,项目方自行负责人身、消防、财产安全;⑥开展活动的场地范围必须严格限制在协议所约定的场地范围之内,不得侵占场馆的其他公共区域;⑦招募对象负责场地的日常管理和人员招聘、管理,并负责营造良好的区域文化氛围。

(3)项目的现场管理:①实行项目活动的备案制,招募对象在场地内举行非日常例行性的较大型文化活动必须向招募主体进行报备;②举行文化活动期间,必须向招募主体提交安全预案,接受招募主体的现场安全指导和管理;③不得进行违反国家法律法规、违反有关管理规定和超出协议规定的活动;④不得进行宣传反动、迷信、色情等活动。

(4)使用效能管理:①招募对象要保证场地内日常活动的正常进行;②文化项目的运营必须达到招募协议中规定的公益文化活动的次数和受益人群数量。

5.考核制度

招募主体依据招募项目协议书所规定的原则和标准每年对项目进行一次考核,主要分为自我考评、第三方考评两个部分。由招募主体主持考评审核,考核的结果作为当年度的奖惩依据。

(1)自我考评:每年度招募对象需按照协议所规定的考核指标,填写《年度考核表》,并提交相关证明材料给招募主体。招募主体根据《年度考核表》及文化活动的备案情况进行审核。

(2)第三方考评:招募主体可聘请热心文化公益的群众担任义务监督员,对招募项目进行监督和满意度评分。

(3)自我考评和第三方考评的评分各占50%,招募主体组织考核委员会,根据自我考评和第三方考评的结果,确定最终的考核结果。考核结果分为优良、合格和不合格三种。

5.奖惩、退出制度

根据当年度的考核情况,对达到优良考核标准的招募项目进行表彰;对处于基本合格的招募项目,按照标准要求整改和提升;对未达到考核标准的招募项目实行淘汰退出制。

(1)年度考核优秀的招募项目,可以延续下一年度的引进资格,并且由拱墅区文化广电新闻出版局发文表彰。项目的带头人和成员可优先考虑参与省、市、区组织、策划的各项赛事、演出、培训和交流活动。

(2)年度考核合格的招募项目,可以延续下一年度的引进资格,但是必须按照考核的标准进行相应整改和提升。

(3)年度考核不合格的招募项目,终止下一年度的引进资格,按照招募协议的有关规定退出。

五、执行监督管理部门

拱墅区文化广电新闻出版局作为公共文化服务场馆引进社会力量的招募制度的监督管理机构,要积极引导、加强指导、严格审核,在推进工作当中要规范操作,科学管理,促进本区公共文化的发展和服务效能的提升。

"社区志愿服务需要全社会的共同参与。要在动员公民加入社区志愿者行列的同时,加大探索和创新力度,广泛动员各类单位和机构以团队或法人志愿者的形式参与社区志愿服务,抓好社区志愿服务合作伙伴工作。"[1]文化志愿服务一方面丰富了公共文化产品供给体系,弥补了政府财政支出方面的不足,撬动了无限的社会资源;另一方面,促进了公共文化社会力量参与机制的形成,使公民有序参与社会治理,有利于实现政府善治。[2] 随着拱墅区现代公共文化服务体系建设的不断推进,文化志愿服务发挥着越来越重要的作用,并有助于加快形成政府主导、社会广泛参与的文化惠民新格局。

第三节　培训制:千人培训计划

在当前我国文化志愿服务发展进程中,政府部门对于志愿服务的理论创新体系尚未建立起来,以至于中国志愿服务的项目创新成果少,难以对志愿服务提供有效的理论支持,而仅仅依靠模仿国外模式又会出现不适合中国国情的状况。因此,只有切实不断完善项目创新机制,我国的文化志愿服务事业才

---

① 《共青团中央办公厅关于大力发展社区志愿服务合作伙伴的通知》,中青办发〔2006〕25号。
② 阮可:《浙江文化志愿服务体现"四化"》,《中国文化报》2014年4月16日。

能够可持续发展。① 近年来，浙江省和杭州市相继出台了一系列政策法规，大力发展公共文化服务事业，努力实现公共文化服务的均等化和全覆盖。拱墅区委、区政府也高度重视公共文化服务体系建设，创建了以"公共文化服务联盟、公共文化服务联姻、公共文化服务联群"为主线的"三联"模式品牌，公共文化服务惠民效果显著。

同样的，只有通过不断创新人才培养机制，努力建设政治强、业务精、作风硬的专业文化服务队伍，我们在构建现代公共文化服务体系的进程中，才能形成雄厚的人才基础。② 目前，我国志愿服务发展普遍面临"社会化"与"专业化"的选择困难，很多人陷入片面、单一思维，以为社会化就排斥专业化，专业化就排斥社会化。其实，从欧美国家志愿服务发展的历程看，社会化与专业化这两者是并行不悖、相互促进的。"人人参与志愿服务、人人享受志愿服务"是现代文明社会的基本形态。同时，为了根据城乡居民的需求，提高志愿服务的专业水平和服务效果，切实帮助有需要的人群，就应该发展专业化志愿者队伍，提高专业化服务能力。③ 因此，文化人才培养和文化人才队伍建设是关系到完善公共文化服务体系，实现文化事业大繁荣大发展战略目标的关键内容。

为造就一批高素质的文化管理人才和服务人员，培养出公共文化服务精干务实的基层文化工作者队伍、业余文化辅导员队伍和文化志愿者队伍，从2014年5月起，拱墅区文化广播新闻出版局与浙江大学城市学院传媒与人文学院联合开展公共文化服务"人员培训标准化"研究暨拱墅区"千名优秀文体骨干"培训的课题项目。④ 该项目旨在以建立公共文化服务"人员培训标准化"研究机制为目标，通过"千名优秀文体骨干"培训项目的实施，提升拱墅区公共文化人才的综合素质，以点带面，促进基本公共文化服务的均等化；努力突破体制障碍，促进"三联模式"的统筹协调机制和"四化一体"的管理机制建设；积极创新公共文化服务制度和机制，探索政府和学校联动的全新形式，全面提升拱墅区的公共文化服务和管理水平。

---

① 伍揆祁：《完善我国志愿服务管理制度化探析》，《文史博览》（理论）2010年第12期，第74页。

② 安徽新闻网：《构建现代公共文化服务体系重在创新人才培养机制》，2015年1月4日，http://ah.anhuinews.com/qmt/system/2015/01/04/006644676.shtml。

③ 谭建光：《中国珠三角：志愿服务制度化的多样创新》，《社会工作与管理》2015年第3期，第35页。

④ 杭州群众文化网：《拱墅区文广新局启动"2014年千名优秀文体骨干"培训计划》，2014年5月30日，http://www.zjhzart.com/news/ew59935.htm。

一、拱墅区"千名优秀文体骨干"培训基本情况

（一）培训对象

本次培训参训对象为拱墅区"千名优秀文体骨干"，即拱墅区公共文化服务工作第一线的管理者与工作者，其中包括拱墅区 10 个所辖街道文化站的站长 10 名，基层文化管理员 100 名，文化事业单位工作人员 40 名以及来自各街道、社区、拱墅区图书馆等单位的一支共 850 名成员的文化志愿者队伍，培训总人数达到了 1000 名，创下了全市区级公共文化服务人员培训的人数最高纪录。为了寻求培训的最佳效果，根据培训对象在公共文化服务工作中的不同角色，将培训对象分为四个培训班，即：文化站长培训班、基层文化管理员培训班、文化事业单位人员培训班以及文化志愿者培训班。每班配有班主任，负责班级授课组织、课程现场管理、课后信息沟通反馈与学员服务等工作。

（二）培训内容

培训从 2014 年 5 月 23 日正式开始至 2014 年 10 月 14 日结束，持续五个月时间。在此期间针对不同培训班级，举办单位设置了提高公共文化管理人员理论素养的《公共文化服务政策研究》、《文化传播学》、《创意产业导论》等理论课程及以公共文化服务实际工作开展为目标的《社区文化建设》、《非物质文化遗产保护》、《群众文化活动组织与策划》、《文化活动文案写作》、《文化志愿者工作实务》、《志愿者口才与礼仪》等实用性技能的课程。其中，文化站站长培训班开设 12 门课，基层文化管理员培训班开设 10 门课，文化事业单位人员培训班开设 8 门课，文化志愿者培训班开设 4 门课。培训内容设置具有科学性、系统性，符合各个培训班公共文化人才培养知识增长与技能提高的实际需求。

（三）培训师资

本次培训在内容设置科学化的基础上，配备了优质的师资，既有高校公共文化领域的研究专家，也有多年深耕群艺文化的业界人员，高层次的师资力量使培训项目得以顺利实施。培训中浙江大学城市学院传媒分院的教师团队担任主要授课教师，团队所有教师均具有硕士及以上研究生学历，其中副教授 5 名，讲师 5 名，他们具有丰富的教学经验，近年来还多次主持政府公共文化服务相关的课题研究项目，如《浙江省公共文化服务信息简报研究》、《浙江省农村文化队伍建设研究》等，其中一些卓有成效的研究成果被政府采纳，应用于

实际领域。教师团队理论联系实际,在授课时紧紧围绕现实情况,采用案例分析、课堂讨论与专题研究等授课形式将研究成果与培训内容紧密结合。另外,此次培训还特别聘请了具有丰富工作经验的公共文化服务业界专家,如杭州市群艺馆张莉馆长、浙江省文化馆王全吉研究员。这些专家的加入,进一步充实了培训师资队伍力量,提升了师资水平,对高质量培训效果实现提供了保障(见图6.5)。

图6.5 "千名优秀文体骨干"培训活动中专家授课

(四)培训形式

拱墅区"千名文体骨干"培训以政策法规、文化素质培养、业务知识、能力建设等内容为基础,结合公共文化服务工作的实际需要,采用多形式、多样化的方式进行组织:一是课堂学习,充分利用拱墅区图书馆与浙江大学城市学院培训基地,采取集中办班的形式,集中师资开展培训;二是实地考察,以文化站长与基层文化管理员为主要对象,到杭州市优秀文化单位与先进地区进行实地考察,增强培训的实际效果;三是专家辅导,在培训中结合相关课程内容聘请浙江省内公共文化服务理论研究方面的专家,从公共文化政策解读和公共文化管理角度对学员开展培训辅导。

该培训课程采取多种培训形式,坚持理论与实践结合,关注公共文化服务人员专业素质和实际应用能力的提高,拓宽了公共文化管理者的知识视野,拓展了公共文化工作人员的创新思路。

（五）培训效果评价

此次培训针对文化志愿者外的其他参训人员,围绕所学课程的相关授课内容,提出以完成一篇研究报告或写作一份文化活动策划书的形式作为培训效果评价依据。其中研究报告的参考主题为:基层群众文化活动的组织实施、公共文化服务管理工作实务、社区文化创建工作和文化政策与公共文化服务工作四个角度,要求学员围绕主题或自选主题,完成一篇立足于拱墅区实际情况,理论联系实际,倡导原创性与开拓性的研究报告;而针对实际公共文化服务工作,学员也可选择完成一篇结合自身工作实际情况,具有较强操作性、可行性以及创新性的公共文化活动策划书。研究报告或策划书字数均不能少于3000字。经授课教师组评定,设为优秀、合格与不合格三个等级,其中优秀与合格等级达到结业要求,颁发培训结业证书。

从结业作业完成情况看,提交研究报告的人数占总数的54.3%,提交策划书的占总数的45.7%,两者数量相差不大,这说明经过培训后关注课程学习理论知识分析的学员与开展实际工作探索的学员人数相当。提交作业全部达到了合格标准。其中,包括米市巷街道文化站丁菊香在内的10名学员的作业被评为优秀作品。这些优秀作品的研究报告能结合所在社区工作实例,深入浅出地论述自己对公共文化服务的理解和对文化活动的设计,论述事实依据充分,层次分明,结构严谨,有个人独到见解,对与之相关工作的开展具有一定借鉴作用;活动策划书则条理清晰,重点突出,在活动目的诠释方面,彰显出其积极的社会意义,在活动内容策划上,合理务实,颇有新意,而活动实施计划设计,细致周到,责任到人,方案可行性强,具有较好的应用与推广价值。结业的优秀作品还被收录在优秀文集中供参训学员相互学习与交流。

从培训的效果上看,学员通过相关课程学习,能够基本掌握公共文化服务相关学科基本理论知识,包括传播学、文化学、公共管理学等,增强了在群众文化活动策划与组织、活动文案写作、社区文化建设等方面的实际操作能力,在一定程度上提高了口语表达、人际沟通与礼仪规范等基本素养,取得了较好的效果。

二、拱墅区"千名优秀文体骨干"培训特色分析

国外志愿服务的经验显示,高水平、国际化的志愿服务队伍是建立专业化的基础,唯有专业化才能提升志愿服务的水平。[①] 拱墅区"千名优秀文体骨干"培训是拱墅区大力发展公共文化服务工作,加强基层公共文化服务人才队伍建设的重要举措。此次培训,经过拱墅区文化广播新闻出版局与浙江大学城市学院传媒与人文学院双方的共同努力,在培训体制、培训内容以及培训对象三个方面独具特色,圆满地完成了培训任务,达到了既定目标。

(一)建立公共文化服务人员分级分类的培训体制

层级管理理论是经营管理学之父亨利·法约尔(Henry Fayol)的"14 项管理原则"中最核心的思想,主要是指在组织管理过程中,明确各职位的职责、权力和利益,各在其位,各司其职,各负其责,严格按照组织程序行事。运用层级管理,最大的特点和优势是在管理中实现分层授权、权责明确、标准统一、组织与人员关系秩序性强。

公共文化服务人员培训是实施人才管理的重要内容,那么将公共文化服务人员划分为不同层次,实施分级管理,具有针对性和专业性,真正做到"缺什么、补什么","少什么,学什么",可以较好地满足单一行政管理体制下,公共文化服务人才不同成长和发展空间的需要,从而使组织需求与个人需求较好地统一起来,解决内动力缺乏的问题。

此次培训中的受训人员按照拱墅区公共文化服务岗位性质的不同,分为公共文化服务管理岗位人员,即文化站站长;公共文化服务工作人员,包括基层文化管理员与文化事业单位人员;还有就是热心于公共文化服务事业的文化志愿者三个大类,对应公共文化系统中的管理机构层次,建立高级、中级和初级三个层次,从而形成各类公共文化人才的梯次培训模式。具体来说,从培训内容、培训方法以及培训效果评估方式上,也体现了分级分类原则(见表 6.1)。

① 曾雅丽:《比较视角下的大学生志愿服务:制度化与专业化》,《高等教育研究》2012 年第 3 期,第 77 页。

表 6.1　拱墅区公共文化人才的梯次培训模式

培训对象	培训内容	培训方式	培训效果评估
文化站站长	公共文化政策与热点问题;公共文化服务与管理基层理论;文化创意产业理论;非物质文化遗产保护等共 12 门课	授课与观摩	专题调研或研究报告
基层文化管理员	文化传播基础理论;公共文化服务与管理理论;社区文化建设等共 10 门课	授课与观摩	研究报告或活动策划书写作
事业单位工作人员	文化传播基础理论;群众文化活动策划;社区文化建设等共 8 门课	授课	研究报告或活动策划书写作
文化志愿者	文化志愿者工作与实务与志愿者口才与礼仪等共 4 门课	授课	课堂测验

从表 6.1 中可以看出,培训针对公共文化服务管理干部,不断创新教育培训手段,以改善和丰富其知识结构、提高领导水平和管理能力为目标,考核有一定难度,评估较为严格;基层文化管理员与文化事业单位人员则倾向于对其实际工作技能的培训,操作能力是考核的重点;文化志愿者培训主要是以提高其文艺特长与沟通能力为目标,培养长期活跃在基层社区的业余文艺骨干,为基层公共文化服务提供多层次、特色化的文化服务。

(二)后申遗时代创新公共文化服务人员培训内容

运河千年流芳,拱墅自古繁华,自新石器时代末期至今的四五千年里都孕育着拱墅古老而璀璨的文明。2006 年 12 月国家作出了大运河申遗的决定,作为大运河的终点——杭州运河申遗河段,拱墅区积极响应国家申遗号召并周密筹备,在杭州市委、市政府的领导下为大运河申遗作出了自己的贡献。经过 7 年的不懈努力,2014 年 6 月 22 日在第 38 届世界遗产大会上被获准列入世界文化遗产名录,大运河文化申遗获得了圆满成功,①大运河申遗成功为杭州市以及拱墅区的历史文化又增添了绚丽的色彩。

现阶段,在运河文化申遗成功后对于运河文化保护任重道远,面对这样的机遇和挑战,拱墅区在 2014 年 6 月 23 日召开的第七届"运河文化论坛"政协

---

① 中国文化遗产研究院网站:《中国大运河申遗成功》,2014 年 6 月 22 日,http://www.cach.org.cn/tabid/76/InfoID/1556/frtid/78/Default.aspx。

常委会专题协商会上通过了《关于加快拱墅运河文化旅游的建议》,专家们提出运河文化旅游要打造"没有围墙的运河景观区",拱墅区坚持文化引领战略,将以对大运河文化遗产保护为发展契机深入挖掘文化旅游资源,努力打造运河文化品牌,促进拱墅文化大发展。[①] 因此,拱墅区的公共文化服务工作也由之前的"助力运河申遗"转变为后申遗时代"续力保护运河遗产",对于拱墅区优秀文体骨干的培训在培训内容上作出了相应性的设计,围绕保护运河文化,开发文化资源的目的,将音训内容重点落脚到非物质文化遗产的保护与传承、文化创意产业发展以及运河文化为主题的文化传播等方面。具体来说,根据不同类别的公共文化服务人员,培训课程内容主要包括:

1. 非物质文化遗产的传承与保护

课程内容主要围绕杭州市非物质文化遗产保护的现状与成效,对拱墅区在国家级、省级、市级、区级等各级非物质文化遗产项目保护中所做的工作进行了归纳总结,主要介绍了拱墅区在内的杭州市首家非遗中心,以及建立21个非遗传承基地,为非遗传承人搭建起了技艺传播的平台,这些内容涉及了大量非物质文化遗产保护中行之有效的工作。课程还在进一步分析杭州市非物质文化遗产保护和传承中存在问题的基础上,从媒体在非物质文化遗产保护中的作用与操作性、杭州市旅游纪念品中非物质文化遗产开发应用、杭州市非物质文化遗产中老字号文化价值提升三个方面进行了全面的分析讲解,并结合国内外相关案例进行了阐述。

2. 文化创意产业的发展

所谓文化创意产业,就是要将知识的原创性与变化性融入具有丰富内涵的文化之中,使它与经济结合起来,发挥出产业的功能。显然,这是一种使知识与智能创造产值的过程。目前,杭州市委、市政府大力提倡发展杭州的文化创意产业,杭州市也成为全国的文化创意之都。授课立足于社会发展现状,坚持联系地区实际,力图通过对文化创意产业中若干重点发展门类的介绍,结合丰富的案例分析,增强学员们的创新创意意识与能力,并且提高相关的实际操作水平。

3. 文化传播理论与实践

文化传播是指文化从一个社会传到另一个社会,从一区域传到另一区域

---

① 人民政协网:《杭州市拱墅区政协:让申遗成功的大运河再放异彩》,2014 年 7 月 1 日,http://www. rmzxb. com. cn/zxxs/zzx/2014/07/01/345958. shtml.

以及从一群体到另一群体的互动现象。授课从文化传播含义与历史发展入手,结合新媒体时代文化传播的特征,阐释利用传播手段在文化传播中更好地实现各种文化形态的平衡发展,同时结合杭州市拱墅区的文化建设现状,援引国内外经典案例,重点讲授了传统文化传承的意义、现状、问题和启发。

这些培训内容在一定程度上满足了在后申遗时代提高公共文化服务人员大运河非物质文化遗产保护的意识,创新公共文化服务形式,促进拱墅区新型产业大力发展的客观需求。

(三)以"文化先锋"与"文明使者"相结合的文化志愿者为培训对象

文化志愿者是指那些不以物质报酬为目的,利用自己的时间、文艺技能等自愿为社会和他人提供公益性文化艺术服务和帮助的人。文化志愿者是志愿者群体的重要组成部分。与普通志愿者不同之处在于,文化志愿者的专业性更强,强调公益文化艺术服务。文化志愿者队伍是一支为全社会提供文化服务、进行社会实践的团队。广大志愿者利用他们的业余时间,自愿为他人和社会提供无偿服务,帮助身边需要帮助的人。然而,文化志愿者队伍自愿组织形成的这种特征,使得文化志愿者队伍存在人员松散、缺乏凝聚力等问题。提高文化志愿者的素质,不仅要求文化志愿者本身具备一定的知识涵养和文化技能,而且还应体现在对文化志愿者的培训与文化志愿者人才培养方面,培训与培养目前已经不仅仅停留在企业用人的培训与管理方面,对加强文化志愿者的指导也具有现实意义。

拱墅区文化志愿者的参训人员培训,涉及全区十个街道和一个文化事业单位的文化志愿者,共计 800 人,创下了杭州市区级文化志愿者培训的人数之最。文化志愿者当中有年近 90 岁的耄耋长者,有年仅 7 岁的孩童;大多数为热爱文化艺术的社区居民,也有拱墅辖区内高校的大学生;有发挥余热的离退休干部,也有奋战在工作第一线的普通员工。围绕文化志愿者的素质提升和志愿者工作需求,此次培训主要开设《拱墅区文化概况》、《文化志愿者工作实务》与《志愿者口才与礼仪》三门课程,分别从增加文化知识和理论、熟悉文化志愿者的工作内容和要求、提升文化宣传与文化传播相关的素养和技能着手。在培训中,授课教师能够根据不同身份的文化志愿者,开展教学环节的设置(见图 6.6),并在授课中增加与学员和学员之间的互动交流,突出强调文化志愿者首先应熟知文化知识,具有文化艺术专长和特长,在公共文化服务领域中担当"文化先锋"的角色;再者就是通过授课中的口才技巧、礼仪规范与人际沟通等实际操作环节,使文化志愿者逐步提高文化传播技能,成为基层群众中符合公共文化服务要求的"文明使者"。

图 6.6　文化志愿者在培训中进行文艺特长展示

此次针对拱墅区文化志愿者的培训工作,首先是拱墅区政府给志愿者提供相关服务技能的学习机会,使文化志愿者在服务中有所提高与充实,从而进一步发挥文化志愿者多次参与文化社会实践的积极性。另外,区政府通过对志愿者的培训与管理,在提升文化志愿者素质的同时,也建立起相关对本辖区内文化志愿者管理的人才库,在人才库管理过程中实现可以充分发挥文化志愿者人才的特长与才能,从而做到"人尽其才",有针对性地将不同种类和层次的文化志愿者投入各类公共文化服务领域或公共文化活动当中。经过培训,倡导公共文化服务中文化志愿者工作实施三个方面"结合"的工作原则,即自我提升与技能服务相结合,个性发挥与组织协调相结合,常态服务与身边服务相结合;并要求文化志愿者争做"文化先锋"与"文明使者",为拱墅区的文化传承与传播、公共文化服务工作贡献力量。

三、公共文化服务"人员培训标准化"研究机制

杭州市拱墅区建立起"公共文化服务联盟、公共文化服务联姻、公共文化

服务联群"的公共文化服务"三联模式",公共文化服务人员培训是"三联模式"在公共文化服务人才队伍建设中的具体表现。公共文化服务人员培训的标准化,是公共文化服务标准化和均等化指标中的重要组成部分。而培训工作的计划与实施,首要的因素是在公共文化服务管理体系中建立针对公共文化服务人员培训的标准化体系,提出并设计具有统一性、规范性、程序性的培训管理体制以及整体性、科学性的培训学习系统,公共文化服务人员培训呈现规则化和秩序固化,形成一定的体系和流程的有机整体。

人员培训标准化体系包括培训理念、培训目标、培训操作系统、培训机构保障四个部分的标准化设计,其中以培训操作系统标准化为主要内容,该操作系统应是一个由培训内容设置、培训实施和培训效果评估三个方面所组成的有机整体,从而在此整体中通过培训具体环节的设计与安排,进行培训地实际操作。公共文化服务人员培训标准化体系具有较高的可行性,为其他地区的公共文化服务人员培训提供了具有参考价值的培训设计与考核的标准。

四、拱墅区公共文化人员培训的发展策略

目前,志愿者组织的运行呈现出越来越规范化、专业化的趋势,而志愿者只有具备合格的素质和经过一定培训之后才能承担其基本角色。因此,严格意义上的文化志愿者,需要具有一定的相关文化领域的专业知识与技能。这就要求通过目标招募来寻找合格的志愿者,而被录用的志愿者在提供正式的志愿服务之前,必须接受相关知识和技能的培训,培训的主要内容包括志愿服务的通用知识、专业技能以及素质拓展等。[①]

此次针对拱墅区"千名优秀文体骨干"的培训,虽然从规模上质量上都有突出的表现,对于公共文化服务人员培训也凸显了拱墅区发展公共文化服务,显现了打造公共文化服务品牌的决心和信心,然而为了能够保持培训的长效机制,增强参训人员的可持续性发展,探讨拱墅区公共文化人员培训的发展策略具有现实必要性。

(一)建立拱墅区公共文化人员培训管理制度

科学的文化人才管理机制主要包含文化人才制度的创新与文化人才队伍建设两大层面,其中前者是关键,是一种制度层面的变革,后者是一种文化人

---

① 人民网:《文化志愿服务:贵在坚持》,2013年1月11日,http://culture.people.com.cn/n/2013/0111/c172318-20165338.html。

才存量的激发。开展公共文化服务人员培训,不仅可以使人才个体释放出最大的能量,还可以有效集聚文化人才队伍力量,使文化人才队伍始终保持旺盛活力。探索建立符合基层公共文化服务人才队伍特点,能够保证公共文化服务人才队伍持续发展的培训管理机制,是加强公共文化服务人才队伍建设的重要任务和当务之急。

建立科学的培训管理制度,实施公共文化人员培训的规范化管理,研究和制定公共文化服务人员培训制度和总体目标任务、培训内容、考核与评估方式等工作规范,使这项工作有序扎实推进。其中关键的内容是在培训管理制度中首先明确公共文化服务人员参与培训的权力和相关义务。其中权力包括:

(1)以公共文化服务人员的身份参与组织提供的与服务活动相关的培训;

(2)就公共文化服务培训工作对培训组织或单位提出建议和意见;

(3)经培训后经过相关认定获得公共文化服务培训的证明或结业证书;

(4)参与培训并结业可作为工作绩效考核的依据之一。

而公共文化服务人员相关义务包括:

(1)遵守公共文化服务人员培训的相关规定;

(2)服从管理,按照管理部门的安排积极参加公共文化人员培训工作;

(3)自觉学习和增长公共文化服务相关知识和技能;

(4)参与公共文化服务人员培训考核和评估工作。

另外,科学的培训管制度要以科学发展观为指导,深入贯彻文化部《关于开展全国基层文化队伍培训工作的意见》,制定并实施公共文化服务人员培训规划,从长远角度将培训任务进行层层分解,采取绩效评价制度等切实有效的措施,加强督促检查和考核,最终确保培训工作质量和各项任务落到实处。

(二)有效利用社会力量,积极整合培训资源

公共文化服务人员培训本着政府主导的思想,要充分发掘和利用社会培训市场,整合培训资源,开展全方位的培训。

1.利用网络资源开展培训

在传统教育显然无法跟上知识更替和信息爆炸的当下,终身学习已经越来越成为当今社会的主流。而网络作为信息的天然载体,必将通过其在教育领域所特有的功能,来回应当今社会对于终身学习的需求。目前在全世界范围内,知识共享的需求与网络技术紧密结合,网络公开课孕育而生。网络公开课基于资源共享原则,利用网络无远近、交叉串联的功能,在开放大学团队的主导下,通过电脑虚拟空间营造网络公开课程,耶鲁大学、哈佛大学、麻省理工

学院等美国知名高校都已纷纷在网上提供课堂实录的录像,以回馈全世界热切的求知者,世界知名大学的网络公开课程,可称是优势教育资源对个人自修的赠予,已有 225 个国家和地区的人们参与网络公开课的学习。

国内著名网站都建有资源丰富的网络公开课主页,如新浪、搜狐、腾讯和网易,涉及理工文史经管类众多学科,不仅有国际国内名校名家的公开课,也有专业领域的最新研究成果荟萃。公共文化服务人员培训在现阶段要创新培训方式,通过使用现代化的网络技术手段,将网络培训资源充分加以利用,尤其可以在公共管理、文化传播、艺术或文化遗产保护等方面利用网络公开课进行线下学习。公共文化培训管理中除了集中授课培训方式之外,可以增加网络培训为辅助培训形式,设置网络培训课程内容,规定网络培训学习课时与其相关考核标准,鼓励学员参与网络培训,这样既能大大节约培训经费与时间成本,又能提高培训效率。

2. 创设高校培训基地

在公共文化服务领域,国家非遗保护中心在浙江设立了中国非物质文化遗产保护培训基地,[1]并批准在中国丝绸博物馆挂牌建立中国蚕桑丝织文化保护中心。全省在浙大、浙师大、杭师大、中国美院、浙江传媒学院、浙江艺术职业学院建立了 6 个高校非遗研究基地。[2]后申遗时代为了增强公共文化服务人员的文化遗产保护相关知识和素养,可以利用培训基地开设的培训班,发挥高校人才密集、学科综合的优势,结合专业指导、科学研究、政策咨询等方面的优势,发挥非遗保护实践作用,开展既有深度又有广度的培训工作。另外,综合性高等院校具有学科齐备、教育理念先进的优势,开展公共文化服务人员培训可以借助在高校创建的培训基地,在高校已有相关教学资源情况下,根据实际需要设计并组织开展有关课程内容的讲授,从而发挥政府与高校在培养公共文化人才上的联动性与资源整合优势,也是拱墅区公共文化服务"文教联姻"模式的具体表现。

(三)以打造文化志愿者品牌为目标的志愿者培训体系

"品牌化"志愿服务,代表着理念、制度和行动上的领先性。有着不断领先

---

① 浙江省文化厅网站:《"中国非物质文化遗产保护浙江培训基地"授牌仪式在杭举行》,2010 年 10 月 25 日,http://www.zjwh.gov.cn/dtxx/zjwh/2010-10-25/93594.htm。

② 刘斐、高铮、郭希:《论浙江省高校非遗研究基地的任务与部署策略》,《绿色中国 A 版》2010 年第 15 期,第 46—49 页。

的服务理念,我们才能有方向地不断精进志愿服务;有着完善而又严谨的制度,志愿服务才有巍然不倒的实力;有着行动上的领先性,志愿服务才能成为一种日常的行为规则和行为常态。[①] 此次参加拱墅区"千名文体骨干"培训的文化志愿者人数达到了 800 人,可见文化志愿者是公共文化服务队伍中的重要力量,开展志愿者培训不仅是为了提高其自身素养和服务水平,而且也要使拱墅区在打造文化志愿者品牌方面率先行动,为拱墅区公共文化服务"三联"模式延伸品牌价值。

1. 以培训促进区"墅树"文化志愿者品牌推广

2013 年拱墅区文化志愿者设计并推出了一个生动具体的形象"墅树"。"墅"取自拱墅之名,与"树"同音,"墅树"意为"拱墅的小树苗",象征拱墅区文化志愿者,并以"传播运河文化之美"作为共同的价值追求。在 2013 至 2014年拱墅区开展了以"墅树"为主的志愿者活动,如微电影拍摄宣传、拱墅区"最美志愿者"评选以及一系列文化志愿者公共文化服务,在社会上产生了一定的反响,公众对"墅树"建立了初步识别意识。但"墅树"文化志愿者形象还处于形象导入阶段,如果没有强有力的推广执行作为支撑,不能成为具有影响力的品牌。因此,今后的志愿者培训工作也要紧紧围绕"墅树"的核心价值,在培训内容中加强宣传"墅树"所宣扬的内涵与精神实质;其次,以争当"墅树"优秀文化志愿者的激励方式,增强志愿者培训的内在驱动力;最后,充分发挥"墅树"公共文化服务的公益性特征,在志愿者培训过程中将培训与志愿者工作紧密结合,进一步发挥品牌的实际效用,从而扩大其知名度。

2. 文化志愿者共性培训模式向个性培训模式转变

目前文化志愿者的培训最主要采用的是全员培训模式,即所有文化志愿者的培训内容与培训方式均相同,然而文化志愿者的文化素质和技能参差不齐,存在很大差异性,现有的培训模式是"一锅烩",造成培训供求关系的不平衡,而且极易形成文化志愿者培训积极性不高,培训效果差,最终使培训流于形式的现象。因此为提高文化志愿者队伍的整体水平和素质,应该改变原有培训的全员培训模式,尝试培训工作从共性培训模式向个性培训模式转变。

文化志愿者个性培训方式最主要是建立在文化志愿者培训需求的基础上,培训管理部门应首先建立完备的文化志愿者人事档案,基本了解和掌握文

---

① 中国文明网:《志愿服务也需"品牌化"引领》,2015 年 6 月 26 日,http://www.wenming.cn/wmpl_pd/yczl/201506/t20150626_2697229.shtml。

化志愿者的学历水平、专业职称以及知识背景等相关信息,并在培训之前根据培训目标向文化志愿者队伍开展调查,询问其培训的实际需求,然后结合培训的整体规划与文化志愿者的个人需求为文化志愿者合理编排培训班级,设置有针对性的培训内容和培训方式,因材施教,使其学有所获,从而在文化志愿者实际工作更好发挥个人所长,弥补其不足,有利于公共文化服务多方面的工作要求。

3. 培训体系中建立区内高校文化志愿者工作站

高校校园文化作为文化的一种特殊的文化形式,对大学生正确人生观的形成有着深远的影响,志愿者精神是一种高尚的社会品质,对提高大学生思想道德水平和学生的个人发展起着至关重要的作用。拱墅区多年来一直关注和关心辖区内高等院校的发展,在公共文化服务方面与高校建立了良好的合作关系,例如拱墅区与浙大城市学院共同拍摄的数字电影《飘动的红丝带》,填补了浙江青春校园电影的空白。大学生作为志愿者的生力军,应积极拓展大学生文化志愿者队伍,并建立高校文化志愿者工作站,通过"请进来、走出去"形式,有效利用高校师资队伍资源和大学生参与公共文化服务的热情,大力开展针对大学生文化志愿者的文化宣传、戏曲演唱、舞蹈创编、舞蹈表演、音乐创作、书法美术等业务培训;同时借助大学生文化志愿者的文化知识与专业技能开展对社会文化志愿者的文体团队、文艺骨干的培训,提高广大社会文化志愿者的业务素质和综合技能,最终实现高校文化志愿者与社会文化志愿者培训的双效模式。

第四节　非营利性文化组织:运河文化公益促进会

一、拱墅区运河文化公益促进会的成立

满足人民基本文化需求是社会主义文化建设的基本任务,加强公共文化服务是满足人民群众基本文化需求、实现人民群众基本文化权益的主要途径。要提高公共文化服务的供给效率,就有必要开展精细化的公共文化服务。精细化的公共文化服务,要求供给主体结合群众不同的文化需求和接受特点,采取不同的途径和方式,构成公共文化服务供给体系,向群众提供公共文化产品

和服务。①

当前各地蜂拥而起的"文化志愿者"活动,对于改变我国公共文化建设主要由政府包办的局面,营造繁荣活跃的公共文化氛围而言,显然是一种很有利的方式。然而,在这场主要由文化行政主管部门推动的活动中,政府参与的热情和力度远远超过了普通民众;而原本激情洋溢的文化志愿者,往往变成被组织者、被评估者,他们的活动渐渐远离了自娱自乐的原始状态,成为换取政府承认、资助、奖励的筹码,也成为文化行政主管部门的政绩。②

必须指出,文化志愿者服务是打造多层次、多元化、多途径公共文化服务供给的重要一环,与政府采购、场地合作、项目补贴、品牌引进等公共文化服务社会化合作模式同等重要,是构成政府、市场、社会等多元主体参与公共文化服务供给体系不可分割的一部分。③ 作为文化志愿者的服务平台,非营利性文化组织是实现社会效益与经济效益相统一的最佳载体,对于弥合文化发展的结构性缺陷、服务公共文化需求、调和文化价值冲突具有独特优势与价值。④ 就公共文化服务体系建设而言,非营利性文化组织的作用不仅可以在微观层面参与文化设施运营、提供公共文化服务,更可以在宏观层面协助政府促进文化行业发展、规范行业秩序、督促行业自律等,是重要的枢纽型组织形态。如今,在推进公共文化服务社会化的过程中,拱墅区政府通过建立政府采购公共服务的机制,将公共文化服务项目交由非营利性社会组织来运营。社会组织的公益性、先进性和专业性使得公共文化服务活动的质量和资金使用率大大提高。政府则将工作重点放在项目的监管等方面,真正实现由"办文化"到"管文化"的职能转变。⑤

2015 年 2 月,杭州市拱墅区运河文化公益促进会在拱墅区正式成立。该会以"弘扬运河文化,传承志愿精神"为宗旨,是在拱墅区委、区政府领导下,由全区各界热爱运河文化的学者、民众、文化工作者及相关单位自愿联合结成的非营利性社会团体。本社团管理机关为中共杭州市拱墅区文化广电新闻出版

---

① 杨振铎:《北京市东城区公共文化服务分类供给方式研究》,《上海文化》2014 年第 4 期,第 26 页。

② 高迎刚:《当代中国公共文化建设的历史回顾与现状分析》,《艺术百家》2013 年第 6 期,第 28 页。

③ 高小军:《文化志愿者:福田公共文化服务社会化供给的重要力量》,《中国文化报》2015 年 5 月 4 日。

④ 中国文明网:《公共文化服务亟须激发非营利组织活力》,2015 年 3 月 9 日,http://www.wenming.cn/ll_pd/wh/201503/~20150309_2487863.shtml。

⑤ 中国经济网:《公共文化服务体系建设 引入社会力量可一举多得》,2014 年 12 月 3 日,http://www.ce.cn/culture/gd/201412/03/t20141203_4031326.shtml。

局(体育局),工作机构挂靠杭州市中国京杭大运河博物馆。运河文化公益促进会的理念宗旨如下:

杭州市拱墅区运河文化公益促进会理念宗旨

第一条　本团体的名称为杭州市拱墅区运河文化公益促进会。

(Hangzhou Gongshu District Public Welfare Promotion Association of the Canal Culture)

第二条　本团体是在中共杭州市拱墅区委、区政府领导下,由全区各界热心运河文化研究的学者、有关方面的实际工作者及相关单位自愿联合结成的非营利性的社会团体。为区委、区政府开发利用运河文化发挥参谋助手作用。

第三条　本团体的宗旨:本会贯彻"百花齐放、百家争鸣"的方针,团结、组织、推动社会各界人士开展运河文化学术研究与开发利用活动,宣传拱墅文化,推动经济和社会发展。本社会团体遵守国家宪法、有关法律、法规和政策,遵守社会道德风尚。

第四条　本团体主管机关为中共杭州市拱墅区文化广电新闻出版(体育)局,工作机构挂靠杭州市中国京杭大运河博物馆,接受杭州市拱墅区社团登记管理办公室的监督,团体组成单位为杭州市中国京杭大运河博物馆、杭州市拱墅区图书馆和拱墅区非物质文化遗产保护中心。

第五条　本团体的活动场所在浙江省杭州市拱墅区运河文化广场1号杭州市中国京杭大运河博物馆内。

运河文化公益促进会采用网站报名和现场报名的形式招募运河文化志愿者,并组织文化志愿者活动,构建参与广泛、形式多样、活动经常、机制健全的运河文化志愿者服务体系。社团开设文化志愿者网站,官方网址为 www.VCCGS.cn。热衷运河文化、热心公益事业的杭州市民均可以报名。运河文化志愿者可以在第一时间了解拱墅区运河文化活动的最新动态,并找到合适自己的志愿岗位,为拱墅文化工作奉献一份力量。而且,志愿者们也可以通过自己的无私奉献积累公益积分,换取相应的文化消费券,得到切实的文化实惠。

运河文化公益促进会为大力推动志愿服务项目化管理,加强对志愿服务工作的项目规划,抓好项目实施,健全项目考核激励,建立和完善志愿服务项目的内容设计、组织实施、监督管理、评价考核等一系列工作机制,制定了《杭州市拱墅区运河文化志愿者管理办法》(见附件 6-1);大力推进志愿服务项目培育,推动各级志愿服务组织广泛开展内容丰富、形式多样、简便易行的志愿服务项目,丰富完善志愿服务项目体系。① 文化志愿者的服务阵地遍布中国京杭大运河博物馆、拱墅区图书馆、拱墅区文化馆、米市巷街道文化场所、湖墅街道文化场所等地,并培育出多个基层公共文化服务点。

近期,根据《杭州市人民政府办公厅关于推进现代服务业标准化建设的实施意见》(杭政办〔2009〕3 号)、《拱墅区推进质量强区建设实施意见》(拱政办发〔2011〕58 号)等文件的要求,经杭州市拱墅区运河文化公益促进会提出制定《拱墅区公共文化志愿者管理与服务规范》地方标准规范立项申请,在广泛征集意见建议的基础上,杭州市拱墅区质量技术监督局同意对该标准予以立项。②

二、拱墅区文化志愿服务品牌:"大运河文化节"

各种形式的文化志愿服务活动,是弘扬和践行志愿精神的有效载体。关键是要从经济社会发展需要和人民群众愿望出发精心设计文化志愿服务项目,把志愿精神融入活动的全过程,使人们在参与志愿服务的过程中享受心灵的快乐、加深对志愿精神的理解。要按照积极有为、自愿奉献、因地制宜、量力而行的原则,大力组织和推动志愿工作者开展多种多样的文化志愿者活动(见图 6.7)。

社区更是文化志愿者的舞台,在丰富多彩的志愿服务中,文化志愿者服务队要逐步形成品牌化运作、社会化运作、项目化运作等工作模式,并将其综合运用到志愿活动中,不断促进志愿服务向纵深发展。③ 志愿组织要立足于自身的特点与比较优势,敏锐地发现与时代需要对接的黄金点。良好的社会效益和较高的社会关注度,是品牌项目的基础。④

---

① 程恩光:《志愿服务应走上专业化制度化普及化社会化之路》,《江南论坛》2014 年第 11 期,第 48 页。

② "杭州·拱墅"门户网站:《关于下达〈拱墅区公共文化志愿者管理与服务规范〉地方标准规范立项的通知》,2015 年 5 月 7 日,http://www.gongshu.gov.cn/zwgk/gggs/qt/201505/t20150507_673638.html。

③ 辽宁省文化志愿者网站:《文化志愿者工作模式的创新》,2014 年 4 月 24 日,http://www.lnwh.gov.cn/detailwhzydt/31801.html。

④ 黄飞剑、华裕良:《论我国大学生志愿服务社会化路径的构建》,《云南财经大学学报》(社会科学版)2012 年第 2 期,第 53 页。

图 6.7　拱墅区首届全民阅读节暨 2015"运河文化志愿者"活动日现场

　　这些年,拱墅大力开展特色群众文化活动,培育了运河元宵灯会、大运河文化节等节庆活动,推进文化惠民工程,全区公共文体场馆均面向群众实行开放式服务,建立各类群众文体活动团队 380 余支,打造了"民星大舞台"演艺展示平台。[①] 拱墅区主打中国大运河文化节品牌,展示运河特色文化旅游产品。同时以中国大运河申遗成功为契机,加快建设运河文化旅游带和运河文化名区,倾力传承和弘扬运河文化,让运河岸的桥、塔、寺、码头、博物馆、历史文化街区焕发新的光泽,打造一系列丰富的运河旅游产品。京杭大运河不仅仅是单一的交通枢纽,更是影响中国古代社会进步的"时空大动脉"与梦想孵化器。2015 年 6 月 13 日,在"第十个中国文化遗产日"暨"运河申遗"成功一周岁之际,拱墅区举办第四届"大运河文化节"开幕式,以此献给运河,感谢它千年的滋养。黄亚洲(著名作家)、徐君跃(浙派古琴传承人)、周志华(国家级非遗传承人)、金玉琪(微楷扇面传承人)、吴理人(运河民俗画家)、司文阁(杭州浙窑国际陶艺创作中心)、何子楚(非遗项目武林活拳代表性传承人)、舒羽(著名诗人)、余好建(中国书画名家联合会副主席)和金晖(传统体育项目带头人)等运河文化传播使者积极协助拱墅区文广新局以项目化的方式宣传运河文化。本次文化节将一直持续到 2015 年 10 月,运河学习节、江南丝竹音乐节、运河婚

---

　　① 杭州网:《千古大运河 最美新拱墅 2014 大运河文化节助力运河申遗》,2014 年 6 月 22 日,http://hznews. hangzhou. com. cn/xinzheng/quxian/content/2014-06/22/content_5332180. htm。

典等子活动将陆续推出。

（一）活动主题

"中国梦 运河情"——第四届大运河文化节开幕式暨2015年中国文化遗产日、杭州双世遗城市一周年庆祝活动

（二）主承办单位

（1）主办单位：杭州市园林文物局、杭州市拱墅区人民政府、杭州市运河集团。

（2）承办单位：拱墅区委宣传部、拱墅区文化广电新闻出版局、杭州工艺美术博物馆、杭州市运河集团文化旅游有限公司。

（3）协办单位：杭州市京杭运河（杭州段）综合保护中心、杭州市各文博单位。

（三）活动时间

2015年6月13日（周六）9：00—10：00。

（四）活动地点

杭州市拱墅区运河文化广场

（五）活动内容

1. 主题设计

拱墅逐水而居，因水而兴。这条物质与非物质文化共同构成的雄浑大河，是活着的文化遗产。正是因为这一部水上文明史，才催生了中华民族历史上一系列的经济繁华、城市发展和文化辉煌。因此本台演出将以欢乐为基调，而又充满文化气息。演出将打破以往舞台区、观赏区的分隔局面，以圆形舞台为中心，打造观众从四面八方都能欣赏精彩节目的舞台胜景。

2. 演出创意

——开场篇章：（1）鼓舞《旗开得胜》：北方热烈的鼓舞，展现了运河北段粗犷豪放的文化特色。（2）"五水共导"仪式：邀请市民代表、城市代表等上台，把象征着大运河联系着海河、黄河、淮河、长江和钱塘江五大水系的五瓶水倒入主题装置里，随着水的注入，显现出红色的字体"中国梦 运河情"。这象征着在五水共治五水共导下，杭州的天更蓝，水更蓝，体现出文化的共融。

——第一篇章：京杭大运河。突出"大运河"申遗成功一周年主题，"令人关切的不仅是申遗结果，更是世界对运河的态度"。这不仅是运河，更是承载

中国人的集体记忆和共同情感的载体所在。

（1）舞蹈《运河蚕娘》：独具运河江南风味的风情舞蹈。

（2）音诗画《大运河放歌》：以著名作家黄亚洲为大运河申遗创作的《大运河放歌》（节选）为朗诵文本，由 1 位朗诵者朗诵，配以情景式舞蹈，展现运河边人们对运河的特殊感情。

（3）揭幕仪式：朱炳仁先生为铜雕作品《拱宸自古繁华》揭幕。

——第二篇章：京杭大运和。"时间没有让运河成为冰冷的遗迹，而成为激励我们的民族情怀。"运河俨然是运和。这不仅是运河，更是让运河沿岸各地城市成为有机统一、和谐发展的一条血脉。

（4）少儿歌舞《天堂流过一条河》：天籁童声演绎杭州与运河的故事。

（5）琴箫歌《关山月》：古琴悠远，箫声空灵，辅以歌者。杭州浙派古琴与扬州广陵古琴联袂表演，令人置身于一个古色古香的典雅环境。

（6）捐赠仪式：司文阁先生捐赠李克强总理点睛的"运河龙"。

——第三篇章：京杭大运合。"运河申遗重要的不是复原，而是探寻如何为它注入更多的现代活力"。"后运河"时期，对活态遗产的保护更加任重道远，需要大运河沿线的合力，让运河文化生机勃勃，焕发光彩。同时，杭州作为双遗城市，更要具有保护文化遗产的高觉悟与共识，用城市的文化自觉，形成良好的生态。

（7）"京剧、苏州评弹、杭摊"戏曲联唱：选择大运河沿岸戏曲曲种，让观众一饱眼福耳福。

（8）微访谈：美运河吸引了众多退休后择居生活的人，如 88 岁的荷花奶奶。

（9）女声独唱《大运河》＋西湖十景旗袍秀：荷花奶奶走进美轮美奂的旗袍秀中，在悠扬的《大运河》歌声中，活动推向最后的高潮。

（六）活动分工（见表 6.2）

表 6.2　2015 年第四届"大运河文化节"开幕式具体分工

责任单位	工作内容
区委办、区府办	负责领导的邀请接待，负责活动期间组织协调工作，组织召开工作会议。落实活动当天区政府大院活动车辆停放事宜（60 辆参展单位用车，凭证进入）。负责开幕式当天领导嘉宾席的座位安排
区委宣传部	负责邀请市级以上相关媒体参与报道，安排区新闻单位派员参加，并做好活动前期的预热宣传。负责整台演出的摄影录制工作
区委维稳办	负责活动期间维稳工作方案，协调有关部门做好安全稳定工作

续 表

责任单位	工作内容
区公安分局	负责做好活动现场安保方案及应急预案的制定、实施等工作
区教育局	负责落实开幕式文艺演出节目(儿童舞蹈《天堂流过一条河》)
区城管局	负责做好活动现场周边保洁保序工作,加强现场非机动车停放管理。负责开幕式活动现场流动厕所的放置(2个)
区安监局	负责活动会场活动安全监督工作,制定安全监督保障预案
区卫计局	负责做好现场医疗救护,提供救护车1辆
区文广新局(体育局)	负责落实活动方案策划,对接公安等部门做好活动报批。做好开幕式文艺演出活动。与市园文局、运河集团对接领导邀请、车辆停放等工作
交警拱墅大队	负责做好交通秩序的疏导、维护,机动车停放等指导工作
拱宸桥街道办事处	提前做好活动当天广场晨练暂停的预告。负责协调活动现场展位摆放等管理工作

随着多层次、多领域、开放式、特色化的志愿服务格局的形成,公共文化服务体系形成了服务方式不断创新,服务渠道不断拓展,全社会共享文化发展成果的局面。[1] 文化志愿服务活动体现了一种结构独立、组合多元的新型组织模式,有效拓展了基层文化服务惠及面,实现了有限资源的充分利用和共享。总体来看,推动我国文化志愿服务活动持续健康开展,关键在于制度化,即以丰富内涵为切入点,将志愿服务与培育和践行社会主义核心价值观统一起来,与推进国家治理体系和治理能力现代化建设统一起来,与群众性精神文明创建活动统一起来,切实增强推进志愿服务制度化建设的自觉性。[2] 拱墅区坚持实施文化引领战略,大力弘扬运河文化,加快发展文化事业,切实加强精神文明建设,市民文明素质明显提高。打造若干具有较强影响力的拱墅特色文化品牌,广大文化志愿者在运河文化名区建设中扮演着重要角色。社会力量招募制度、文体骨干培训制度以及培育非营利性文化组织等创新实践,为拱墅区文化志愿活动制度化标准化打下了坚实的基础,积累了宝贵的经验。

---

① 张承清:《浅谈群众文化与文化志愿者》,《神州民俗》(学术版)2011年第168期,第111页。

② 中国文明网:《浙江省扎实推进志愿服务制度化建设》,2014年7月18日,http://www.wenming.cn/syjj/dfcz/zj/201407/t20140718_2072769.shtml。

公共文化服务
>>>协调机制研究

附录 6-1

ICS

DB330105

拱 墅 区 地 方 标 准 规 范

DB 330105/T 3—2015

文化志愿服务管理规范

2015—10—08 发布   2015—11—08 实施

杭州市拱墅区市场监督管理局   发   布

前　言

本规范按 GB/T 28222—2011《服务标准编写通则》进行编写。

本规范由杭州市拱墅区运河文化公益促进会提出。

本规范归口单位:杭州市拱墅区文化广电新闻出版局。

本规范主要起草单位:杭州市拱墅区运河文化公益促进会、杭州市拱墅区志愿者工作指导中心。

本规范主要起草人:叶艳萍、陆菁、沈丽红、宋辰晨、周佳。

文化志愿服务管理规范

1 范围

本规范规定了文化志愿服务管理的术语和定义、管理组织、文化志愿者、文化志愿服务活动、管理要求、服务评价。

本规范适用于拱墅区文化志愿服务的管理。

2 规范性引用文件

下列文件对于本文件的应用是必不可少的。凡是注日期的引用文件,仅所注日期的版本适用于本文件。凡是不注日期的引用文件,其最新版本(包括所有的修改单)适用于本文件。

DB3301/T 0138—2015 志愿服务组织管理规范

杭州市人大常务会(2003 年)第 17 号公告 杭州市志愿服务条例

3 术语和定义

下列术语和定义适用于本规范。

3.1 文化志愿者

经文化志愿服务组织注册登记,利用自己的时间、技能、资源自愿参加文化志愿服务组织安排的公益文化活动,无偿为社会提供非营利性、非职业化的公共文化服务的人。

3.2 文化团体志愿者

经文化志愿服务组织登记,志愿为基层群众文化发展繁荣提供无偿服务的机关、企事业单位、大专院校和社会组织。

3.3 文化志愿服务

是指文化志愿者及其组织自愿、无偿地从事公共文化服务,促进社会文明和进步的志愿服务行为。

3.4 文化志愿服务组织

是指从事文化志愿服务活动的非营利性社会公益组织。

4 管理组织

4.1 总则

文化志愿服务组织实行分级组建、分类管理和使用,倡导自我组织、自我管理、自我发展。区、街道设置文化志愿服务管理组织,对文化志愿服务活动进行管理。

4.2 管理职责

4.2.1 区文化志愿服务组织

区文化志愿服务组织应履行以下职责:

a) 制订文化志愿服务活动规划以及计划;

b) 开展文化志愿者招募、审核、登记、注册、发证、建档、考核等管理工作;

c) 对文化志愿者开展培训;

d) 组织和实施文化志愿服务活动,并指导各街道、相关组织、文化志愿者等开展文化志愿服务活动;

e) 受理街道文化志愿服务组织开展活动的报备工作;

f) 组织文化志愿者和文化团体志愿者星级评定,并开展表彰活动;

g) 负责文化志愿服务活动经费的管理;

h) 履行 DB3301/T 0138—2015 规定的职责。

4.2.2 街道文化志愿服务组织

街道文化志愿服务组织应履行下列职责:

a) 开展辖区内文化志愿者的招募、审核、登记、注册、发证、建档、考核等管理工作;

b) 组织文化志愿者相关专业知识的培训;

c) 组织实施文化志愿服务活动;

d) 确认文化志愿者参加文化志愿服务的活动时间、次数、内容和效果等;

e) 受理社区或辖区内其他文化活动场所开展文化志愿服务活动的报备工作;

f) 推荐文化志愿者和文化团体志愿者的星级评定名单;

g) 负责辖区文化志愿服务活动经费的管理;

h）指导辖区内文化志愿服务活动的开展。

5　文化志愿者

5.1　基本要求

5.1.1　文化志愿者基本要求

文化志愿者应符合以下要求：

a）热心公益文化事业，自愿从事文化志愿服务活动；

b）具有良好的思想道德品质和社会奉献精神；

c）具备从事文化志愿服务所对应的知识、技能或资源；

d）年龄在18周岁至65周岁之间（特殊情况除外：如身体条件许可，本人申请、经注册部门同意可放宽至70周岁）；

e）具有参与文化志愿服务工作的身体素质。

5.1.2　文化团体志愿者基本要求

文化团体志愿者应符合以下要求：

a）要求有20人以上（含）的文化志愿者群体；

b）具有自我组织管理团队的能力；

c）有相应的文化活动项目；

d）每年组织开展文化志愿服务活动不少于4次。

5.2　权利与义务

5.2.1　权利

文化志愿者享有以下权利：

a）参加相关专业知识培训；

b）参与文化志愿者星级评定；

c）就志愿服务活动对各级文化志愿服务组织提出意见和建议；

d）优先享有区文化志愿服务组织提供的演出活动观摩和文化鉴赏等机会；

e）享有文化志愿服务活动特殊贡献加分；

f）有退出文化志愿服务组织的自由；

g）享有《杭州市志愿服务条例》规定的其他权利。

5.2.2　义务

文化志愿者应履行以下义务：

a）遵守国家法律、法规及文化志愿服务组织的相关规定；

b）每年参加文化志愿服务的累计时间应不少于 48 小时；

c）履行文化志愿服务承诺，服从管理，按照文化志愿服务组织的安排参加服务活动；

d）不以文化志愿者身份从事任何以营利为目的或违背社会公德的活动；

e）自觉维护文化志愿服务组织和文化志愿者的形象。

6 文化志愿服务活动

6.1 服务活动要求

文化志愿服务活动内容应健康、积极向上，体现地方文化特色。

6.2 服务活动分类

6.2.1 文体活动类：参与和开展文化节、读书节、运动会等文体活动。

6.2.2 展览展示类：参与公共博物馆、公共图书馆、文化馆、公共美术馆等文化机构开展的展览、展示的筹备、组织、现场活动管理及相关辅助工作。

6.2.3 讲座培训类：公益性的文化讲座、艺术培训与辅导。

6.2.4 设施服务类：公共博物馆、公共图书馆、文化馆、公共美术馆等文化机构和历史文化街区的现场讲解、疏导人流、维持秩序等服务。

6.2.5 文化交流类：参与国内外文化志愿服务活动交流；开展论坛和相关研讨会；通过网络志愿提供相关文化作品（含文章、图片、视频等文化作品）。

6.2.6 其他类：协助基层文化的宣传、推广；协助政府文化主管部门做好文化设施、文化遗产等管理与保护工作。

6.3 服务活动策划

6.3.1 文化志愿服务活动方案策划，应包含活动内容、时间、地点、场地设置、人员要求、安防设施、应急预案等内容。大型志愿活动方案应按规定报相关部门审批同意。

6.3.2 文化志愿服务活动前需勘察场地，应考虑人员聚集承受、设施安全、交通疏散、天气情况等因素。

6.4 服务活动实施

6.4.1 文化志愿者服务活动应有统一标识，如徽章、服装、旗子、横幅等。

6.4.2 街道文化志愿者服务组织对参加志愿者人数达 30 人以上的活动，应在活动开展 10 日前向区文化志愿者服务组织申报备案，递交《拱墅区文化志愿服务活动备案登记表》(参见附录 E)。活动结束 2 日内将活动总结报备案部门。

6.4.3 文化志愿者服务活动结束后,进行总结与评价。

6.5 服务活动志愿者

6.5.1 文化志愿者参加志愿服务应着装整洁,穿着文明雅观;佩戴统一的徽章或服务证。

6.5.2 在服务过程中面带微笑,态度热情,耐心和气。服务对象提出批评、建议时,应耐心听讲、认真解释,不生气、不傲慢。

6.5.3 服务过程中严禁吸烟、喝酒、吃零食。不应向任何组织或个人索要或接收任何礼品和有价礼卡、礼券。服务过程中不应接受任何组织或个人的请吃及高消费娱乐活动。

7 管理要求

7.1 文化志愿者管理

7.1.1 招募

7.1.1.1 文化志愿服务组织应按《杭州市志愿服务条例》规定开展文化志愿者招募活动。招募时,应当以适当的方式公告志愿服务信息,包括志愿者招募条件、服务项目、服务内容等。

7.1.1.2 区、街道文化志愿服务组织均可在网上或所在地受理个人和文化团体志愿者申请,分别填写《文化志愿者申请表》(参见附录 A)和《文化团体志愿者登记表》(参见附录 B)。

7.1.1.3 经审核,对符合条件者填报《文化志愿者注册信息登记表》(参见附录 C)进行注册,发放文化志愿者证书和徽章(参见附录 D)或文化团体志愿者牌匾。并在 7 个工作日内录入区文化志愿者信息资料库。

7.1.2 组织培训

7.1.2.1 文化志愿服务组织应为志愿者开展岗前培训和常规培训,包括服务基本理念、专业服务知识、相关技能、安全知识等内容培训。

7.1.2.2 在服务活动开展前,文化志愿活动组织者应对活动方案、实施计划、应急处置预案等对志愿者进行告知并适当开展培训。

7.1.3 档案管理

文化志愿服务组织宜按专业、服务岗位、服务时段等条件对文化志愿者实行分类建档,对文化志愿者个人信息、文化志愿服务活动应建档并实行动态管理。

7.1.4 退出注销

7.1.4.1 文化志愿者因故退出,可向申请注册的文化志愿服务管理部门提出书面申请,经确认后,办理退出注销手续。

71.4.2 有下列行为之一的,文化志愿服务管理部门可进行劝退,取消其文化志愿者资格,办理退出注销手续,并通知本人:

a) 违反志愿服务组织的规章制度,造成严重后果的;

b) 因故意或者重大过失造成服务对象或者第三方受损害的;

c) 以文化志愿者或者服务单位的名义组织或者参与违反文化志愿者服务原则的活动,并损害了服务单位声誉的;

d) 文化志愿者在开展服务活动中存在违法行为的;

e) 不服从工作安排,多次无故不参加服务项目活动的;

f) 其他不符合法律法规要求的。

7.2 经费管理

7.2.1 文化志愿服务工作经费由政府财政拨款、社会捐赠和资助及其他合法收入组成。

7.2.2 工作经费的筹集、使用和管理应当公开,并依法接受有关部门和捐赠、资助者及志愿者的监督。

7.2.3 工作经费应当用于文化志愿服务事项,包括适当给予志愿者参与文化志愿服务活动的交通、午餐等补助。

8 服务评价

8.1 个人志愿者星级评定

8.1.1 注册期内的个人文化志愿者可按表1规定评定星级,获相应星级证书。

表 1　个人文化志愿者星级评定条件

服务时间	星　级
个人文化志愿服务累计时间 100h	☆
个人文化志愿服务累计时间 200h	☆ ☆
个人文化志愿服务累计时间 300h	☆ ☆ ☆
个人文化志愿服务累计时间 400h	☆ ☆ ☆ ☆
个人文化志愿服务累计时间 500h	☆ ☆ ☆ ☆ ☆

8.1.2　注册期内的个人文化志愿者如达到表 2 的要求,可获相应星级;如已按表 1 获得星级,且满足表 2 特殊贡献评分具体内容之一时,则可按表 2 的加分星级增加,最高不超过五星。

表 2　特殊贡献评

具体内容	星　级	加分星级
捐赠书籍 100 册	☆ ☆ ☆	☆
授课辅导时间 20 个课时		
无偿提供设备、场地 2 天		
提供网络文化作品 10 次以上		
捐赠书籍 200 册	☆ ☆ ☆ ☆	☆ ☆
授课辅导时间 40 个课时		
无偿提供设备、场地 5 天		
提供网络文化作品 20 次以上		
捐赠书籍 500 册以上	☆ ☆ ☆ ☆ ☆	☆ ☆ ☆
授课辅导时间 60 个课时以上		
无偿提供设备、场地 10 天以上		
捐赠特殊纪念意义的文化物品		
引进文化名人设立工作室		
提供网络文化作品 30 次以上		

8.2　团体志愿者星级评定

文化团体志愿者可按表 3 规定进行评定,获相应星级证书。

表3　团体文化志愿者星级评定条件

内容与要求	星　级
组织参加文化志愿服务活动累计 500 人次以上 组织参加文化志愿服务活动累计 2000h 以上 组织参加文化志愿服务活动累计 100 次以上	☆ ☆
组织参加文化志愿服务活动累计 1000 人次以上 组织参加文化志愿服务活动累计 4000h 以上 组织参加文化志愿服务活动累计 200 次以上	☆ ☆ ☆
组织参加文化志愿服务活动累计 1500 人次以上 组织参加文化志愿服务活动累计 6000 小时以上 组织参加文化志愿服务活动累计 300 次以上	☆ ☆ ☆ ☆
组织参加文化志愿服务活动累计 2000 人次以上 组织参加文化志愿服务活动累计 8000 小时以上 组织参加文化志愿服务活动累计 400 次以上	☆ ☆ ☆ ☆ ☆

8.3　文化志愿服务活动评价

8.4.1　文化志愿服务组织应对下属文化志愿服务组织、文化志愿服务活动进行评价。

8.4.2　评价以开展文化志愿服务活动次数、时间、参加人数、安防措施、社会效果、满意度调查等内容进行。

8.4.3　应对评价结果进行综合分析,提出整改措施,持续改进文化志愿服务活动管理。

附 录 A

（资料性附录）

文化志愿者申请表

表 A.1 文化志愿者申请表

姓 名		性 别		年 龄		
身份证号码		文化程度		健康状况		贴照片处
社会状态	在校学生	就读学校：				
	在职人员	就职单位：				
	退休人员					
	其 他					
家庭住址						
手机号码			固定电话			
QQ 号			电子邮箱			

可根据可根据个人特长，选择参加服务组别（可多选）：

场馆队	□公益培训组	□讲解服务组	□主题活动组	□秩序维护组	□网络维护组
活动队	□书画组	□摄影组	□声乐戏曲组	□文学创作组	□健身舞蹈组
宣讲队	□文化研究组	□宣传组	□心理咨询辅导组	□其他	
其 他					

服务意向时间（可多选）：

	周一	周二	周三	周四	周五	周六	周日
上午							
中午							
下午							
晚上							

机动时间：		是否可接受调剂安排的时间	

加入阵地（可多选）：

图书馆	博物馆	文化馆	其他阵地：

街道社区：

参加文化志愿服务目的（不超过三项）：

□尽公民责任	□帮助他人	□兴趣	□学习新知识	□结交朋友	□自我锻炼	□增加社会经验	□为未来工作做准备
□回报社会	□善用空暇	□一展所长	□其他				

申请人承诺	我志愿成为一名光荣的志愿者，我自觉传播先进文化。我承诺：尽己所能，不计报酬，帮助他人，服务社会，践行志愿精神，传播先进文化，为构建和谐社会奉献力量。 　　本人郑重声明：保证所填资料属实，保证具备参加志愿服务相应的基本能力和身体素质，对自己提供的志愿行为以及可能引起的后果承担责任，严格履行承诺！ 　　　　　　　　　　　　　　　　　　　　　　申请人签字：

感谢您的热心参与，我们将在 7 个工作日内以邮件或电话的形式，确认您的报名信息，谢谢

申请日期：　　　年　　　月　　　日

注：个人资料请如实填写，仅供文化志愿服务组织使用，不会外泄。

附 录 B

（资料性附录）

文化团体志愿者登记表

表 B.1　文化团体志愿者登记表

名 称				所属街道				
特 长				地 址				
负责人		联系电话		联系人			联系电话	
志愿服务内容								
服务意向时间								
姓 名	性 别	政治面貌	身体状况	文化程度	专业特长	联系电话	备 注	

注：a) 此表由各单位汇总填写。

　　b) 每年 12 月 25 日名单核实一次。

　　c) 团体内成员遵循自愿注册原则。

附 录 C

（资料性附录）
文化志愿者注册信息登记表

表 C.1　文化志愿者注册信息登记表

姓　名		性　别		出生年月	
注册号		注册时间			
服务内容					
工作单位			联系电话		
通讯地址					

培　　训　　记　　录			
时　间	内　容	时　数	确　认　人

服　　务　　记　　录			
服务时间	服　务　内　容	时　数	确　认　人

表　　彰　　记　　录		
获　奖　时　间	获　奖　内　容	颁　奖　部　门

附 录 D

（资料性附录）

文化志愿者 logo、徽章和证书

图 D.1　文化志愿者 logo

图 D.2　文化志愿者徽章

文化志愿者证

贴照片处

姓　名：_____

注册号：_____

杭州市拱墅区运河文化公益促进会

D.3　文化志愿者证(样板)

附 录 E

（资料性附录）

拱墅区文化志愿服务活动备案登记表

表 E.1 拱墅区文化志愿服务活动备案登记表

活 动 名 称	
活动主题及内容	
活动规模（志愿者参与人数）	
活 动 时 间	活 动 地 点
负 责 人	联 系 方 式

申请备案单位意见：

备案申请单位
（公章）

联系人： 联系方式： 申请备案时间：

受理备案单位意见：

受理备案申请单位
（公章）

受理人： 受理备案时间：

附录6-2 杭州市拱墅区运河文化志愿者管理办法

第一章 总则

第一条 为加强对全区运河文化志愿者的管理,规范和促进文化志愿服务工作,根据《杭州市志愿者服务条例》的有关要求,引导和鼓励广大文化工作者和社会公众参与基层文化建设,特制定本办法。

第二条 本办法所称运河文化志愿者是指不以物质报酬为目的,基于良知、信念和责任,利用自己的文化艺术专长和技能等资源,自愿参与杭州市拱墅区运河文化公益促进会开展的文化志愿服务活动,无偿为运河文化事业提供服务和帮助的团体和个人。

第三条 运河文化志愿者服务以"依法组织、分级管理,自愿参与、就近服务"为原则。

第二章 组织与管理

第四条 组织机构

(一)拱墅区设立运河文化公益促进会管理办公室,挂靠拱墅区文广新局,杭州市拱墅区运河文化公益促进会负责对运河文化志愿者的招募、组织、分配、管理等工作,确保志愿活动规范有序开展。

(二)各文化事业单位、街道文化站和社区文体活动中心,普遍设立运河文化志愿者工作站,负责本区域(单位)运河文化志愿者的招募、组织与管理。

第五条 管理

(一)各运河文化志愿者工作站要在杭州市拱墅区运河文化公益促进会的管理下,规划、组织、开展和参与各类文化活动。文化志愿服务工作主要应包括以下方面:

1.运河文化的宣传、推广;

2.群众性文化活动演出、服务;

3.公益性的文化讲座、艺术培训与辅导；

4.公益性展览的筹备、讲解；

5.公益性文化场馆的场馆管理、讲解等服务；

6.公共图书馆阅读辅导、读者管理、图书整理；

7.协助政府文化主管部门做好文化遗产保护工作；

8.参与国内外运河文化志愿者交流活动；

9.开展运河文化志愿者的理论研究；

10.其他公益性文化服务。

（二）各运河文化志愿者工作站要建立、健全包括运河文化志愿者基本状况、服务情况、累计服务时间等运河文化志愿者档案管理系统，实行动态管理；要充分利用现代化网络和信息技术，逐步实现网上招募和管理，促进管理工作的科学化、制度化、规范化。未经本人同意，不得公开运河文化志愿者的个人信息。

（三）运河文化志愿者参加志愿服务后，由服务对象或组织者提供志愿者的服务时间、服务内容等证明，以小时为单位。

（四）各级运河文化志愿者工作站要采取常规培训和岗前培训相结合的方式，对运河文化志愿者进行综合培训。常规培训重点加强运河文化志愿者对于开展文化志愿服务的工作理念、必备知识、基础技能等内容培训；岗前培训重点加强项目介绍、工作要求及安全教育等内容，提高运河文化志愿者的服务能力、服务水平和综合文化素质。

第三章　招募

第六条　运河文化志愿者包括团体志愿者和个人志愿者。

（一）团体志愿者。各类有志于为运河文化发展繁荣志愿服务的文化事业、企业、院校和社会团体等。

（二）个人志愿者。热心运河文化事业，有志于文化志愿服务的专业和民间文艺院团从业人员、各级各类公共文化事业单位及文化企业的从业人员、有文化艺术专长的社会各界人士、大中小学生。

第七条　运河文化志愿者的基本条件：

（一）热心公益文化事业，自愿从事文化志愿服务活动；

（二）具有良好的思想道德品质和社会奉献精神；

(三)具备从事文化志愿服务工作所要求的人文素养以及专业知识或服务技能;

(四)年龄在 10 周岁至 65 周岁之间(特殊情况除外);

(五)身体健康,具有参与文化志愿服务工作的身体素质。

第八条　招募程序:

(一)申请注册运河文化志愿者的团体或个人可直接向运河文化志愿者工作站提出申请,填写《运河文化公益促进会志愿者申请表》和《运河文化公益促进会团队志愿者名单》。

(二)运河文化志愿者工作站招募志愿者要向运河文化公益促进会管理办公室备案,纳入全区运河文化志愿者队伍统一管理。对申请注册的团体或个人进行审核,符合条件者,予以注册,并颁发运河文化志愿者证书。

第四章　权利与义务

第九条　运河文化志愿者的权利

(一)参加运河文化志愿者管理部门提供的与服务活动相关的培训;

(二)获得从事文化志愿服务的必需条件和必要保障;

(三)对文化志愿服务工作提出意见和建议;

(四)享有相关法律、法规赋予的其他权利。

第十条　运河文化志愿者的义务

(一)遵守国家法律、法规及运河文化志愿者组织的相关规定;

(二)每名运河文化志愿者每年参加文化志愿服务的累计时间不少于 20 小时;

(三)履行文化志愿服务承诺,服从管理,按照运河文化志愿者管理部门的安排积极参加服务活动;

(四)不得以运河文化志愿者身份从事任何以盈利为目的或违背社会公德的活动和行为;

(五)自觉维护运河文化志愿者组织和运河文化志愿者的形象;

(六)承担相关法律、法规及运河文化志愿者组织规定的其他义务。

第五章　激励与保障

第十一条　建立运河文化志愿者服务时间统计和绩效评价等激励制度，将其作为考核和表彰运河文化志愿者的依据。

第十二条　实行星级运河文化志愿者认证制度，共分一星、二星、三星、四星以及五星等五个级别。依据运河文化志愿者服务时间，参加文化志愿服务累计达50小时为"一星志愿者"，80小时为"二星志愿者"，100小时为"三星志愿者"，150小时为"四星志愿者"，200小时为"五星志愿者"。

第十三条　运河文化志愿者实行下列奖励办法：

（一）运河文化志愿者服务时间积累到一定数量，可分类享受运河文化公益促进会组织或提供的艺术（演出）观摩、文化艺术消费等优惠待遇，可参加运河文化志愿者工作站组织的有关集体活动。

（二）各级运河文化志愿者工作站须向志愿者发放由运河文化志愿者管理办公室统一印制的"星级运河文化志愿者证书"。

（三）经文化志愿工作站评选推荐，对服务时间长、表现突出、社会评价好的星级运河文化志愿者团队和个人，定期予以表彰，并在运河文化公益促进会网站平台上积极宣传运河文化志愿者典型。

第十四条　保障措施

（一）运河文化公益促进会为文化志愿服务活动提供必要的经费保障，如志愿者交通补贴、饮食补贴等。任何单位和个人不得侵占、挪用或私分文化志愿服务经费。经费的筹集、使用和管理依法接受政府有关部门、运河文化志愿者及民众的监督。

（二）运河文化公益促进会为文化志愿服务活动提供必要的设备保障，如乐器、音响、服装、道具、书籍、体育器材、投影设备等。

（三）运河文化公益促进会为文化志愿服务活动提供必要的场地保障，为文化志愿服务活动的开展提供充足的场地和适当的场所。

（四）运河文化公益促进会为文化志愿服务活动提供必要的法律保障，在开展文化志愿服务期间，造成服务对象或第三人损害的，所属组织应当依法承担责任。但运河文化志愿者服务组织与服务对象另有约定的除外。服务对象在接受运河文化志愿者服务过程中对运河文化志愿者造成损害的，应当依法承担民事责任。运河文化志愿者组织应当支持受损害的运河文化志愿者向有关服务对象追偿损失,提供必要的帮助。

第六章　退出机制

第十五条　运河文化志愿者(团队及个人)因故退出,应向申请注册的运河文化志愿者工作站提出书面申请,办理退出注销手续。

第十六条　有下列行为之一的,运河文化志愿者工作站可取消其运河文化志愿者资格,办理退出注销手续,并通知本人(团队)。

(一)违反服务单位的规章制度,造成严重后果的;

(二)因故意或者重大过失造成服务对象或者第三人受损;

(三)以运河文化志愿者或者服务单位的名义组织或者参与违反运河文化志愿者服务原则的活动,并损害了服务单位声誉的;

(四)运河文化志愿者在开展服务活动中存在违法行为的;

(五)不服从工作安排,无故不参加服务项目活动的。

第七章　附则

第十七条　本办法由运河文化公益促进会负责解释。

第十八条　本办法自下发之日起施行。

第七章 "大文化"格局:社会资本
进入公共文化服务领域

基本公共文化服务体系作为保障人民群众文化权利、满足人民群众文化需求的宏观性制度安排,其建设和运行必须充分考虑公众文化需求阶层多样性、区域差异性和发展动态性的复杂背景。[①] 如今,伴随经济的发展和社会的进步,越来越多的企业和民间组织积极地参与到公共文化物品的供给之中,从单纯的政府生产与提供到通过市场化、社会化实现多元化供给,公共文化服务的效率与质量正在不断提升。浙江省民营经济尤其发达,各地应积极运用市场机制,在文化领域有效引导社会力量,吸引社会资本参与公共文化服务体系建设。

近年来,杭州市拱墅区积极推动社会资本进入公共文化服务领域,呈现出一批社会力量办文化的典型,形成了政府、市场、社会多元主体互动互补的公共文化服务建设新机制。

第一节 社会资本进入公共服务领域概述

公共文化服务与经营性文化服务互为补充,公共文化产品与服务之所以以公共部门提供为主,主要是因为其具有公共物品属性(同时具有非竞争性和

---

① 马雪松:《回应需求与有效供给:基本公共文化服务体系建设的制度分析》,《湖北社会科学》2013年第10期,第35页。

非排他性,如公共图书馆、文化遗产等)或准公共物品属性(很难同时实现生产的竞争性和排他性的消费,如广播电视等)。从经济学的角度看,仅靠市场机制的作用难以产生有效而充分的文化产品与服务的供给,弥补市场失灵、供给公共文化产品和服务理应构成政府公共服务基本职责之一。[①]

公共文化服务的出发点和归宿是满足人们日益增长的文化需求,保障公众的基本文化生活权。相应的,政府的公共文化服务效率在一定程度上取决于社会公众的认同和参与程度。"行政官员必须努力扩大公民直接参与治理的机会,以便公民培养那种作为对良好行政信条的信任之最终基础的有用智慧。"[②]同时,公共服务应当由政府来供给,但并不意味着公共服务的供给主体就应当唯一地由政府提供。[③] 发展公共文化服务,不仅需要政府提供资金支持,也需要充分依靠企业资助和借鉴企业的运作模式、经营理念和管理方法,更需要热心公益的社会组织参与其中。

可现实图景是,在计划经济体制下,全能型政府通过行政体系以及作为其延伸的企事业单位承担各种公共文化物品的供给;而进入社会转型期,特别是改革开放以来,人们对公共文化服务的需求不断增长,需求结构日趋多元。与此相交织的是,公共文化产品短缺、政府供给能力滞后与供给有效性不足等深层次的矛盾与挑战不断凸显。事实证明,公共部门垄断、市场准入壁垒、参与主体单一是其中的内在症结。[④] 处于这一境地的政府必然要寻求与市场、社会的协同治理,倡导多元力量的合作,探索公共文化服务的市场化和社会化道路成为呼应现实需求的逻辑原点。因此,在政府、市场与社会共生格局重构的背景下,如何进行体制机制创新,实现包容性的多元主体联动态势,形成政府、企业和非营利组织多方良性互动的格局,是应对挑战、化解矛盾的路径选择。

一、政府、市场、社会多元公共服务供给格局的形成

20 世纪 70 年代以来,利用市场竞争来提供公共服务,以降低成本,通过

---

① 句华:《公共服务中的市场机制——理论、方式与技术》,北京大学出版社 2006 年版,第 36 页。

② [美]珍妮特·登哈特、罗伯特·登哈特:《新公共服务:服务而不是掌舵》,丁煌译,中国人民大学出版社 2004 年版,第 59 页。

③ 自古典经济学家在 18、19 世纪提出公共物品的概念后,学者们对公共物品公共提供的观点就提出过诸多质疑。参见刘燕:《公共选择、政府规制与公私合作:文献综述》,《浙江社会科学》2010 年第 6 期,第 109 页。

④ 周晓丽、毛寿龙:《论我国公共文化服务及其模式选择》,《江苏社会科学》2008 年第 1 期,第 91—92 页。

私人机构或非营利组织打破官僚组织的垄断模式,成为一种流行观念,而且也不断在实践中执行着,这对公共行政理论与实践产生了深远的影响。[①] 西方国家这一轮行政改革给人们的启迪便是:随着社会进步和科技发展,在处理政府与市场、政府与社会、政府与公众的关系上,传统意义上的政府职能将发生变化,政府会把许多职能以不同的形式下放给社会中的非政府、非营利组织承担,这些组织不仅要提供公共产品与公共服务,而且要承担对社会公共事务的管理。[②]

西方国家以新自由主义为价值取向的公共管理运动的核心是公共服务的市场化。美国学者洛韦里(Lowery D.)认为,到 20 世纪 90 年代,公共选择已经成为新的理论正统,准市场模式取代了传统模式,成为公共服务供给的主导性制度安排。[③] 但正如 20 世纪 30 年代西方"大萧条"让人们深刻地认识到"市场失灵"问题一样,公共服务的市场化背后,同时隐藏着"合约失灵"现象,即由于市场的供给能力或特殊消费者的购买能力限制,某些服务供需上存在着不平衡。"最为严重的是,如果由营利性组织或公司提供服务的话,它们很可能利用自己在信息不对称关系中所占据的优势地位欺骗消费者,谋求自己利润的最大化。"[④]公共服务的市场化供给模式对公共行政的理论与实践均产生了深远的影响。然而,由于受资产专用性和交易费用的影响,市场竞争的优势并不必然能在公共服务领域内得到实现。在实施公共服务改革的过程中,如果忽视市场化供给模式发挥作用的关键性假设条件,非但不能降低公共服务的成本,反而会使公共服务的提供处于一种不确定的情境之中。[⑤]

"政府失灵"与"市场失灵"为社会组织参与公共事务奠定了理论依据,有力地推动了社会组织的快速发展。尽管社会组织也存在"志愿失灵"问题,[⑥]但其独特的组织性质和社会优势却赋予其在公共服务中的重要地位:"由于政

---

① 甘丹丽、朱巧玲:《公共文化服务与软实力的关系研究——一个社会资本变迁视角的解读》,《改革与战略》2012 年第 12 期,第 20 页。

② 陈庆云:《公共管理研究中的若干问题》,《中国人民大学学报》2001 年第 1 期,第 22—27 页。

③ Lowery D. Answering the public choice challenge: a neoprogressive research agenda. *Governance*, 1999, Vol. 12, No. 1, pp. 29-55.

④ Hansmann H. B, "The role of nonprofit enterprise", *Yale Law Journal*, 1988, Vol. 89, No. 5, pp. 835-898.

⑤ 李学:《不完全契约、交易费用与治理绩效——兼论公共服务市场化供给模式》,《中国行政管理》2009 年第 10 期,第 13—15 页。

⑥ Salamon L M, "Rethinking Public Management: Third Party Government and the Changing Forms of Government Action", *Public Policy*, 1981, Vol. 29, No. 3, pp. 255-275.

府和市场在提供公共物品方面的局限性,导致了对社会组织的功能需求,这是社会组织存在的主要原因。"①此外,"志愿失灵"的存在并不意味着社会组织作用的削弱,相反,正是因为社会组织存在着"志愿失灵",它才更需要与政府建立起合作的关系。在社会物质财富极大丰富、人们生活状况显著改善的同时,公民的自由空间大大拓展,具有独立人格和主权意识的公民对各种社会公共事务的参与热情也空前高涨,在这种情况下,各种形式的民间组织出现在各种公共领域里,它们通过吸纳各种社会资源并动员广泛的志愿参与,开展各种形式的社会服务,形成一个有别于国家体系和市场体系的日益庞大的公民社会体系。② 20 世纪 90 年代以来,在"全球性社团革命"的大背景下,非营利组织在世界范围内得到了空前的发展,其活动领域渗透到文化教育、医疗保健、休闲娱乐、扶贫救困、环境保护、国际维和、妇女儿童老人权益保护等方面,影响深远。在公共文化服务领域,公共部门供给、市场供给和社会供给这三种基本供给模式相互补充、密切配合,逐渐形成一种合作供给的制度安排(见图 7.1)。

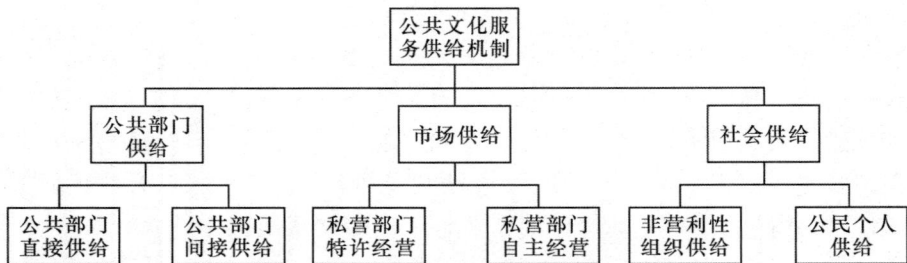

图 7.1　公共文化服务供给机制分类

资源来源:戴丽华:《我国公共文化服务供给机制的创新与发展》,《群文天地》2012 年第 19 期,第 281 页。

在公共服务提供机制上,公共部门主要依赖政府的命令机制(合法权威),私人部门主要依赖市场的价格机制(交互作用),而第三部门主要依赖社群的

① Weisbrod B A, *The voluntary nonprofit sector: An economic analysis*, Lexington, MA: Lexington Books, 1977, p. 10.
② 罗晓敏、周兴新、李花:《非政府组织(NGO)在服务型政府构建中的 SWOT 分析》,《传承》2008 年第 7 期,第 38—40 页。

网络机制（共同价值观和信仰）。① 三部门内在特质的差异，决定了它们在公共服务提供上应该具有不同的分工面向，需要构建弹性的合作关系。随着治理理论的兴起和善治时代的到来，关于公共事务治理主体的讨论逐渐增多，多元主体参与的重要性也受到高度肯定。就基本公共文化服务的多元协同供给来看，一方面，在需求的角度上，市场主体和社会力量在反映社会成员偏好、表达公众诉求方面发挥着积极作用；另一方面，在供给的角度上，多元主体参与建设并以多种方式和途径供给公共文化服务具有重要意义，协同治理能起到保证公共文化服务质量和供给水平、提高公共文化服务体系效率的作用。结合

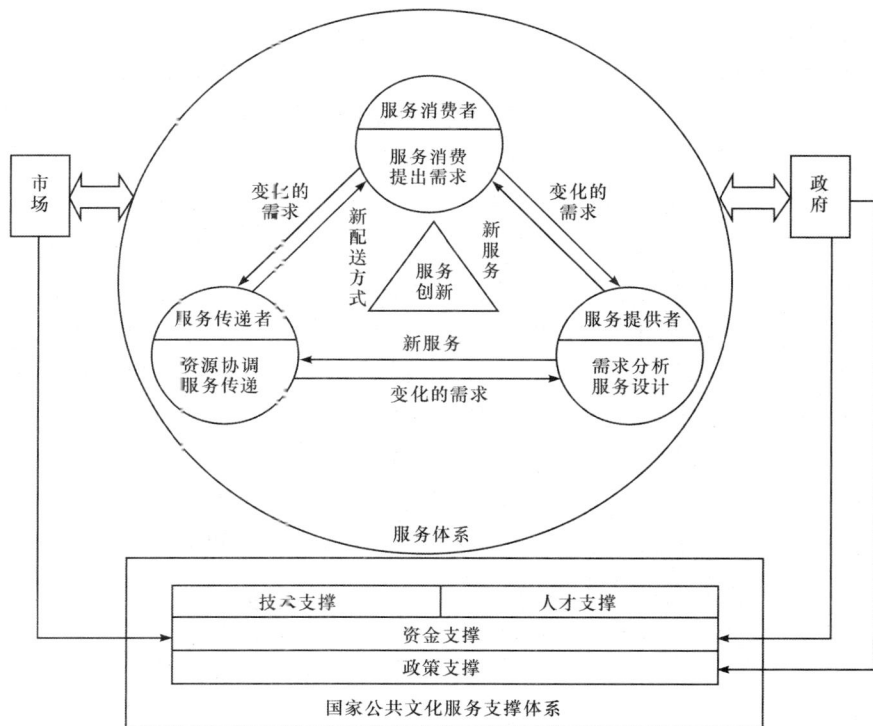

图 7.2　国家公共文化服务体系创新模型

资料来源：高福安、任锦鸾、张鑫：《基于服务科学的国家公共文化服务体系创新模式研究》，《现代传播：中国传媒大学学报》2011 年第 10 期，第 14 页。

---

① 张昕：《走向公共物品和服务的可抉择供给体制——当代政府再造运动述评》，《中国人民大学学报》2005 年第 5 期，第 111—117 页。

公共文化服务体系的特点,国内有学者研究提出公共文化服务体系创新模型(见图 7-2)。发展文化事业,建设公共文化服务体系,满足人民群众多层次、多样化、整体性的公共利益,这种广泛的公共权利只有政府才能够最大限度地、有组织地通过提供公共资源来实现。各公共服务机构管理者则应根据各层次群众的实际需求和享受服务的方便程度来提供不同形式的公共文化服务。①在协同供给制度中,政府、企业与非营利组织之间密切配合、有效供给基本公共文化服务需要形成相互连接的合作网络。这要求各主体不断积累信任等社会资本,拓展多种沟通渠道,妥善处理意见分歧,协调各自行动,进而建立稳定的合作关系。②

在西方新公共管理运动的影响下,面对公共文化服务领域的现实矛盾与挑战,我国在 20 世纪 90 年代开始了公共文化服务的市场化改革。这在一定程度上提高了公共文化服务的水平和政府的管理效能,但由于相关体制机制建设的滞后,也暴露出一些缺陷和问题。一是市场竞争机制不充分,文化市场主体发育滞后。由于我国文化企业承载的意识形态宣传和经济生产的双重属性,导致民营企业和社会资本进入文化市场的准入条件过于苛严、市场准入程序繁杂,这势必阻碍市场主体的发育和市场优化资源配置的作用。③ 二是市场主体公共责任缺失。市场化改革的进路是公共文化服务有效供给的战略选择,但市场也会存在缺陷抑或"失灵"④。市场机制的局限性主要表现在:一方面,企业的逐利本性决定其参与公共文化服务目标的经济利益化,在监督考核机制不健全的情况下,甚或产生公共责任缺失,对公共文化项目进行选择性执行,降低服务标准和质量,继而损害公众基本文化权益和公共文化的公平性;另一方面,在竞争不充分的市场条件下,企业为了谋取超额垄断利润,通过向政府官员寻租的方式将政府绑入与自己所建立的相互依赖关系中,"这种权力

---

① 高福安、任锦鸾、张鑫:《基于服务科学的国家公共文化服务体系创新模式研究》,《现代传播:中国传媒大学学报》2011 年第 10 期,第 14 页。

② 马雪松:《回应需求与有效供给:基本公共文化服务体系建设的制度分析》,《湖北社会科学》2013年第 10 期,第 37 页。

③ [美]唐纳德·凯特尔:《权力共享:公共治理与私人市场》(孙迎春译),北京大学出版社 2009 年版,第 26 页。

④ 陈立旭:《以全新理念建设公共文化服务体系以全新理念建设公共文化服务体系——基于浙江实践经验的研究》,《浙江社会科学》2008 年第 9 期,第 2—9 页。

的混合或分享已经进一步搅乱了政府的责任"①,侵蚀企业的公共职责,结果不仅难以保障公众的利益,而且公众还要遭受价高质低的社会公共福利损失。公共文化服务的提供主体与供给主体的多元化、供给渠道的多样化,应该是公共文化服务供给的发展趋势。如何引导和鼓励社会力量参与公共文化服务将成为理论与实践的突破口和切入点。

二、社会资本进入公共服务领域的国内外探索

一般认为,公共领域是通过政府制度得以实施,而私人领域是通过市场交易得以组织,因此,公共领域和私人领域一直被理解为相互排斥的关系。然而,随着时代的发展,私人资本已逐渐介入原本属于政府公共部门投资的领域。

20 世纪 90 年代公共治理理论开始兴起,在国家—市场经济—公民社会的三维结构下,它打破了国家与社会二元对立的传统思维,强调不同治理主体之间的相互依赖性和互动合作性,并鼓励企业和社会组织参与公共事务管理,这构成了社会资本参与公共文化服务的理论支撑。随着我国现代社会结构"利益多元需求、权力分散制衡、组织异质独立"这一特点的日益凸显,②民间力量与市场要素的缺乏桎梏了公共文化服务水平的进一步提升,构成了社会资本参与公共文化服务的现实需求。基于对当前我国公共文化服务现状的理性考量,引入市场机制,借以形成政府、企业、非营利组织多方合作的公共文化服务多中心供给格局,已成为我国实施"文化民生"和"文化共享"工程的题中之意。③

社会资本与市场经济存在着天然的联系。相对于政府资本,社会资本"不仅具有显著的规模优势,而且具有结构布局分散、产权清晰、投资具有竞争性和排他性、自由选择、市场化运作、风险自担等特点。"④由于私营企业存在更强的盈利动机,社会资本的主要特征便是投资产权的高度人格化和清晰性,其

---

① [美]唐纳德·凯特尔:《权力共享:公共治理与私人市场》,孙迎春译,北京大学出版社 2009 年版,第 157 页。

② 蒋京议:《政治体制改革必须把握国家与社会关系走向》,《中国经济时报》2007 年 7 月 23 日。

③ 刘吉发、吴绒、金东昌:《公共文化服务供给的企业路径:治理的视域》,《技术与创新管理》2013 年第 5 期,第 465 页。

④ 朱建勇、薛雨平:《我国体育产业投融资可行性分析——以民间资本投资为例》,《北京体育大学学报》2010 年第 11 期,第 28 页。

投资主体自主经营、自负盈亏、自我约束，能够主动、敏感地接受市场机制的调节，也最善于根据价格信号做出自主决策，优化资源配置。① 社会资本进入公共服务领域，大致基于两种原因：第一，政府提倡并支持利用民间闲散资金扩大对社会公共设施和服务的投资。第二，一些公共服务投资项目只要采取适当的融资方式，私人投资也能具有较高的回报率。② 应该说，社会资本参与公共文化服务，不仅解决了城乡公共文化物品供给不足的问题，提高了公共文化服务的供给效率，而且还会给公共文化服务领域的运营管理、政府职能、资本市场等带来一系列的变化，推动整个社会经济市场化程度的不断提高。

政府雇员与承包商都是被自我利益驱动的。由于所有权及其雇员的性质，公务员并没有削减服务成本、提高服务质量的动机，而私人企业正好相反，因为它们可以分享利润。③ 学术界的研究成果表明，公共部门与私人组织的合作，往往是因为两者在资源上需要相互依赖，彼此通过互换资源，达成各自的理想目标。以布坎南为首的公共选择学派从经济学的角度分析政府的管理活动，他们强调个人自由和市场作用，主张打破政府垄断，建立公私机构之间的竞争机制，从而使公众获得自由选择的机会。④ 在公共物品供给中，不同的消费者对同一个公共物品有不同的偏好，通过价格歧视的方法对同一个物品支付不同的价格是满足竞争性均衡条件的，但前提是排他性技术的存在，即私人可以利用排他性技术较好地供给公共物品。⑤ 市场派经济学家认为，政府垄断性地直接生产等同于资源配置的无效率，其主要原因有四：一是竞争压力的缺乏让政府失去了控制成本和推行创新的动力，二是官僚的自利性使政府致力于扩大预算规模而非满足公民需求，三是政府生产公共服务所需要的专业性时常受到政治利益的干扰，四是繁文缛节束缚了政府机构的灵活性。⑥在对未来公共管理模式的研究和探讨方面，B. Guy Peters 提出了四种模式：

---

① 辜胜阻、曹誉波、李洪斌：《激发民间资本在新型城镇化中的投资活力》，《经济纵横》2014 年第 9 期，第 6 页。

② 冯云廷、骆德武：《论城市公共服务的有效供给——政府与民间投资的互补性贡献与制度安排》，《财经问题研究》003 年第 6 期，第 52 页。

③ Hart O, Shleifer A, Vishny RW. The proper scope ofg government：Theory and an application to prisons. *Quarterly Journal of Economics*，1997，Vol. 10，No. 4，pp. 363-382.

④ [美]詹姆斯·布坎南：《财产与自由》，韩旭译，中国社会科学出版社 2002 年版，第 1—5 页。

⑤ Demsetz H. The private production of public goods. *Journal of law and Economics*，1970，Vol. 13，No. 2，pp. 294-306.

⑥ Terry M. M. The new economics of organization. *American Journal of Political Science*，1984，Vol. 28，No. 4，No. 739-777.

市场式政府、参与式政府、弹性化政府和解制型政府，他主张"政府部门的全部工作都应当采取某种形式的竞标，以让私人部门也有机会投标，从而决定私人部门能否更好、成本更低地完成这些工作"①。通过民营化、用者付费、合同外包、特许经营、凭单制等方式提供公共服务、引入竞争机制提高服务质量，将成为未来政府改革与治理中常用的政策工具。

伴随经济社会发展进程，西方国家政府机构冗杂臃肿造成的行政效率低下问题在 20 世纪 70 年代日益凸显，提高公共服务效率、将竞争机制广泛应用于公共管理过程的政府改革运动逐渐展开。② 从那时起，西方国家高举改革公共部门、抛弃官僚制、向市场学习的旗帜，其核心主张之一便是推行公共服务民营化，将政府在公共服务供给上的生产者角色与提供者角色分开，把治理变革从政府内部引向外部。③ 20 世纪 80 年代兴起的福利多元主义、福利混合经济及福利国家私有化等概念，进一步主张引入非政府部门的力量（市场或志愿服务部门）来补充或代替政府部门的公共服务角色。

引入社会资本参与公共服务领域是"双赢"之举。一方面，一些周期长、资金投入大的公共服务建设项目，单靠政府投入显然存在着不小的难度，也存在资金"吃紧"的问题。此时 就需要创新和拓展投融资渠道，引入社会资本共同推动社会事业的发展。而如何科学有效地引入社会资本，无疑将成为各地政府面临的新课题。④ 在新公共服务理论和民营化浪潮的冲击下，西方国家普遍推行了政府购买公共服务制度。所谓政府购买公共服务（Purchase of Service Contracting，POSC），就是通过发挥市场机制作用，把政府直接向社会公众提供的一部分公共服务事项，按照一定的方式和程序，交由具备条件的社会力量承担，并由政府根据服务数量和质量向其支付费用。⑤ 目前国外学界对政府购买公共服务的内涵界定并不明确，但是许多国家普遍认为政府购买公共服务实际上就是公共服务合同外包，其实践源于西方的社会福利制度改革，即政府通过与营利或非营利组织签订承包合同的形式来提供公共服务。萨瓦斯

---

① ［美］盖伊·彼得斯：《政府未来的治理模式》，吴爱明译，中国人民大学出版社 2001 年版，第 21 页。
② 栾丽霞、杨琴侠：《合作治理视域下社会组织参与社区公共服务的探究》，《学术论坛》2014 年第 4 期，第 117 页。
③ 陈干全：《公共服务民营化及其政府管理研究》，安徽大学出版社 2008 年版，第 1 页。
④ 唐卫毅：《让社会资本"拥抱"公共服务》，《上海金融报》2015 年 4 月 7 日。
⑤ 何平、吴楠：《政府购买公共服务法律规制研究》，合肥工业大学出版社 2014 年版，第 2 页。

认为狭义的合同外包仅指外包对象为私营部门和非营利部门的合同外包。[①]广义的合同外包是指政府之间的协议与合作，一个政府可以雇佣或付费给其他的政府以提供公共服务。[②] 理论上，国内外学者的研究越来越系统深入，主要集中在"政府购买公共服务"的概念界定、地方实践和模式、存在风险及对策分析、过程管理等方面。[③]

作为一种"政府承担、定向委托、合同管理、评估兑现"[④]的新型公共服务提供方式，政府购买公共服务的理念里渗透着政府、市场与社会合作的思想，使政府从传统体制下的"无限政府"向"有限政府"顺利过渡。[⑤] 政府之所以向社会力量购买公共服务，主要是基于以下四个方面的考虑：一是政府在公共产品与服务提供的低效率甚至无效率导致公众不满，二是新公共管理运动的兴起与发展，三是社会组织自身的不断发展和完善，四是社会大众公共服务需求不断增长。[⑥] 依据承接公共服务的企业或民间组织的购买程序是否具有竞争性，政府购买公共服务的方式可分为竞争性购买与非竞争性购买，不同的方式有各自的试用范围（见图 7.3）。政府购买公共服务，不仅是建立合同形式的问题，深层体现的是政府的职能定位和权力边界，是创新公共服务提供方式、加快服务业发展、引导有效需求的重要途径，对于深化社会领域改革，整合利用社会资源，增强社会参与意识具有积极的影响。

第二次世界大战之后，西方的公共文化服务经历了以文化意识形态为导向的"文化行政"向文化权利为导向的"文化服务"的转变，政府以更加开放的姿态向其他主体敞开了以公共文化领域的大门，形成了不同的公共文化服务政策与模式，体现出特色鲜明的政企互动关系。例如，英国、澳大利亚等为代表的"一臂之距"的文化分权模式体现间接的政企互动，以美国、德国等为代表的"开放型"的民间主导模式体现政策性的政企互动，以法国、日本等为"强调控型"的政府主导模式体现"紧张"的政企关系，以新西兰为代表的"产业取向"

---

① ［美］E. S. 萨瓦斯：《民营化与公私部门的伙伴关系》，周志忍等译，中国人民大学出版社 2002 年版，第 129 页。

② Hefetz A, Warner M. Beyond the market versus planning dichotomy: Understanding privatisation and its reverse in US cities. *Local Government Studies*, 2007, Vol. 33, No. 4, pp. 555-572.

③ 齐海丽：《我国政府购买公共服务的研究综述》，《四川行政学院学报》2012 年第 1 期，第 33—36 页。

④ 赵立波：《完善政府购买服务机制推进民间组织发展》，《行政论坛》2009 年第 2 期，第 59—63 页。

⑤ 何平、吴楠：《政府购买公共服务法律规制研究》，合肥：合肥工业大学出版社，2014 年，第 7 页。

⑥ 王浦劬、［美］莱斯特·M. 萨拉蒙等：《政府向社会组织购买公共服务研究：中国与全球经验分析》，北京大学出版社 2010 年版，第 4 页。

的文化管理模式则体现"紧密"的政企关系。总体而言,不同的公共文化服务模式体现了政府在文化领域处理政企关系的不同方式,但政府直接主办"文化事业"则呈现出减少的趋势。[①]

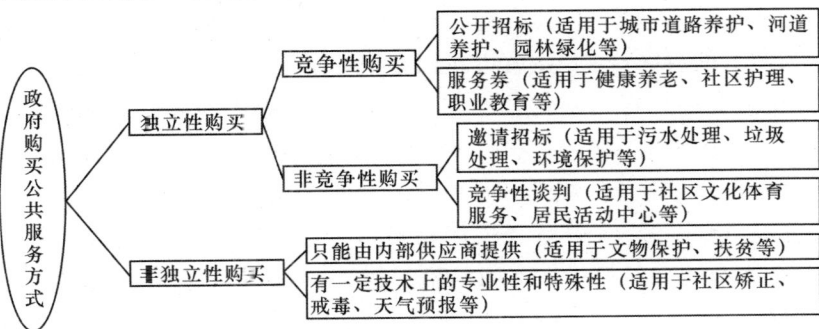

图 7.3　政府购买公共服务方式

资料来源:《上海政府购买公共服务发展方向:独立性购买》,《东方早报》2012 年 12 月 4 日。

十八届三中全会提出:"引入竞争机制,推动公共文化服务社会化发展。鼓励社会力量、社会资本参与公共文化服务体系建设,培育文化非营利组织。" 2015 年 1 月 14 日,中共中央办公厅、国务院办公厅印发了《关于加快构建现代公共文化服务体系的意见》,明确指出:"建立健全政府向社会力量购买公共文化服务机制。出台政府购买公共文化服务指导性意见和目录,将政府购买公共文化服务资金纳入财政预算。推广运用政府和社会资本合作等模式,促进公共文化服务提供主体和提供方式多元化。"向社会力量购买公共文化服务已经成为推动构建现代公共文化服务体系的重要机制。[②] 传统的政府文化职能体现为"管文化"和"办文化",服务供给主体单一,并且带有权威性、强制性、对象的有限性等特点,忽视服务的人性化和个性化。政府购买服务方式有助于公共文化服务需求反馈机制的构建,实现居民文化需求的偏好选择,能让其有效表达内在文化诉求;其次,政府采购中引入社会专业力量提供文化服务的模式,将逐步构建起政府、市场、社会三维架构下的公共文化服务多主体合作、

---

①　林敏娟、贾思远:《公共文化服务供给中的政企关系构建》,《深圳大学学报》(人文社会科学版)2013 年第 1 期,第 121 页。

②　张仁汉:《政府购买公共文化服务的辨析与解构》,《中国机构改革与管理》2015 年第 3 期,第 6 页。

多方式协同的供给模式,较好地适应了公共文化服务供给模式的创新需求。①

政府购买公共文化服务就是以市场机制与社会机制为纽带建立起政府与市场、社会的合作关系伙伴,多元化供给公共文化服务,满足公民公共文化需求,保障公民文化权利的公共行动。目前,政府购买公共文化服务已成为公共文化服务供给的有效模式,并成为我国政府供给公共文化服务的政策选择。②近年来,我国有多个省市在提供公共文化服务过程中运用了政府购买方式。2003 年,长沙市率先在全国实施"政府埋单、群众看戏"的文化惠民工程;③2004 年,杭州市政府全部或部分出资采购公益文化产品和服务;同年,深圳市文体旅游局出台了《重大公益文化活动实行社会化运作试行办法》,开始试行"公益文化活动社会化招标",2011 年深圳市有 5 个大项目、263 场次公益文化活动面向社会公开招标和采购。④ 面对群众文化需求的多元化、宽领域和高标准格局,上海市嘉定区文化馆积极改革运营机制,建立了在政府主导下,社会力量通过"政府购买"、"文化共建"、"政府与企业合作"、"项目招标"等方式参与多元公共文化服务供给的全新模式,不断提升公共文化服务的资源能力、投入能力以及服务能力。⑤

根据我国目前部分地区实行情况分析可知,政府购买公共文化服务其特点主要有:第一,应用契约化合作模式,政府部门将公共文化服务以"合同"的形式,交由社会专业化文化服务生产者,再由政府通过招投标等选择机制进行购买,作为购买方的政府和作为被购买方的生产主体之间保持独立性,社会组织独立决策、独立运作、承担责任,政府依据合同进行管理;第二,政府购买公共文化服务本质上是一种财政性资金的转移支付方式,体现出公益性的价值原则,同时也要求提高资金的使用效益;第三,购买主体为政府机关及其文化行政机构,购买客体为公共文化产品和服务的生产者,是具有营利性质的文化类企业,提供者与生产者分离;第四,价值和目标取向上,在公共文化服务领域

---

① 牛华:《我国政府购买公共文化服务发展现状与价值探析》,《管理观察》2014 年第 5 期,第 141 页。
② 周兰翠:《政府购买公共文化服务:理论逻辑与实践形态》,《地方财政研究》2014 年第 4 期,第 21 页。
③ 宋安平:《政府购买公共服务的长沙模式》,《中南林业科技大学学报》(社会科学版)2010 年第 1 期,第 49—51 页。
④ 人民网:《深圳:政府"买单"办公益 8 年累计资助 2000 万》,http://politics. people. com. cn/GB/14562/14275666. html,2011 年 3 月 30 日。
⑤ 寇曦文:《创新公共文化服务多元供给模式——以上海市嘉定区文化馆公共文化服务项目为案例的研究》,《群文天地》2012 年第 20 期,第 20 页。

内引入市场机制,不以营利为目的,而是以满足公众需求和促进文化发展为追求。①

　　政府购买公共服务毕竟是源于西方的一项社会福利制度方面的改革,发达国家的政府购买服务实践了几十年,仍然无法有效避免"供给方缺陷"和"需求方缺陷"的问题。我国在政府购买公共服务方面尚处于起步阶段,无论是在理论上还是实践上都还不成熟、不完善。一方面,我国目前的市场机制以及非营利性组织的发展尚不完善,许多必要的法律法规、配套机制尚未建成;另一方面,根据公民日益增长的文化需求,我国的公共文化产品和服务日益多样化,要求建立相应的多元供给机制。② 此外,目前我国多数民营文化企业都属于中小型企业,具有轻资产性、收益不确定性及不易衡量性、前期投入大、回报周期长等特点,而且大多数面临着资金缺乏的问题,在融资方面存在着困难。③ 如何在公共服务领域中进一步推行和完善购买公共文化服务,是需要进一步探索的课题。④

　　公共文化服务的供给是检验政府以人为本理念和衡量社会公众享用文化权利的重要标尺,是我国公共服务型政府建立的重要体现。随着社会治理结构由一元向多元发展,建立政府主导、公众参与、市场竞争、社会协同的公共文化服务模式是公共文化服务体系的应有之义。⑤ 社会参与公共文化服务是公共文化服务体系构建中的重要内容。要把动员社会力量参与公共文化服务体系建设,作为深化文化体制改革的重要内容,多方面、多渠道地吸引非公经济、社会力量投入公共文化产品生产和公共文化设施建设。⑥ 公共文化服务体系的建设最终应形成政府主导,社区、非营利组织、营利性组织、公民个人等社会力量共同参与、协商对话、"交互理性"的制度框架,达到有效满足群众公共文化需求的目的。

---

　　① 牛华:《我国政府购买公共文化服务发展现状与价值探析》,《管理观察》2014年第5期,第140页。

　　② 戴丽华:《我国公共文化服务供给机制的创新与发展》,《群文天地》2012年第19期,第281页。

　　③ 蔡雨晨:《杭州市公共文化服务中的民营资本投入及其影响因素考察》,《新闻研究导刊》2015年第2期,第92页。

　　④ 黄丽娟:《政府购买公共文化服务探析——以江苏省南通市为例》,《行政论坛》2014年第4期,第46页。

　　⑤ 周晓丽、毛寿龙:《论我国公共文化服务及其模式选择》,《江苏社会科学》2008年第1期,第55页。

　　⑥ 周宜开:《动员社会力量参与公共文化服务体系建设》,《前进论坛》2011年第10期,第29页。

三、社会资本进入公共文化领域存在的问题

(一)公共利益的目标取向需明确

目前,我国公共服务领域仍属于政府主导型,政府或者国有资本拥有者掌有充分信息,民间资本则是处于信息劣势的交易一方。[①] 民营资本投入文化领域,其出发点因人而异。随着浙江本省文化政策的日渐宽松,鼓励政策不断出台,不少民营资本介入文化领域,并获得良好的经济效益,这成为不少民营资本从事文化产业的主要动机。也有一些民营文化企业主,是由于个人的兴趣爱好,目的是推广自己所喜欢或者熟悉的文化信息,也有的企业主是出于社会责任感,希望通过文化产品,推动社会的和谐稳定发展。也有一些企业主是为了面子问题,在熟人、官员或者有关部门的要求下,磨不开面子而被动出资,其内心动力并不充足。正是由于以上种种出发点的不同,导致民营资本在运营文化产业时,稳定程度各异,持久程度各异,发展方向各异。由于自身的性质所限制,民间资本在运用方面更加重视短期之内迅速收回成本,赢得最大利润实现收益的能力。这样的理念投资于基本公共服务领域有时会因为片面追求利润而影响公共利益,有损公平。[②] 有的社会组织则具有双重身份、双重利益,在提供公共服务的同时,需要参与商业竞争,这就出现了常常把公共拨款变质成商业盈利的成本,让商业利益侵蚀了公共文化领域。社会力量广泛参与公共文化服务体系建设并不代表政府的退出,政府以及官员运用行政资源对公共文化建设资源配置的影响力依然存在,其间也同样存在着政治资本。公共利益是公共政策的合法性来源和价值归属,要使公共利益成为公共政策制定过程的指针,政策制定主体必须积极推动经过整合后具有实质意义的公共利益进入具体政策制定的每一环节,最终体现在政策产品之中。如果公共利益本身的意义模糊,反而会阻碍政策目标的实现,难以保证公共政策的利益调节功能。[③]

[①] 章育、薛秀娥:《浅析民间资本进入公共服务领域的障碍及对策》,《商场现代化》2008年第28期,第240页。

[②] 赵琳慧:《民间资本投资基本公共服务领域问题初探——以天津为例》,《天津经济》2015年第3期,第1—42页。

[③] 张宇:《公共利益:谁来界定?如何整合?——基于公共政策制定视角的分析》,《甘肃社会科学》2012年第4期,第16页。

（二）社会资本进入路径缺乏制度供给

公共文化服务建设不仅包括公共文化产品和服务的器物性供给，更重要的是文化参与机制的制度性供给。文化参与的理想状态是民众基于文化需要主动参与到文化建设中。在公共文化服务建设中，无论是公共文化产品和服务供给，还是文化参与机制供给，很重要的一点是在减少行政性介入的情况下发挥社会主体性作用，充分调动民众参与文化建设的积极性。[①]

由于体制和传统文化的影响，在公共领域公民的参与意识不强。参与公共文化建设是公民的权利和义务，但大多数公民没有这种意识，较为普遍的现象是，参与往往是政府动员的结果。另外，公民参与的能力达不到要求，参与效率低下，这主要受制于公民的自身素质、专业程度等诸多因素。公民参与过程中还表现出群体的差异性和不平衡，一些弱势群体的参与机会较少，比如外来务工人员少有参与公共文化服务体系建设的机会。

（三）社会主体参与具有不稳定性

我国社会组织普遍存在内部治理结构不规范，内部人控制的现象。[②] 目前，参与公共文化建设的各类社会力量发展规模有限，其多样化、专业化发展不足，各类组织自身的管理也较不成熟，社会力量操作规范化、制度化更是甚少。

社会力量在参与公共文化建设中存在着明显的不稳定性，影响着社会力量与大众之间的联系密度与广度，文化活动的策划缺乏专门的策划部门，与此同时社会组织的自身建设又比较薄弱，而个人参与又存在着比较随意的特征，这些都影响着社会力量服务公共文化建设的质量。社会力量需要发展，不仅需要政府行政管理、社会进行监督，还需要组织能力的提高，组织的自我管理和自我成长。对于社会组织而言，加强自律也必不可少。国内外的实践都表明，良好的组织内部自律机制以及行业自律机制是非政府组织的健康发展所必须具备的，同时还需要向它们提供一个良好的法规政策环境，这是企业和非营利组织发展不可缺少的组织内部条件及行业内部条件。在法律法规的规范下，建立企业和非营利组织自我约束、自我控制的保障体制，形成自我管理、自我发展、自我约束的可持续发展态势，就是建立自律机制。

---

① 张良：《文化参与机制：公共文化服务建设的制度供给——以宁波市鄞州区为分析对象》，《学习与实践》2012 年第 7 期，第 127 页。

② 余晖：《中国社会组织的发展与转型》，中国财富出版社 2014 年版，第 263 页。

第二节 社会资本进入公共文化服务的"拱墅样本"

杭州市拱墅区是"全国文化先进单位",位于京杭大运河的南端,历史文化底蕴深厚,也是浙江省创建公共文化服务体系的示范区。近年以来,拱墅区积极推动社会资本进入公共文化服务领域,呈现出一批社会力量办文化的典型,形成了政府、市场、社会多元主体互动互补的公共文化服务建设新机制,开创了公共文化服务新路径、新空间、新格局。

一、社会资本主办公共文化活动

除政府主办各项公共文化活动以外,拱墅区还活跃着一批由社会力量(企业组织为主)举办的活动,如大运河国际诗歌节、晒书节、女人节、民星大舞台、戏迷会等,这些活动或由组织方直接主办或承办,或与政府相关职能部门协办,并已在社会中取得了良好的效果,获得了较高的评价,进一步补充了社会对公共文化产品的需求(见表7.1)。

表 7.1 拱墅区社会力量举办的系列活动一览

活动名称	活动概况	举办方
大运河国际诗歌节	主题活动日,主题论坛,交流会,朗诵会	杭州舒羽文化艺术会馆
运河文化广场南北戏楼名角会(戏曲)	在诸位名家"艺术生日"那天举办戏迷会,市民边听戏曲,边品茗茶	杭州初阳文化艺术策划有限公司、杭州智道行广告有限公司
韵和诗会、晒书节、女人节	吟诗朗诵,晒四库全书等	韵和书院(以运河古建富义仓为院所)
赵氏工坊戏迷会	戏曲表演	赵氏工坊
六画家运河畔采风	河畔采风,用画笔记录美丽的大运河	北京成己成美文化传播有限公司、宋庄梧桐艺林画廊
金海岸民星大舞台	该"舞台"以"走出去"、"请进来"、"重参与"、"推精品"为主旨,举办群星会、文化走亲、街道群文展演和进基层4大系列公益演出,目前已展演近百场,累计服务2万多人次,受到文艺团队及老百姓的欢迎	金海岸演艺公司
"义"起发现运河活动	一边一起沿着运河郊游,一边通过"答题做任务"的方式交流	杭网义工
半山雅集	在旅日琴僧东皋心越嗣法之地——上塔伏虎在禅院遗址举办乐器演奏活动	西湖琴社

二、社会资本带动文化消费

文化事业是文化产业的土壤和孵化器。社会资本进入文化领域，一方面可以带动文化消费；另一方面，也反哺了文化事业，不少民营的文化设施和场地成为老百姓的公共文化活动空间，弥补了公共财政投入的不足，成为免费开放的文化设施的重要补充。在拱墅区委、区政府的积极培育下，不少社会资本涉足文化产业和公共文化事业领域，如柔之艺太极馆、老开心茶馆、韵和书院、Metoo 咖啡、舒羽咖啡、夹城复兴国术馆、剑瓷视界艺术馆、比高电影城、韩国CGV 影院等是拱墅区比较有代表性的社会力量参与公共文化建设的范例。①

——柔之艺太极馆。太极馆如同一座桥梁，一边是内心对太极博大精深的折服，一边是耳需目染金钱社会对太极这一中华传统乃至绝学的淡漠。它的存在使习练者得到健康，使更多的人了解中国璀璨的太极拳文化，使太极拳得到更多人的关心、呵护和传承。柔之艺太极馆在武术和太极国学文化传播方面起到极大的推动作用（见图 7.4）。曾参与举办以"融运河新韵 扬太极古法"为主题的太极展示，且在"2014 年大运河太极游艺大会"的公共文化活动中，交流中华武术精粹，传播太极健身文化。

图 7.4　2013 年"太极同源研习会"在杭州柔之艺太极院举办

① 《为运河文化代言》，《今日拱墅》2014 年 1 月 22 日。

——老开心茶馆。老开心茶馆原为"中心集施茶材会公所",是拱宸桥历史文化街区唯一一处与茶相关的民间慈善组织。创办于 2011 年的老开心茶馆,以弘扬传统文化,构建现代文明为己任,是集茶文化、曲艺文化、江南文化为一身的杭州民俗文化茶馆(见图 7.5)。老开心茶馆作为杭州市非物质文化教育传承基地,参加承办过"杭州市传统文化促进会",对传统文化传承发扬作出了巨大贡献,形式包括相声、杭州评话、杭剧等。

图 7.5   老开心茶馆周五曲艺专场

——韵和书院。千年古运河,百年富义仓,十里银湖墅,五道韵和院。韵和书院的书道、画道、茶道、花道、香道五个项目融合组成一个整体,代表了中华传统文化中最具文人精神生活特质的精髓,是为"五道文化"。"五道"暗含"金、木、水、火、土"五行与人体"五脏",其义可释为:大自然与人类和谐共融,即"天人合一"的至高境界,这也正是韵和书院的文化创意。该书院还通过打造"运河女人"活动品牌,把"富义仓"营造成一个具有历史和文化底蕴的处所。韵和书院以"韵和书茶 品书 品茶 品人生"为宗旨,致力于茶文化等传统礼仪文化教育,为民众提供多样的参与活动(见图 7.6)。书院的主打活动是茶文化沙龙,邀请中外友人共赴每周二晚举行的"读书品茗"活动,品茶论学,感受中国传统文化的魅力。①

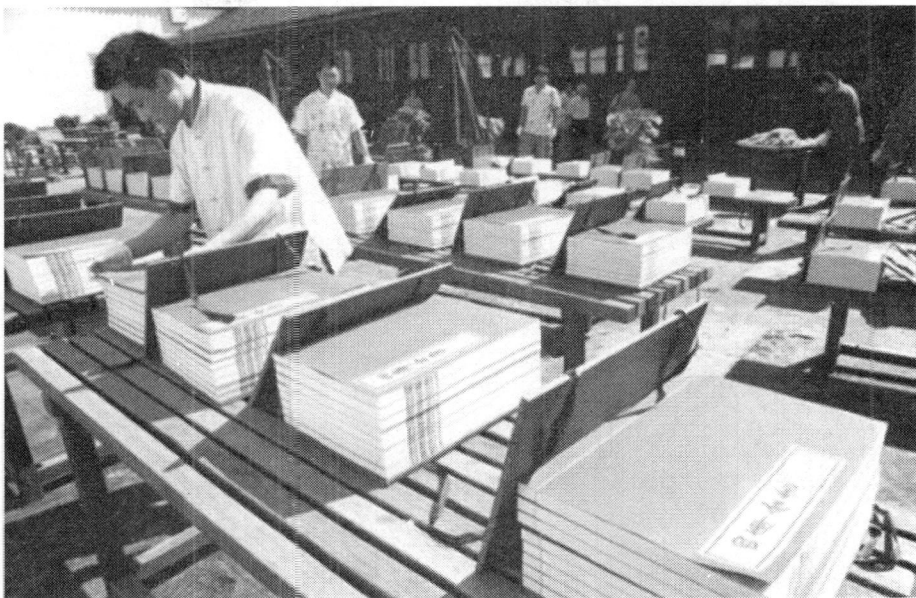

图 7.6　农历六月六,杭州韵和书院举办晒书节

　　——复兴国术馆。该馆位于运河夹城夜月文化广场。该院致力挖掘、整理民间武术成果,旨在使传统武术为现代人生活所用。比如精通鹰爪功的武术奇人殷祖炎,根据多年练习鹰眼的经验,研究出一套"鹰爪益视保健操",已经成功申报国家专利。复兴国术馆对中国传统文化的推广和中国传统文化书籍的整理与编撰方面取得硕果,并积极举办"中国诗词讲座"等多样公共文化活动,传承、弘扬、普及、研究和发展国学文化(见图 7.7)。

---

　　①　拱墅新闻网:《韵和书院》,http://www.gongshunews.com/zt/09_06_yunhexuexi/2011-09/07/content_2987313.htm,2011 年 9 月 7 日。

图 7.7　浙江复兴国术馆挂牌仪式

——剑瓷视界艺术馆。剑瓷视界艺术馆位于大兜路历史街区 120 号，香积寺西侧，是一家集青瓷、刀剑研发和文化宣传、销售为一体的新型企业，以发展、弘扬浙江剑瓷文化为己任，凭借深厚的文化理念，致力于将浙江青瓷和浙江刀剑文化更好地推向国际市场。剑瓷视界艺术馆是浙江省非物质文化遗产保护协会拱墅基地，致力于弘扬龙泉青瓷文化，同时多元化地参与到传统文化的公共文化服务中，开设茶艺、古琴等课程。

三、非遗传承人提供公共文化产品

非遗传承人的活态展示也是一种公共文化产品，非遗展示丰富了公共文化服务供给体系。近年来，拱墅区致力于延续传承拱墅的历史文脉和城市基因，非遗保护工作荣列全省先进行列。[①] 拱墅区有一批优秀的文化传承人和民间艺人，他们的加入也极大地丰富了拱墅区公共文化建设的内涵与质量。具体包括：第一批国家级非物质文化遗产项目张小泉剪刀代表性传承人徐祖兴、施金水，朱养心传统膏药制作技艺传承人李邦良，天竺筷制作技艺省级非遗传承人王连道，武林活拳省级非遗传承人何子楚，西泠印泥制作省级非遗传

---

① 拱墅党建网：《文化之根拱墅之魂》，http://zzb.gongshu.gov.cn/yhsy/5354.htm，2013 年 6 月 24 日。

承人曹勤,半山泥猫、立夏习俗市级非遗传承人倪爱仁,制作微楷扇面的市级非遗民间艺人金玉琪,制作微型风筝多年的陈永联,相机收藏家高继生,民间剪纸艺人邵雪莲等(见表7.2)。

表 7.2 拱墅区代表性文化传承人一览

姓名	所属街道	项目
魏培坤	米市巷街道	龟壳脸谱画师
李邦良	祥符街道	朱养心传统膏药制作技艺传承人
曹羽	湖墅街道	杭州评话老艺人(大书先生)
何坤才	湖墅街道	杭州民间故事研究人员
谢新彪	和睦街道	杭州民间剪纸艺人
李丽芬	康桥街道	康桥烧鸡制作技艺传承人
倪爱仁	半山街道	半山泥猫、立夏习俗市级非遗传承人
沈登骥	大关街道	浙江根艺美术名家
施金水	小河街道	张小泉剪刀锻制技艺传人
王广耀	拱宸桥街道	塑刻板画民间大师
郑荣山	和睦街道	民间剪纸艺人
吴理人	区非遗办	运河民俗风情画家
许明明	博物馆	杭州火花收藏艺人
章胜贤	米市巷街道	摄影家,杭州旧影守望者
周文翰	区体育总会	杨氏太极拳师
胡永兴	半山街道	民间灶头画师
高继生	米市巷街道	照相机收藏家
黄厥明	米市巷街道	杭州市工艺美术大师
王连道	小河街道	天竺筷第五代传人
何子楚	拱宸桥街道	武林活拳传承人
李秀英	湖墅街道	十字绣民间艺人
刘爱奋	米市巷街道	民间剪纸艺人
金玉琪	拱宸桥街道	中国书法家协会会员(扇面微楷)
陈华泉	拱宸桥街道	运河歌唱艺人
碧石	拱宸桥街道	丝绸国画探索者
潘欢儿	小河街道	摄影家
陈永联	和睦街道	微型风筝制作艺人
王纪仪	上塘街道	民间风筝制作艺人
方建国	大关街道	杭州市剪纸大师
曹勤	区非遗办	西泠印泥制作技艺传承人
裴缉星	米市巷街道	古新群众艺术团合唱指挥

（一）王连道——天竺筷制作技艺

王连道生于杭州，长于杭州；自幼喜欢天竺筷，热衷于画画、书法及手工制作，青年时代拜西泠印社篆刻家余正、李早，书法篆刻家王京甫，书画家吴静初等人为师，对书画篆刻艺术颇有功底，并酷爱传统文化，对中国民间工艺的表现形式喜欢深究。他在自己创业的过程中，创造设计发明了十几项产品，有七项成果获得了中国专利，其中有一项"杭州家乡名产"（杭州四宝），在2000年的西博会上喜获铜奖，并选为西博会选用产品。但是作为杭州四宝之一的西湖天竺筷，他找遍了杭州及县城的所有作坊与个体，质量都不尽如人意，产品劣质粗糙，根本无法代表杭州的一大特色产品。为此王连道下决心改造天竺筷，承担起学习、研究、开发天竺筷的担子，力挽濒危的杭州家乡名产，走入了一条振兴天竺筷的不归之路。杭州天竺筷厂成立后，王连道决心提高天竺筷的品位，在传统工艺基础上，加强设计理念，大力改革设备，制订产品生产的企业标准，树立质量第一意识。现已开发了5款新品，有4款获奖；其中"西湖天竺筷·西湖十景"与"西湖天竺筷·西湖风景"荣获2006年西博会金奖和铜奖；"西湖天竺筷·龙凤御箸"与"西湖天竺筷·竹编精装"荣获2007年西博会金奖和优胜奖。天竺筷制作技艺现为省级非物质文化遗产名录项目，王连道为省级非物质文化遗产代表性传承人（见图7.8）。

图7.8　天竺筷传人王连道制作竹筷

(二)刘爱奋——米市剪纸

刘爱奋自少年时代起便开始喜欢上了剪纸及制作香包艺术,经常买些关于剪纸方面的书籍,并喜欢参观一些好友的剪纸作品和剪纸展览。她最先开始的起步作品是窗花,然后开始剪各种花、草、鸟及动物形象。退休后,她有了更充足的时间来进行剪纸创作,并把它作为一种休闲文化爱好以陶冶情操,积极参与一些社区的剪纸活动,创作了各种剪纸作品,现有作品五十多幅。米市剪纸现为杭州市级非遗名录项目,刘爱奋为市级非遗代表性传承人(见图7.9)。

图 7.9 刘爱奋老人教社区青少年剪纸技艺

(三)何子楚——武林活拳

何子楚 6 岁起随父习武,16 岁起学习武林活拳,17 岁起到富阳插队时仍坚持习武教练,23 岁起回杭州工作,协助父亲传授武术。81 年起独立传授武术,先后传授的人员有浙江省散打总裁判长、省安全厅武术教授倪南权,省散打副总裁判长、省公安高等专科学校马敏跃,省警官学校教授杨林,市公安特警教练王跃虹等。上述人员目前均是我省教授级武术人才。1982 年市武术协会武林活拳挖掘小组将武林活拳上报中国武术协会。2009 年 5 月,被评为

"拱墅区非物质文化遗产传播使者",2010 年被评为浙江省非物质文化遗产项目代表性传承人(见图 7.10)。

图 7.10　活拳传人何子楚

(四)曹勤——西泠印泥制作技艺

西泠印泥始创于清光绪二十九年(公元 1903 年)是西泠印社创始人叶为铭、丁辅之、王福庵等人共同研制,民国时期到新中国成立以后经西泠社社员西泠印社总干中韩登安先生、韩君左夫妇等人不断改进,少量制作出售超级朱、特级金碧等印泥。近四十年来,西泠印社在社员理事茅大容、章建平、曹勤等人继承发展下又研制出三十多个品种。在中国的印泥中,仍然是以西泠印社的西泠印泥为最。曹勤继承制作的纯手工印泥,钤出的印蜕不拉毛,会有一层微凸的立体感,具有质地细腻、色泽古雅、丰富沉着、历久不变等特点(见图 7.11)。钤出的印文匀净而遮盖力强,印泥不会出现热天很稀,寒天硬洁(夏不渗油、冬不凝固)的现象。通常连钤几十方印,印文字口依然清晰传神,西泠印泥的黏稠度高,选料严格、精良,制法考究,制作仍然保持传统的水漂法提炼成朱、朱砂。经过晒油、选砂、飞朱、研朱、制艾法、印色法等上万次的手工调和,即为印泥成品。

图 7.11　曹勤先生制作印泥

（五）倪爱仁——半山泥猫、立夏习俗

倪爱仁为拱墅皋亭文化研究会会长，在他的努力下，失传六十多年的半山泥猫重现江湖（见图 7.12），2006 年挖掘出了老灶头和灶头画，并在 2007 年 5 月 6 日（立夏）这一天恢复和传承了已有几百年历史的半山立夏吃乌米饭、野米饭、称人等多项具有民俗习俗特色的半山立夏习俗。以上三项的挖掘和传承的成果，引起了社会各界的广泛关注和认同。半山泥猫于 2006 年被列入杭州市第一批非物质文化遗产名录，2007 年被列入浙江省第二批非物质文化遗产名录；老灶头和灶头画于 2006 年被列入杭州市第一批民族民间艺术保护项目，现为省级非物质文化遗产名录项目；半山立夏习俗则于 2008 年被确定为杭州市民俗习俗节，现为省级非物质文化遗产名录项目。

图 7.12　倪爱仁制作泥猫

（六）金玉琪——微楷扇面

中国书法家协会会员金玉琪老人擅长书写微楷折扇和小楷扇面,其创作的微楷折扇(唐诗三百首),曾被省文化厅列为浙江省民族民间艺术资源普查保护成果展,暨首届浙江省民族民间工艺美术博览会的入选作品;创作的微楷折扇(风荷墨韵——历代咏荷诗三百首)已被第七届中国艺术节主委会收藏;创作的金粉小楷四尺扇面(文天祥《正气歌》)入展中国书法家协会主办的首届全国老年书法作品展览,并被收藏;创作的 2 件金粉小楷四尺扇面("运河诗苑撷英"和"湖墅八景风韵"),均被中国京杭大运河博物馆收藏并永久展出(见图7.13)。

图 7.13　金玉琪书法作品义卖展

四、进一步推进社会资本进入公共文化领域

在我国公共文化服务领域，城乡之间、区域之间以及阶层之间的供给失衡，正是长期以来"全能型政府"垄断公共文化服务所致。只有通过公共服务市场化，让社会资本参与公共服务供给，才能充分发挥政府、市场、社会各自的优势，逐步形成公共文化服务领域的多元主体合作机制。[①] 因此，要增强公共文化服务的能力，政府需要转变职能，创新公共管理方式，寻求政府与市场合作关系的最佳结合点，形成政府与民间、公共部门与私人部门之间良性互动的格局，让政府回归到"掌舵"的角色上来。社会资本有进入基本公共服务领域的意愿和动力，公共服务有引进社会资本的需求和空间，二者能否有机结合并推动公共服务又好又快发展，关键在于消除体制机制障碍，形成促进社会资本

[①] 彭道伦、倪春华：《重庆促进民间资本参与公共服务的对策探析》，《经济研究导刊》2013 年第 9 期，第 104 页。

投资参与基本公共服务领域建设发展的良好政策环境。[①]

（一）政府创设环境助推社会资本生长

社会资本具有天然的扩张性，运行良好的民营文化企业，其规模在不断扩大，这是适应市场需求变化的表现。浙江人均 GDP 已经超过 1 万美元，文化消费需求潜力巨大，需求多样化，民营文化企业需要政府进一步扶持培育。比如拱墅区的剑瓷视界艺术馆，原有场地面积太小，现已租下一楼的场地（原场地只有二楼），准备进行扩建。原有展馆只能展览相关实际展品，而新修建的展馆，则提供了能让顾客实时体验的设施，加深顾客的印象，增加会馆的吸引力，让更多的人了解龙泉瓷和龙泉剑的制造过程，在进一步弘扬文化的同时，也可为产品进行更有力的宣传。但是，民营文化企业无论是财力抑或人力还是推广的平台，都受自身条件所限制。如韵和书院从初创到现在，已有了很大的发展，但受场地限制，陈列的书籍有限，发展需要更大的空间。

（二）把市场手段引入公共文化服务领域

改革开放后，伴随西方政府治道变革运动所带来的政府发展理念与实践的全球化，以及我国市场经济迅速发展所推动的公民社会的初步成长，我国政府也逐步由"全能型政府"转向"服务型政府"。政府文化管理职能也由直接"办"文化向间接"管"文化转变，公共文化服务供给模式则由政府直接生产逐步转向间接购买。在某种意义上，政府购买公共文化服务是创新政府公共文化服务供给模式与加快现代公共文化服务体系建设的必然逻辑与实践诉求。[②] 发展壮大文化社会力量要在推进公共文化服务领域向社会资本开放，造就"体制外竞争性购买"公共文化服务市场化格局的同时，着重加强社会性文化组织培育，促进公民社会发育成长，建立起政府与社会的伙伴关系，推进政府购买公共文化服务的社会化。[③]

在文化活动及文化项目的开拓与合作方面，可以通过公开招标、竞争性谈判、单一来源采购、邀请招标、询价等采购方式，扶持民营文化企业的发展，逐步建立健全公共文化服务政府采购制度。实施公益文化项目活动招商、外包

---

① 王侃、李丹、潘君超：《加快社会资本进入基本公共服务领域——以台州市为例》，《浙江经济》2014年第 19 期，第 53 页。

② 李山：《政府购买公共文化服务的现实困境与改革路径》，《湘潭大学学报》（哲学社会科学版）2014年第 5 期，第 25 页。

③ 李山：《政府购买公共文化服务的现实困境与改革路径》，《湘潭大学学报》（哲学社会科学版）2014年第 5 期，第 28 页。

服务，部分活动或项目委托具有专业资质的社会机构管理，包括文化产品需求调查、采购、配送以及监管考核等。外包通过签署协议明确各方的权利义务，建立文化活动招商的长期机制。如拱墅区文广新局携手金海岸文化发展股份有限公司，合力推出"民星大舞台"（见图 7.14），取得了良好的社会效益。

图 7.14　拱墅区草营巷 8 号的"民星大舞台"

（三）逐步推进"公私"合作模式

拱墅区作为杭州市区国家级博物馆最集中的地域，可深入推动各类博物馆，以及公共图书馆、文化馆、美术馆等公益性事业单位，利用人才、技术、设施、管理等方面的优势，与民办企业、非营利性文化机构等社会力量开展多形式、广渠道、全方位合作。通过探索"国有民营"、"国助民办"等方式，盘活国有文化单位的"存量"，推动社会资本与政府合作的新模式。通过股份制和股份合作制等多种形式，鼓励和支持民营资本参与国有文化单位的改革和重组，强强联合，形成公有制为主体、多种所有制并存的文化发展格局，鼓励和支持民营资本以多种形式进入政策许可的文化产业领域。企业或其他社会力量可以把举办公益文化活动与自身宣传推介结合起来，通过认购大型文化活动的举办权、买断文化活动和文化项目的冠名权、合资合作开发文化资源等多种形式，参与公益文化活动，宣传企业品牌，提高企业知名度，提升企业形象，创造新的经济推动力，努力实现社会效益的最优化、经济效益的最大化，走"企业树形象、群众得实惠、文化谋发展"的多赢之路,逐步形成公益文化项目社会投入、社会策划、社会承办、企业收益的发展模式。①

(四)积极培育新型文化主体

随着社会的不断发展,传统的文化主体——博物馆、图书馆、文化馆、乡镇(街道)文化站等已不能满足人民群众日益增长的精神文化需求,必须大力培育结构多元、特色各异的新型文化主体,通过增量改革的方式盘活存量,强化市场主体之间的博弈,催生新兴市场主体。政府的文化资源有限,而民间和社会的文化资源非常丰富。因此,要最大限度地引导社会各方面力量、社会资本参与文化建设,共建现代公共文化服务体系。对国有经营性文化单位,要按照市场的规则、根据市场化的要求运作。同时,要坚持公益性文化事业和经营性文化产业"两个轮子一起转"。通过民建公管、出让冠名权、社会投资自主经营文化项目、民营公有文化设施、社会捐助等方式,引导社会力量组建文化大院、文化室、农家书屋、文艺演出团队、电影放映队、民间职业剧团和业余剧团等等,允许它们以市场运作的方式开展形式多样的文化活动。②

工业化、商业化和启蒙运动的出现,催生出现代社会不同的阶级阶层和社会群体,在不同社会历史条件下,各类群体多元化的利益需求和价值取向的相互交织,使得一个社会的不同面相之间总是处在平衡或者失衡、冲突或者协调的动态之中。③ 公共文化服务的提供是一个系统性工程,在公共文化服务发展中,要正确处理好公共文化服务的社会化与市场化的关系,逐步形成在政府主导下,由各种社会组织诸如文化事业单位、非营利组织、社区及企业参与的制度框架,并在协商对话中实现公共文化供给。④ 在构建现代公共文化服务体系过程中,政府要处理好和社会资本的关系。具体包括:一是职责上明确分工。政府负责决策与战略安排,对公共文化服务的内容、方向作明确规定;而文化企业扮演生产者角色,从效率和专业角度出发,来安排政府所决定的公共文化服务事务。二是供给过程中的合作。政府角色由"划桨"转向"掌舵",与

---

① 黄振平:《民营资本参与公共文化服务——以江苏省南通市为例》,《艺术百家》2009 年第 7 期,第5 页。
② 黄振平:《民营资本参与公共文化服务——以江苏省南通市为例》,《艺术百家》2009 年第 7 期,第5 页。
③ 肖瑛:《复调社会及其生产——以 civil society 的三种汉译法为基础》,《社会学研究》2010 年第 3期,第 13 页。
④ 刘纪英:《新视域下公共文化服务多元化供给探析》,《学理论》2012 年第 26 期,第 97 页。

文化企业的关系也发生质的飞跃，即从指令性安排变为合作性协商关系，于是文化企业集"合作者、捐助者、兴办者和经营管理者等角色"于一身，[①]并按政府规定的标准生产公共文化物品，提供公共文化服务。三是供给完成后的监管和规制。政府需要对公共文化服务的消费者——公民承担公共责任，并借由价格标准、法律、法规等手段实现对文化企业生产与供给活动的监督、规制与引导；文化企业则需根据这些标准和要求，制定符合自身发展状况的生产任务指标，以实现文化企业能力与责任的平衡。[②]

[①]　林敏娟、贾思远：《公共文化服务供给中的政企关系构建》，《深圳大学学报》（人文社会科学版）2013年第1期，第121—125页。
[②]　刘吉发、吴绒、金栋昌：《公共文化服务供给的企业路径：治理的视域》，《技术与创新管理》2013年第5期，第467页。

附录 7-1

拱墅区公共文化服务场馆引进社会力量的招募制度

为深入贯彻落实党的十八届三中全会关于"构建现代公共文化服务体系"精神,根据中共中央办公厅、国务院办公厅《关于加快构建现代公共文化服务体系的意见》和浙江省委办公厅、省政府办公厅《关于加快构建现代公共文化服务体系的实施意见》,创新公共文化服务机制,提高公共文化服务水平,并结合拱墅区公共文化服务体系建设的实际情况,特制定《拱墅区公共文化服务场馆引进社会力量的招募工作方案》。

一、指导思想

以党的十八届三中全会关于"构建现代公共文化服务体系"为指导思想,将公共文化纳入基本文化服务,坚持"公益性、基本性、均等性、便利性"的要求,促进社会力量参与公共文化服务。

二、主要目标

以构建和完善拱墅区现代公共文化服务体系,强化和推进拱墅区公共文化服务"三联模式"的示范作用为总目标,创新现代公共文化服务运作方式,探索公共文化共建共享新路径。搭建互动发展、互惠互利、共建共赢的文化与社会经济融合的平台,吸纳优秀的社会力量参与公共文化服务,共建共享公益文化。

三、基本原则

(一)政府主导,社会参与。充分发挥政府在公共文化服务体系建设中的主导作用,牢牢把握基本公共文化服务的公益性质,积极鼓励引导各种社会力量参与,建立广泛参与的长效工作机制,着力提高公共文化服务体系建设的效率和活力。

(二)完善制度、创新机制。结合实际,围绕产品供给、服务能力、队伍建设、资源共享、标准建设,加强社会力量参与公共文化服务的创新实践,着力解决突出矛盾和问题,总结经验,形成示范成果。

(三)创新"三联",提升服务。以公共文化服务基础设施建设更新提升为契机,进一步有效拓宽公共文化产品的供给路径,为群众提供多层次、多元化的公共文化服务产品,提升公共文化服务的效率和品质。

四、具体要求

(一)招募主体为拱墅区文化广电新闻出版局下属之公共文化服务单位,包括拱墅区文化馆、图书馆、博物馆、非遗中心等。

(二)招募对象为社会团体、企业和个人等非国有资本兴办的,向公众开放、提供公共文化服务的公益性文化项目。

(三)招募对象所应具备的资格:

1.社会团体、企业:① 需从事过相关产业领域的运营经验,在业界具有一定的知名度;② 须在民政或工商合法注册的独立法人;③ 须成立三年以上,无任何违法、违规经营的不良记录;④ 必须具有所从事相关行业的资质;⑤ 认同公共文化服务的公益性理念,愿意履行相关义务。

2.个人:① 需具有五年以上相关文化工作的经验;② 在文化领域具有一定的原创思想和突出贡献,在省市乃至全国拥有一定的影响力;③ 创作、表演或直接辅导的文化作品获得过省部级行政主管部门及以上的奖励;④ 认同公共文化服务的公益性理念,愿意履行相关义务。

(四)招募方式:

1.按照相关法律法规和规章制度公开招募。

2.招募方案由拱墅区文化广电新闻出版局下属的公共文化服务单位根据其实际情况制定,并上报拱墅区文化广电新闻出版局备案。

3.招募实施由局下属各单位负责实施,并接受拱墅区文化广电新闻出版局和纪检单位的监督指导。

(五)监督管理:

1.招募主体担负对招募项目的管理和监督责任。

2.招募主体依据招募项目的协议书,根据相关法律法规和规章制度对招募项目行使项目进度管理、场地使用管理、项目现场管理和场地使用效能管理。

(六)考核制度:

1.招募主体依据项目协议书所规定的原则和标准,制定相应的考核。

2.每年对招募项目进行一次考核,主要分为自我考评、第三方考评两个部分。

3.由招募主体主持考评审核,考核的结果上报拱墅区文化广电新闻出版局备案,作为当年度的奖惩依据。

（七）奖惩、退出制度：

1.招募主体必须结合相关法律法规和规章制度，制定符合实际情况的奖惩和退出制度。

2.根据当年度的考核情况，对达到优良考核标准的招募项目进行表彰；对处于基本合格的招募项目，按照标准要求整改和提升；对未达到考核标准的招募项目实行淘汰退出制。

3.所有奖惩结果和退出行为必须上报拱墅区文化广电新闻出版局备案。

五、本方案由拱墅区文化广电新闻出版局负责解释。

六、本方案自发文之日起正式实施。

杭州市拱墅区文化广电新闻出版局
二〇一五年十月八日

附录 7-2

关于政府向社会力量购买服务的实施意见

为进一步深化社会领域改革，加快政府职能转变，激发经济社会活力，规范和推进全区政府向社会力量购买服务（以下简称政府购买服务）工作，根据《国务院办公厅关于政府向社会力量购买服务的指导意见》（国办发〔2013〕96号）、《浙江省人民政府办公厅关于政府向社会力量购买服务的实施意见》（浙政办发〔2014〕72号）、《杭州市人民政府办公厅关于政府向社会力量购买服务的指导意见》（杭政办函〔2014〕161号）等文件精神，制定本实施意见。

一、指导思想

以科学发展观为指导，深入贯彻落实党的十八大精神，以满足群众日益增长的多元化公共服务需求和建设服务型政府为导向，以建立健全政策制度、完善体制机制为着力点，进一步放开公共服务市场准入，创新公共服务供给模式，推动政府职能转变，提高公共服务供给效率和质量，为加快社会经济事业发展提供有力保障。

二、工作原则

（一）权责明确，统筹协调。明确各职能部门的工作职责，建立协调合作机制，共同做好政府购买服务工作。

（二）注重实效，稳步推进。切实提高财政资金使用效率，以点带面，有计划、有步骤地拓展政府购买服务的领域和范围。

（三）严格程序，竞争择优。积极引入竞争机制，按照公平、公正、公开的原则，坚持费随事转，通过"公开透明、竞争择优"的方式选择承接主体，确保符合条件的社会力量享有平等参与竞争的权利。

（四）监督评价，动态调整。探索建立政府购买服务的有效监督机制，广泛接受社会监督。切实加强绩效管理和科学评估，对承接主体和购买服务项目实行动态调整，增强政府购买服务的针对性和有效性。

（五）改革创新，完善机制。建立机构编制管理与政府购买服务的协调机制，对可以采取政府购买服务方式提供服务的职能事项，不再增设机构或增加人员。将深化政府购买服务工作与事业单位改革有机衔接，推动事业单位与主管部门理顺关系和去行政化,并根据实际及时调整机构编制和经费。

三、购买主体

(一)区属各行政机关;

(二)参照公务员法管理、具有行政管理职能的事业单位;

(三)纳入行政编制管理且经费由财政负担的群团组织。

四、购买内容

政府购买服务的内容为适合以市场化方式提供、社会力量能够承担的公共服务,公共性、公益性和辅助性特点明显。

(一)教育、文化、体育、社会保障、就业、医疗卫生、环境保护、公共安全、城乡社区等基本公共服务领域,要逐步加大政府购买服务的力度。

(二)政府履职所需辅助性服务等非基本公共服务领域,凡适合社会力量承担的,均可通过委托、承包、采购等方式交给社会力量承担。

对涉及国家安全、保密事项以及司法审判、行政许可、行政审批、行政执法、行政强制等应当由政府直接提供、不适合社会力量承担的公共服务,以及不属于政府职责范围的服务项目,政府不得向社会力量购买。

《拱墅区政府向社会力量购买服务目录》由区财政局牵头制定公布,并根据实际情况进行动态调整。

五、承接主体

承接政府购买服务的主体包括依法在民政部门登记成立或经批准免予登记的社会组织,以及依法在工商、税务部门或行业主管部门登记成立的企业、机构等。

承接主体应具备以下基本条件:

(一)具有独立承担民事责任的能力;

(二)具有健全的内部治理结构、财务会计和资产管理制度;

(三)具备提供公共服务所必需的设备和专业技术能力;

(四)具有依法缴纳税收和社会保险的良好记录;

(五)参与政府购买服务竞争前3年内无重大违法违纪行为或违约失信行为,资质审查合格,企业营运正常,具有良好的社会和商业信誉;

(六)符合登记管理部门依法认定的其他条件。

承接主体的具体条件由购买主体会同财政部门根据购买服务项目的性质和质量要求确定。

六、购买程序与方式

（一）项目确定。购买主体应根据当年政府购买服务目录,结合区委、区政府工作部署、本单位工作实际编制购买服务计划,并纳入部门预算编制范围,明确政府购买服务的项目、数量、成本测算和绩效目标等内容。对突发的应急事项或党委、政府因工作需要临时确定的重要事项,确需政府购买服务的,可由购买主体向区财政局申请,经区政府同意后组织实施。

（二）组织购买。政府购买服务应纳入政府采购管理,购买主体应按照政府采购管理的有关规定采用公开招标、邀请招标、竞争性谈判、单一来源、询价、竞争性磋商等方式确定承接主体,严禁转包行为。承接主体的确定既要考虑项目费用,更要注重服务能力和服务质量,以及政府引导调控作用的发挥。

（三）合同签订。购买主体要按照合同管理要求,与承接主体签订购买服务合同。合同应明确购买服务的范围、标的、数量、质量要求以及服务期限、资金支付方式、双方的权利义务和违约责任等内容。合同签订后报区财政局备案。

（四）项目实施。承接主体要严格履行合同义务,按时完成项目任务,保证服务数量、质量和效果。购买主体要对承接主体全程实行跟踪监管,依据合同约定对项目完成情况进行检查、验收。合同双方要建立应急机制,制定应急服务预案,积极应对服务过程中出现的特殊情况。

七、资金安排及支付

区财政局将审核通过的年度购买服务所需经费纳入预算统筹安排。根据现行财政财务管理制度,购买主体购买服务所需资金从其部门预算安排的公用经费、项目经费中列支。经区财政局对购买服务合同进行审核后,由购买主体依据合同规定,按国库集中支付程序支付。

八、绩效管理

（一）建立由购买主体、服务对象及第三方组成的评审机制,对购买服务项目数量、质量和资金使用绩效等进行评价。

（二）评价结果向社会公布,并作为编制年度政府购买服务预算和选择承接主体的重要参考依据。

九、组织保障

（一）加强领导。建立由区政府分管领导担任总召集人的政府购买服务工作联席会议制度,负责做好组织、指导、协调和服务工作。区各业务主管部门要进一步转变观念,认真梳理可委托社会力量承接的事项,明确服务标准,加强项目管理。

(二)明确分工。

1.财政部门负责建立健全政府向社会力量购买服务制度,制订政府购买服务目录,牵头做好资金管理、监督检查和绩效再评价等工作。

2.发改部门负责研究政府购买服务的政策、制度。

3.机构编制部门负责梳理政府职能,对政府购买服务的范围和目录进行审核。

4.审计部门负责对政府购买服务的资金安排、管理、支付、使用、效率等进行审计监督,提出意见。

5.民政部门负责核实承接主体中社会组织的资质及相关条件,参与政府向社会组织购买服务的绩效评价。

6.市场监督管理部门负责对承接主体中的企业、机构等加强监督管理。

7.购买主体负责制定购买服务的相关实施细则或方案,编制购买服务计划,对承接主体提供的服务进行跟踪监督,在项目完成后组织验收和绩效评价。

(三)建立制度。适时启动政府购买服务相关管理规定的制定工作,做好各项制度、政策的配套和衔接,逐步使政府购买服务工作制度化、规范化和科学化。围绕服务流程、专业方法、质量控制、监督管理、需求评估、成本核算、招投标管理、绩效考核、能力建设等环节,加快相关标准的研究制定,逐步建立科学合理、协调配套的政府购买服务管理标准体系,为开展政府购买服务提供有力的技术保障。

(四)强化监管。各部门要严格遵守相关财政、财务管理规定,确保规范管理和使用政府购买服务资金,不得截留、挪用和滞留。购买主体应建立健全内部监督管理制度,按规定公开购买服务相关信息,自觉接受社会监督。承接主体应健全财务报告制度。财政、监察、审计等部门应加强对政府购买服务的监管。民政、市场监督管理以及行业主管部门要按照职责分工将承接政府购买服务行为纳入年检、评估、执法等监管体系。

(五)培育载体。着力营造公平竞争、平等准入的市场环境,支持处于起步阶段、具有发展潜力的承接主体发展壮大。引导承接主体完善内部治理结构,健全规章制度,加强队伍建设,增强服务能力。

(六)扩大宣传。积极发挥各类新闻媒体的作用,加强对政府购买服务的宣传。调动社会力量参与购买服务的积极性,争取社会各界的认同与支持。建立健全政府购买服务信息管理平台,开展需求调查、计划发布、项目管理、政策宣传、信息公开等工作,提升政府购买服务管理水平。

本意见自 2015 年 10 月 6 日起施行。

杭州市拱墅区人民政府办公室

2015 年 9 月 6 日

索　引

参考文献

［1］ Ansell C,Gash A. Collaborative governance in theory and practice. *Journal of Public Administration Research and Theory*,2008,18(4).

［2］ Boston J. *Reshaping The State : New Zealand's Bureaucratic Revolution*. Oxford:Oxford University Press,1991.

［3］ Considine M,Lewis J M. Bureaucracy,network,or enterprise? Comparing models of governance in Australia,Britain,the Netherlands,and New Zealand. *Public Administration Review*,2003,63(2).

［4］ Cooper T L,Bryer T A,Meek J W. Citizen-centered collaborative public management. *Public Administration Review*,2006,66(1).

［5］ Demsetz H. The Private Production of Public Goods. *Journal of law and Economics*,1970,13(2).

［6］ Dunleavy P,Margetts H,Bastow S. *Digital Era Governance : IT Corporations, the State, and E-Government*. Oxford: Oxford University Press,2008.

［7］ Gregory R. All the king's horses and all the king's men:Putting New Zealand's public sector back together again. *International Public Management Review*,2003,4(2).

［8］ Halligan J,Adams J. Security,capacity and post-market reforms:Public management change in 2003. *Australian Journal of Public Administration*,2004,63(1).

［9］ Hansmann H B. The role of nonprofit enterprise. *Yale Law Journal*,

1988,89(5).

[10] Hart O,Shleifer A,Vishny R W. The Proper Scope of Government:Theory and an Application to Prisons. *Quarterly Journal of Economics*, 1997,10(4).

[11] Hefetz A,Warner M. Beyond the market versus planning dichotomy: Understanding privatisation and its reverse in US cities. *Local Government Studies*,2007,33(4).

[12] Jupp B. *Working Together:Creating a better Environment for Cross-sector Partnership*. Demos:The Panton house,2000.

[13] Ling T. Delivering joined-up government in the UK:dimensions,issues and problems. *Public administration*,2002,80(4).

[14] Lowery D. Answering the public choice challenge:a neoprogressive research agenda. *Governance*,1999,12(1).

[15] Mandell M,Steelman T. Understanding What Can Be Accomplished through Interorganizational Innovations:The Importance of Typologies, Context, and Management Strategies. *Public Management Review*, 2003,5(2).

[16] March J G,Olson J P. Organizing political life:What administrative reorganization tells us about government. *American Political Science Review*,1983,77(2).

[17] Martin P. *Steering the Modem Slate:Changes in Central Coordination in Three Australian State Governments*. Sydney:University of Sydney Press. 1987.

[18] McGuire M. Collaborative public management:Assessing what we know and how we know it. *Public Administration Review*,2006,66(1).

[19] Minogue M. *Changing the State:Concepts and Practice in the Reform of the Public Sector*. Cheltenham:Edward Elgar Publishing,2000.

[20] Perri 6,Leat D,Setzler K and Stoker G. *Towards Holistic Governance: The New Reform Agenda*. New York:Palgrave,2002.

[21] Perri 6. Joined-Up Government in the Western World in Comparative Perspective:A preliminary literature review and exploration. *Journal of Public Administration Research and Theory*,2004,14(1).

[22] Salamon L M. Rethinking public management:third party government and the changing forms of government action. *Public Policy*. 1981,29 (3).

[23] Stoker G. Governance as theory:five propositions. *International Social Science Journal*,1998,50(155).

[24] Terry M M. The new economics of organization. *American Journal of Political Science*,1984,28(4).

[25] Thomas B L,Cynthia H and Nelson P. The institutional effects of inter-organizational collaboration:the emergency of proto-institutions. *Academy of Management Journal*,2002,45(1).

[26] Thomson A M,Perry J L. Collaboration process:inside the black box. *Public Administration Review*,2006,66(1).

[27] Van de ven,Andrewh. On the nature,formation,and maintenance of relations among organizations. *Academy of Management Review*,1976,1 (4).

[28] Weisbrod B A. *The Voluntary Nonprofit Sector:An Economic Analysis*. Lexington,MA:Lexington Books,1977.

[29] [法]亨利·法约尔.工业管理与一般管理.周安华等译.北京:中国社会科学出版社,1982.

[30] [法]皮埃尔·卡兰默.破碎的民主:试论治理的革命.高凌瀚译.北京:生活·读书·新知三联书店,2005.

[31] [美]E. S. 萨瓦斯.民营化与公私部门的伙伴关系.周志忍等译.北京:中国人民大学出版社,2002.

[32] [美]盖伊·彼得斯.政府未来的治理模式.吴爱明译.北京:中国人民大学出版社,2001.

[33] [美]海尔·G. 瑞尼.理解和管理公共组织.王孙禹,达飞译.北京:清华大学出版社,2002.

[34] [美]刘易斯·芒福德.城市发展史——起源、演变和前景.宋俊岭,倪文彦译.北京:中国建筑工业出版社,2005.

[35] [美]罗伯特·阿格拉诺夫,迈克尔·麦圭尔.协作性公共管理:地方政府新战略.李玲玲,鄞益奋译.北京:北京大学出版社,2007.

[36] [美]斯蒂芬·戈德史密斯,威廉·D. 埃格斯.网络化治理:公共部门的新

形态. 孙迎春译. 北京:北京大学出版社,2008.

[37] [美]唐纳德·凯特尔. 权力共享:公共治理与私人市场. 孙迎春译. 北京: 北京大学出版社,2009.

[38] [美]尤金·巴达赫. 跨部门合作:管理巧匠的理论与实践. 周志忍,张弦译. 北京:北京大学出版社,2011.

[39] [美]詹姆斯·布坎南. 财产与自由. 韩旭译. 北京:中国社会科学出版社,2002.

[40] [美]珍妮特·登哈特,V. 罗伯特·B. 登哈特. 新公共服务:服务而不是掌舵. 丁煌译. 北京:中国人民大学出版社,2004.

[41] 蔡立辉. 信息化时代的大都市政府及其治理能力现代化研究. 北京:人民出版社,2014.

[42] 蔡武. 大力促进基层文化队伍建设. 光明日报,2010-07-23.

[43] 蔡英辉,李阳 论中央行政部门间的协同合作——基于伙伴关系的视角. 领导科学,2013(35).

[44] 蔡雨晨. 杭州市公共文化服务中的民营资本投入及其影响因素考察. 新闻研究导刊,2015(2).

[45] 曹爱军,杨平. 公共文化服务的理论与实践. 北京:科学出版社,2011.

[46] 曹爱军. 基层公共文化服务均等化:制度变迁与协同. 天府新论,2009(4).

[47] 曹丽媛. 建国以来中央政府部际协调的历史演进、基本经验及启示. 南京社会科学,2013(3).

[48] 曾凡军,韦彬. 整体性治理:服务型政府的治理逻辑. 广东行政学院学报,2010(1).

[49] 曾凡军. 基于整体性治理的政府组织协调机制研究. 武汉:武汉大学出版社,2013.

[50] 曾维和. "整体政府"论——西方政府改革的新趋向. 国外社会科学,2009(2).

[51] 曾维和. 后新公共管理时代的跨部门协同——评希克斯的整体政府理论. 社会科学,2012(5).

[52] 曾维和. 协作性公共管理:西方地方政府治理理论的新模式. 华中科技大学学报(社会科学版),2012,26(1).

[53] 车英,欧阳云玲. 冲突与融合:全球化语境下跨文化传播的主旋律. 武汉

大学学报(哲学社会科学版),2004,57(4).

[54] 陈干全.公共服务民营化及其政府管理研究.合肥:安徽大学出版社,2008.

[55] 陈立旭.以全新理念建设公共文化服务体系——基于浙江实践经验的研究.浙江社会科学,2008(9).

[56] 陈美.面向整体政府的政府信息管理研究——以澳大利亚为例.中国行政管理,2014(3).

[57] 陈庆云.公共管理研究中的若干问题.中国人民大学学报,2001(1).

[58] 陈威.公共文化服务体系研究.深圳:深圳报业集团出版社,2006.

[59] 陈蔚,侯博慧.后现代性与当代中国城市文化遗产保护.重庆大学学报(社会科学版),2014,20(1).

[60] 陈一锋,曾昶.深圳出台《文化志愿服务促进办法》.中国文化报,2014-03-26.

[61] 陈忠言.中国农村扶贫中的跨部门协同机制分析.宁夏社会科学,2014(4).

[62] 褚添有,马寅辉.区域政府协调合作机制:一个概念性框架.中州学刊,2012(5).

[63] 崔琳.政府公共服务理念创新的路径选择.中国行政管理,2009(8).

[64] 戴珩.创新与跨越——公共文化服务体系前沿报告.南京:南京师范大学出版社,2014.

[65] 戴丽华.我国公共文化服务供给机制的创新与发展.群文天地,2012(19).

[66] 党秀云.论志愿服务的常态化与可持续发展.中国行政管理,2011(3).

[67] 邓念国.地方公共服务政策创新的四维分析——以温州一项政策为例.四川行政学院学报,2013(1).

[68] 丁言.建构我国基层文化制度体系的理性分析.广东行政学院学报,2006,18(3).

[69] 丁元竹,江汛清,谭建光等.中国志愿服务研究.北京:北京大学出版社,2007.

[70] 董慧,常东亮.城市文化活力研究:理论资源的探寻与发掘.华中科技大学学报(社会科学版),2011(3).

[71] 董文琪.乡村文化建设中的精英动员与志愿失灵——以"屈原乡村图书馆"为例.中国非营利评论,2011(4).

[72] 樊博.跨部门政府信息资源共享的推进体制、机制和方法.上海交通大学

学报(哲学社会科学版),2008,16(2).

[73] 冯云廷,骆德武.论城市公共服务的有效供给——政府与民间投资的互补性贡献与制度安排.财经问题研究.2003(6).

[74] 傅才武,余川.我国农村文化建设中民间力量参与的价值及其实现路径——基于湖北省的农村文化调查.江汉论坛,2011(2).

[75] 傅才武.公共文化服务体系建设的现代性研究.光明日报,2013-12-27.

[76] 高春凤.需求视角下城市社区公共文化资源规划研究.经济研究导刊,2014(1).

[77] 高福安,刘亮.基于高新信息传播技术的数字化公共文化服务体系建设研究.管理世界,2012(8).

[78] 高福安,任锦鸾,张鑫.基于服务科学的国家公共文化服务体系创新模式研究.现代传播:中国传媒大学学报,2011(10).

[79] 高宏存.政府公共文化服务要满足时代需要.光明日报,2014-11-22.

[80] 高小军.文化志愿者:福田公共文化服务社会化供给的重要力量.中国文化报,2015-05-04.

[81] 高轩,朱满良.我国政府部门间协调问题探讨.成都行政学院学报,2010(1).

[82] 辜胜阻,曹誉波,李洪斌.激发民间资本在新型城镇化中的投资活力.经济纵横,2014(9).

[83] 郭平,张楚婕.文化信息资源共享工程建设研究.情报科学,2007,25(8).

[84] 郭全中.现代公共文化服务体系的现代性.行政管理改革,2014(4).

[85] 郝立新.文化建设中的现代性与传统性关系.光明日报,2011-03-16.

[86] 何平,吴楠.政府购买公共服务法律规制研究.合肥:合肥工业大学出版社,2014.

[87] 何事忠.加强基层文化建设要处理好四个关系.光明日报,2008-09-13.

[88] 何义珠.政府职能视角下的公共数字文化服务体系建设——以浙江为例.新世纪图书馆,2014(7).

[89] 洪艳,冷新科,傅端林.基于社区视角的湖南公共文化服务体系的完善研究.湖南社会科学,2014(1).

[90] 洪祎丹,华晨.城市文化导向更新模式机制与实效性分析——以杭州"运河天地"为例.城市发展研究,2012(11).

[91] 黄鹤.文化政策主导下的城市更新——西方城市运用文化资源促进城市发展的相关经验和启示.国外城市规划,2006,21(1).

[92] 黄建洪.现代化进程中的政府能力发展:一般规律与中国选择.社会科学研究,2010(4).

[93] 黄健荣,向玉琼.论政策移植与政策创新.浙江大学学报(人文社会科学版),2009(2).

[94] 黄丽娟.政府购买公共文化服务探析——以江苏省南通市为例.行政论坛,2014(4).

[95] 黄群,毛珺.拱墅:让文化的力量流淌四方.浙江日报,2011-11-17.

[96] 黄信瑜,石东坡.台湾地区志愿服务立法评述及其启示.江苏社会科学,2012(6).

[97] 蒋敏娟.整体政府改革:日本的实践经验及启示.中共浙江省委党校学报,2011(6).

[98] 金太军.新公共管理:当代西方公共行政的新趋势.国外社会科学,1997(5).

[99] 敬乂嘉.合作治理——再造公共服务的逻辑.天津:天津人民出版社,2009.

[100] 句华.公共服务中的市场机制——理论、方式与技术.北京:北京大学出版社,2006.

[101] 康丽丽.对地方政府间横向关系协调机制的探析.行政论坛,2007(5).

[102] 寇曦文.创新公共文化服务多元供给模式——以上海市嘉定区文化馆公共文化服务项目为案例的研究.群文天地,2012(20).

[103] 蒯大申.现代公共文化服务体系的内涵与基本特征.文汇报,2014-02-25.

[104] 赖静萍,刘晖.制度化与有效性的平衡——领导小组与政府部门协调机制研究.中国行政管理,2011(8).

[105] 兰凯军.建立健全现代公共文化服务体系的路径.光明日报,2014-03-02.

[106] 李国新.激活社会力量参与公共文化服务.经济日报,2015-01-16.

[107] 李国新.推动现代公共文化服务体系建设 建立协调机制是重中之重.中国文化报,2014-07-30.

[108] 李景源,陈威.中国公共文化服务发展报告(2007).北京:社会科学文献出版社,2007.

[109] 李山.政府购买公共文化服务的现实困境与改革路径.湘潭大学学报(哲学社会科学版),2014,38(5).

［110］李少惠,余君萍.西方公共文化服务体系综述及其启示.图书馆理论与实践,2012(3).

［111］李挺.浅析我国文化信息资源共享工程资源建设的特点及其保障.图书馆论坛,2009(4).

［112］李学.不完全契约、交易费用与治理绩效——兼论公共服务市场化供给模式.中国行政管理,2009(10).

［113］李勇,王喆.市政府部门间协调配合机制研究.机构与行政,2013(3).

［114］林敏娟,贾思远.公共文化服务供给中的政企关系构建.深圳大学学报(人文社会科学版),2013(1).

［115］刘兰华.以信息化为平台的基层政府社会管理机制创新——上海市闵行区"大联动"机制的探索与启示.中州学刊,2014(10).

［116］刘燕.公共选择、政府规制与公私合作:文献综述.浙江社会科学,2010(6).

［117］芦苇,张立亮.依托社区提升公共文化服务效能——基于组织输送的视角.理论与改革,2014(5).

［118］鲁立新,俞鸿,陈国华等.基层文化引领作用研究.辽宁行政学院学报,2013(1).

［119］栾丽霞,杨琴侠.合作治理视域下社会组织参与社区公共服务的探究.学术论坛,2014,37(4).

［120］吕戴芬.打造拱墅运河文化金招牌.中国文化报,2013-10-17.

［121］吕志奎,孟庆国.公共管理转型:协作性公共管理的兴起.学术研究,2010(12).

［122］麻宝斌,仇赟.大部制前景下中国中央政府部门间行政协调机制研究.云南行政学院学报,2009(3).

［123］麻宝斌等.公共治理理论与实践.北京:社会科学文献出版社,2013.

［124］马雪松.回应需求与有效供给:基本公共文化服务体系建设的制度分析.湖北社会科学,2013(10).

［125］马云华,刘佳云,孙昱丹.云南公共文化服务体系对策研究.学术探索,2014(10).

［126］毛少莹.发达国家的公共文化管理与服务.特区实践与理论,2007(2).

［127］孟庆国,吕志奎.协作性公共管理:对中国行政体制改革的意义.中国机构改革与管理,2012(2).

［128］孟祥君.构建服务型政府的路径选择.学术交流,2007(2).

[129] 缪仲妮. 论我国志愿服务法律制度的完善. 南京社会科学, 2006(7).

[130] 裴蓓. 建设服务型政府路径探析. 理论导刊, 2007(8).

[131] 彭道伦, 倪春华. 重庆促进民间资本参与公共服务的对策探析. 经济研究导刊, 2013(9).

[132] 彭岚嘉. 创新与发展: 甘肃文化资源的现代性转换. 甘肃日报, 2013-02-27.

[133] 彭彦强. 区域经济一体化、地方政府合作与行政权协调. 经济体制改革, 2009(6).

[134] 彭泽明. 国内外公共文化服务协调机制模式探析. 上海文化, 2014(8).

[135] 彭泽明. 重庆市建立公共文化服务体系协调组的重难点. 上海文化, 2014(10).

[136] 齐海丽. 我国政府购买公共服务的研究综述. 四川行政学院学报, 2012(1).

[137] 乔小明. 大部制改革中政府部门间协调机制的研究. 云南师范大学学报(自然科学版), 2010, 30(4).

[138] 秦长江, 胡伟. 协作性公共管理: 创新、局限与启示. 上海行政学院学报, 2012(5).

[139] 秦长江. 协作性公共管理: 国外公共行政理论的新发展. 上海行政学院学报, 2010(1).

[140] 任菡瑾. 文化志愿者: 角色分量日益加重. 中国文化报, 2007-10-24.

[141] 阮可, 黄玲, 吕黛芬. 创新推行"三联模式"提升公共文化服务水平. 杭州: 生活品质, 2013(11).

[142] 阮可, 黄玲. "三联模式"提升百姓幸福指数. 中国文化报, 2013-08-12.

[143] 阮可. 现代公共文化服务体系: 理论与浙江实践. 杭州: 浙江大学出版社, 2014.

[144] 阮可. 浙江文化志愿服务体现"四化". 中国文化报, 2014-04-16.

[145] 阮可. 志愿服务有很多功课要做. 中国文化报, 2014-03-27.

[146] 鄯爱红. 公共需求管理与公共服务标准化. 北京行政学院学报, 2012(2).

[147] 沈荣华, 汪波. 论地方公共服务的体制创新. 理论探讨, 2004(5).

[148] 宋振灿. 浅谈社区文化服务机制创新与品牌打造. 大众文艺, 2014(10).

[149] 孙晓莉. 政府公共服务创新: 类型、动力机制及创新失败. 中国行政管理, 2011(7).

[150] 孙迎春. 澳大利亚整体政府改革与跨部门协同机制. 中国行政管理,

2013(11).

[151] 孙迎春.澳大利亚整体政府信息化治理.中国行政管理,2014(9).

[152] 孙迎春.发达国家整体政府跨部门协同机制研究.北京:国家行政学院出版社,2014.

[153] 孙迎春.国外政府跨部门合作机制的探索与研究.中国行政管理,2010(7).

[154] 孙迎春.国外政府跨部门协同机制及其对中国的启示.行政管理改革,2013(10).

[155] 孙渝莉.让公共文化服务彰显现代性.重庆日报,2014-02-03.

[156] 孙政.社会资本视角下的社区公共文化建设——基于宁波市后大街社区的调查与思考.中共浙江省委党校学报,2012(5).

[157] 锁利铭.地方政府区域治理边界与合作协调机制.社会科学研究,2014(4).

[158] 谭建光.中国珠三角:志愿服务制度化的多样创新.社会工作与管理,2015,15(3).

[159] 谭学良.政府协同三维要素:问题与改革路径——基于整体性治理视角的分析.国家行政学院学报,2013(6).

[160] 唐任伍,赵国钦.公共服务跨界合作:碎片化服务的整合.中国行政管理,2012(8).

[161] 唐卫毅.让社会资本"拥抱"公共服务.上海金融报,2015-04-07.

[162] 唐献玲.发展优秀基层文化凝聚地方精神力量——以宿迁市优秀基层文化调研为例.云南社会主义学院学报,2013(4).

[163] 王枫云.和谐共进中的政府协调:长三角城市群的实证研究.广州:中山大学出版社,2009.

[164] 王列生,郭全中,肖庆.国家公共文化服务体系论,北京:文化艺术出版社,2009.

[165] 王平.社区文化建设的多维度思考.毛泽东邓小平理论研究,2006(7).

[166] 王浦劬,[美]莱斯特·M.萨拉蒙等.政府向社会组织购买公共服务研究:中国与全球经验分析.北京:北京大学出版社,2010.

[167] 王婷婷,张京祥.文化导向的城市复兴:一个批判性的视角.城市发展研究,2009(6).

[168] 王小明.以社会力量为新引擎 积极推进公共文化服务体系建设.中国文化报,2009-11-20.

[169] 旺楚格.加强公共文化服务标准化均等化和协调机制建设.鄂尔多斯文

化,2014(1).

[170] 魏娜.我国志愿服务发展:成就、问题与展望.中国行政管理,2013(7).

[171] 巫志南.长沙"群文湘军"的科学性和示范意义.中国文化报,2012-11-23.

[172] 吴佳喆.FEA模型视角下政府信息资源共享的协调机制初探.电子政务,2011(9).

[173] 吴建华.杭州开发运河文化旅游的对策研究.中共杭州市委党校学报,2009(6).

[174] 肖金明.志愿服务立法若干问题的思考.中国行政管理,2010(8).

[175] 晓云,钟鸣,汤臻.拱墅运河南端绘就创新画卷.浙江日报,2013-07-31.

[176] 徐春林,曲宗文.大力加强社区文化志愿服务者队伍建设.学习月刊,2006(5).

[177] 徐红岗,何佳,周茜.以运河文化承载和谐生活.杭州日报,2006-11-30.

[178] 徐益男.社区文化建设与基层公共文化服务队伍建设.群文天地,2012(10).

[179] 许明.打造运河文化带　拱墅扬帆起航.中国文化报,2013-08-15.

[180] 薛立强,杨书文."双向互动"视角下的公共服务方式创新——中国经验的总结.中国行政管理,2010(7).

[181] 闫平.培育和壮大文化志愿者队伍.中国文化报,2012-01-10.

[182] 闫瑜.浅谈对基层文化工作者的培养.群文天地,2012(10).

[183] 燕继荣.服务型政府建设:政府再造七项战略.北京:中国人民大学出版社,2009.

[184] 杨逢银,胡平,邢乐勤.公共事务复合治理的载体、实践及其走势分析——以杭州运河综保工程为例.中国行政管理,2012(3).

[185] 杨冠琼,蔡芸.公共治理创新研究.北京:经济管理出版社,2011.

[186] 杨岁祥.加强基层文化建设　全面推进和谐社会发展.西安社会科学,2010,28(2).

[187] 杨文光.大力发展文化志愿者体系建设　不断提高公共文化服务软实力——锦州市群众文化志愿者体系建设的思考.辽宁行政学院学报,2014,16(6).

[188] 杨晓东,尹雪梅.当代我国公共文化服务体系建设论纲.天津:天津社会科学院出版社,2014.

[189] 杨振铎.北京市东城区公共文化服务分类供给方式研究.上海文化,

2014(4).

[190] 姚树强.谈如何弥补基层文化建设的制度性缺陷.大众文艺,2009(7).

[191] 易晓峰.从地产导向到文化导向——1980 年代以来的英国城市更新方法.城市规划,2009(6).

[192] 余北文.杭州鼓励社会力量参与非遗保护.中国文化报,2013-07-11.

[193] 余晖.中国社会组织的发展与转型.北京:中国财富出版社,2014.

[194] 余亚梅,唐贤兴.政府部门间合作与中国公共管理的变革——对"运动式治理"的再解释.江西社会科学,2012(9).

[195] 袁年兴.包容性社会政策的建构与公共服务创新——以杭州市上城区为例证.理论月刊,2013(1).

[196] 张博.公共文化服务供给中的政府作用.人民论坛,2014(8).

[197] 张晨.拱墅:流淌的运河 复兴的史诗.浙江日报,2012-05-24.

[198] 张成福,李昊城,边晓慧.跨域治理:模式、机制与困境.中国行政管理,2012(3).

[199] 张建青.杭州拱墅区创建省级文化先进区.中国文化报,2008-02-20.

[200] 张萍.浅谈基层文化工作者的形象和素质.大众文艺,2011(8).

[201] 张仁汉.政府购买公共文化服务的辨析与解构.中国机构改革与管理,2015(3).

[202] 张绍桉.提升基层文化机构产品与服务的供给能力.特区实践与理论,2012(3).

[203] 张卫中.浙江省基层文化队伍建设研究.文化艺术研究,2014(1).

[204] 张文辉.从艺术、科学到公共政策、意识形态——西方现代城市规划设计思想"现代性转向"的哲学背景.艺术百家,2008,24(1).

[205] 张翔.国外"政府部门间关系"研究:历史预置、理论主张与分析视角.社会主义研究,2012(1).

[206] 张翔.新中国"部际协调"六十年:过程、困境与对策探索.云南社会科学,2012(4).

[207] 张昕.走向公共物品和服务的可抉择供给体制——当代政府再造运动述评.中国人民大学学报,2005(5).

[208] 张宇.公共利益:谁来界定?如何整合?——基于公共政策制定视角的分析.甘肃社会科学,2012(4).

[209] 张照龙,方堃.趋于整体性治理的公共文化服务数字协同研究——以文

化共享工程为考察对象.电子政务,2012(7).

[210] 赵剑民.作为文化时尚的志愿服务及其组织机制——兼论志愿服务事业的长效机制.学术论坛,2010(1).

[211] 赵立波.完善政府购买服务机制 推进民间组织发展.行政论坛,2009(2).

[212] 赵新峰,袁宗威.京津冀区域政府间大气污染治理政策协调问题研究.中国行政管理,2014(11).

[213] 郑懿新.基层文化人才队伍建设的调查与思考.学习月刊,2015(2).

[214] 郑郁.公共文化服务的基层文化辅导资源整合问题初探.大众文艺,2014(1).

[215] 周功满,陈国权."专委会制度":富阳创新部门间协调配合机制.中国行政管理,2009(11).

[216] 周兰翠.政府购买公共文化服务:理论逻辑与实践形态.地方财政研究,2014(4).

[217] 周晓丽,毛寿龙.论我国公共文化服务及其模式选择.江苏社会科学,2008(1).

[218] 周志忍,蒋敏娟.中国政府跨部门协同机制探析——一个叙事与诊断框架.公共行政评论,2013,6(1).

[219] 朱光磊,薛立强.服务型政府建设的六大关键问题.南开学报(哲学社会科学版),2008(1).

[220] 庄飞能.公共文化服务的社区化转向——基于宁波后大街社区的调查与思考.中共浙江省委党校学报,2012(5).

[221] 左艳荣.资源整合:推动公共文化建设的当务之急.中国文化报,2015-04-18.

[222] 拱墅新闻网.拱墅区积极引导社会力量参与公共文化服务.2014-05-12,http://www. gongshunews. com/shizheng/content/2014-05/12/content_5545090. htm.

[223] 拱墅新闻网.解读拱墅公共文化服务"三联模式".2014-12-29,http://www. gongshunews. com/kjww/content/2014-12/29/content_5696519. htm.

[224] 光明网.公共文化服务需要更接地气.2015-03-24,http://culture. gmw. cn/newspaper/2015-03/24/content_105393345. htm.

[225] 光明网.共建共享能最大程度盘活公共文化资源.2015-01-16,http://

theory. gmw. cn/2015-01/16/content_14542135. htm.

[226] 杭州群众文化网.基层文艺团队建设的调查与思考——以杭州拱墅为例.2014-01-06,http://www. zjhzart. com/JournalView56321. htm.

[227] 杭州市文化广电新闻出版局网站."三联"模式:公共文化服务机制的创新与实践,2013-08-20, http://www. hzwh. gov. cn/syfz/whsy/gg-whzc/201308/t20130820_420331. html.

[228] 人民网.构建现代公共文化服务体系需要研究的七个重点问题.2015-02-09,http://politics. people. com. cn/n/2015/0209/c1001-26531351. html.

[229] 人民网.加快构建具有中国特色的现代公共文化服务体系——访文化部党组副书记、副部长杨志今.2015-01-15,http://culture. people. com. cn/n/2015/0115/c1013-26387503. html.

[230] 新华网.授权发布:中共中央关于深化文化体制改革 推动社会主义文化大发展大繁荣若干重大问题的决定.2011-10-25,http://news. xin-huanet. com/politics/2011/10/25/c_122197737. htm.

[231] 新华网.中共中央办公厅、国务院办公厅印发《关于加快构建现代公共文化服务体系的意见》.2015-01-14,http://news. xinhuanet. com/2015/01/14/c_1113996899. htm.

[232] 新华网.中央文明办负责同志就《关于推进志愿服务制度化的意见》答问.2014-03-06,http://news. xinhuanet. com/politics/2014/03/06/c_119638372. htm.

[233] 浙江省人民政府网站.创新推出"三联模式".2014-05-14,http://www. zj. gov. cn/art/2014/5/14/art_15775_1178932. html.

[234] 浙江文化信息网.杭州拱墅区积极引导社会力量参与公共文化服务.2014-05-09,http://www. zjcnt. com/content/2014/05/09/229108. htm.

[235] 浙江在线新闻网站.拱墅区公共文化服务"三联模式"让群众得实惠 实现服务均等化.2014-12-24,http://hangzhou. zjol. com. cn/system/2014/12/25/020431133. shtml.

[236] 浙江志愿者网站.浙江省志愿服务事业发展纲要(2014-2017年).2014-05-09,http://www. zjzyz. cn/tztg/394148. htm.

[237] 中国经济网.公共文化服务体系建设 引入社会力量可一举多得.2014-12-03, http://www. ce. cn/culture/gd/201412/03/t2014_203_

4031326. shtml.

[238] 中国经济网.张永新:构建现代公共文化服务体系的重点任务.2014-04-22,http://views. ce. cn/view/ent/201404/22/t20140422_2701959. shtml.

[239] 中国文化传媒网.迫切需要建立公共文化服务体系协调机制.2015-01-19, http://www. ccdy. cn/xinwen/gongong/xinwen/201501/t20150119_1050573. htm.

[240] 中国文明网.文化志愿服务正式纳入公共文化服务体系建设.2012-10-19, http://www. wenming. cn/whhm _ pd/yw _ whhm/201210/t20121019_895066. shtml.

[241] 中国文明网.浙江省扎实推进志愿服务制度化建设.2014-07-18,http://www. wenming. cn/syjj/dfcz/zj/201407/t20140718_2072769. shtml.

[242] 中国文明网.制度化是推进志愿服务持续健康发展的必由之路.2014-04-22,http://wh. wenming. cn/rdtan/201404/t20140422_1889168. htm.

[243] 中华人民共和国文化部网站.公共文化服务体系建设协调机制工作方案.2014-05-28,http://www. mcprc. gov. cn/sjzz/ggwhsnew_ sjzz/gg-whsnew_zcfg/201405/t20140528_433459. htm.

[244] 中华人民共和国文化部网站.现代公共文化服务体系建设 50 问.2015-02-11,http://www. mcprc. gov. cn/sjzz/ggwhsnew_ sjzz/ggwhsnew_zcfg/201502/t20150211_439060. htm.

[245] 中央政府门户网站.文化部牵头成立国家公共文化服务体系建设协调组.2014-03-20,http://www. gov. cn/xinwen/2014-03/20/content_2642361. htm.